行政协议容许适用的法定标准论

XINGZHENG XIEYI RONGXU SHIYONG DE FADING BIAOZHUN LUN

吴明熠◎著

中国政法大学出版社

2024·北京

图书在版编目（C I P）数据

行政协议容许适用的法定标准论 / 吴明熠著. -- 北京 ： 中国政法大学出版社，2024.7. -- ISBN 978-7-5764-1695-4

Ⅰ. D922.104

中国国家版本馆 CIP 数据核字第 2024F4A607 号

出 版 者	中国政法大学出版社
地　　址	北京市海淀区西土城路 25 号
邮寄地址	北京 100088 信箱 8034 分箱　邮编 100088
网　　址	http://www.cuplpress.com (网络实名：中国政法大学出版社)
电　　话	010-58908285(总编室) 58908433（编辑部）58908334(邮购部)
承　　印	固安华明印业有限公司
开　　本	720mm×960mm　1/16
印　　张	17.25
字　　数	280 千字
版　　次	2024 年 7 月第 1 版
印　　次	2024 年 7 月第 1 次印刷
定　　价	79.00 元

上海政法学院学术著作编审委员会

总 序 FOREWORD

四秩芳华，似锦繁花。幸蒙改革开放的春风，上海政法学院与时代同进步，与法治同发展。如今，这所佘山北麓的高等政法学府正以稳健铿锵的步伐在新时代新征程上砥砺奋进。建校 40 年来，学校始终坚持"立足政法、服务上海、面向全国、放眼世界"的办学理念，秉承"刻苦求实、开拓创新"的校训精神，走"以需育特、以特促强"的创新发展之路，努力培养德法兼修、全面发展，具有宽厚基础、实践能力、创新思维和全球视野的高素质复合型应用型人才。四十载初心如磐，奋楫笃行，上海政法学院在中国特色社会主义法治建设的征程中书写了浓墨重彩的一笔。

上政之四十载，是蓬勃发展之四十载。全体上政人同心同德，上下协力，实现了办学规模、办学层次和办学水平的飞跃。步入新时代，实现新突破，上政始终以敢于争先的勇气奋力向前，学校不仅是全国为数不多获批教育部、司法部法律硕士（涉外律师）培养项目和法律硕士（国际仲裁）培养项目的高校之一；法学学科亦在"2022 软科中国最好学科排名"中跻身全国前列（前 9%）；监狱学、社区矫正专业更是在"2023 软科中国大学专业排名"中获评 A+，位居全国第一。

上政之四十载，是立德树人之四十载。四十年春风化雨、桃李芬芳。莘莘学子在上政校园勤学苦读，修身博识，尽显青春风采。走出上政校门，他们用出色的表现展示上政形象，和千千万万普通劳动者一起，绘就了社会主义现代化国家建设新征程上的绚丽风景。须臾之间，日积月累，学校的办学成效赢得了上政学子的认同。根据 2023 软科中国大学生满意度调查结果，在本科生关注前 20 的项目上，上政 9 次上榜，位居全国同类高校首位。

上政之四十载，是胸怀家国之四十载。学校始终坚持以服务国家和社会需要为己任，锐意进取，勇担使命。我们不会忘记，2013 年 9 月 13 日，习近平主席在上海合作组织比什凯克峰会上宣布，"中方将在上海政法学院设立中国-上海合作组织国际司法交流合作培训基地，愿意利用这一平台为其他成员国培训司法人才。"十余年间，学校依托中国-上合基地，推动上合组织国家司法、执法和人文交流，为服务国家安全和外交战略、维护地区和平稳定作出上政贡献，为推进国家治理体系和治理能力现代化提供上政智慧。

历经四十载开拓奋进，学校学科门类从单一性向多元化发展，形成了以法学为主干，多学科协调发展之学科体系，学科布局日益完善，学科交叉日趋合理。历史坚定信仰，岁月见证初心。建校四十周年系列丛书的出版，不仅是上政教师展现其学术风采、阐述其学术思想的集体亮相，更是彰显上政四十年发展历程的学术标识。

著名教育家梅贻琦先生曾言，"所谓大学者，有大师之谓也，非谓有大楼之谓也。"在过去的四十年里，一代代上政人勤学不辍、笃行不息，传递教书育人、著书立说的接力棒。讲台上，他们是传道授业解惑的师者；书桌前，他们是理论研究创新的学者。《礼记·大学》曰："古之欲明明德于天下者，先治其国"。本系列丛书充分体现了上政学人想国家之所想的高度责任心与使命感，体现了上政学人把自己植根于国家、把事业做到人民心中、把论文写在祖国大地上的学术品格。激扬文字间，不同的观点和理论如繁星、似皓月，各自独立，又相互辉映，形成了一幅波澜壮阔的学术画卷。

吾辈之源，无悠长之水；校园之草，亦仅绿数十载。然四十载青葱岁月光阴荏苒。其间，上政人品尝过成功的甘甜，也品味过挫折的苦涩。展望未来，如何把握历史机遇，实现新的跨越，将上海政法学院建成具有鲜明政法特色的一流应用型大学，为国家的法治建设和繁荣富强作出新的贡献，是所有上政人努力的目标和方向。

四十年，上政人竖起了一方里程碑。未来的事业，依然任重道远。今天，借建校四十周年之际，将著书立说作为上政一个阶段之学术结晶，是为了激励上政学人在学术追求上续写新的篇章，亦是为了激励全体上政人为学校的发展事业共创新的辉煌。

党委书记 葛卫华教授
校　　长 刘晓红教授
2024 年 1 月 16 日

目　录 CONTENTS

引　言

　　行政协议的适用广受实践青睐的当下，业已实现对契约自治理念渗入行政领域的可行性证成，而就如何调和其理论构成中"行政法定与契约自治"之间矛盾的议题也开始被广泛讨论。正如德国学者毛雷尔所言，现代的主要课题已不是行政契约原则上的适法性问题，而是明确其合法要件、法律形式等理论细化问题，说明这些问题是其在实践中得以有效适用的前提。[1]

　　基于此，本书将立足行政协议适用的前端视角，旨在通过对"行政协议应在何种标准下得以容许适用"的问题作出规范化解释，使行政协议内在构造矛盾的调和之议题在一定维度更为可视化。我国现存容许标准在行政协议本土适用的实践嵌入中，均在标准归入的适配性及要素考量的周全性上存有缺陷，以致难以在保证发挥行政协议有益效能的前提下，实现规制行政权随意性与维护行政权机动性之间的平衡。因此，探索行政协议适用的容许标准，应通过结合行政协议适用的实践样态，对行政协议作出重新认识，并对其容许标准构造的考量要素进行合理归纳，以实现容许标准与行政协议适用取向的真正契合，为法治框架内行政协议的规范适用提供依据。

一、研究背景和选题意义

　　服务行政、参与行政的时代背景下，行政协议的适用作为颇具弹性的新型管理方式，顺应了日趋多元的公众需求，柔化了行政主体的威权地位，开

---

[1] 参见［德］哈特穆特·毛雷尔：《行政法学总论》，高家伟译，法律出版社2000年版，第361页。

始频现于行政实践中并日益扩张。然而行政协议的适用并非毫无约束，为规避行政权"遁入私法"的风险，法律应以何种形式并在多大程度上介入行政协议的适用，以平衡开放适用的趋势与公法保障的需要，则成为理论研究中争相回应的焦点。

（一）研究背景

1. 流于表面的行政协议双重属性认识

传统行政法理论建基于将公众视作行政的客体、二者关系表现为命令与服从关系的认识之上，因而一直以来公法契约都被视作无法逻辑自洽的矛盾体，因为公法活动本质充斥着统治性，而契约则意味着平等性，两者之间存有无法调和的固有矛盾。[1]但随着行政理念的转变与行政法结构的变革，传统支配观念已然被体现民主法治精神、参与者与合作者的行政与公众关系的现代行政法理念所逐步替代。[2]契约的形式与理论不再为私法所独享，亦逐步渗入公法得以普遍适用，正如有学者指出的，行政协议的产生实质上是市场经济理念、特别是契约理念向公共管理领域渗透的结果。[3]在我国，传统计划经济体制下以契约作为国家计划执行的工具便已显现了行政协议的某些特征要素。[4]

然而，行政协议作为行政法概念的生成，在展示了能动和实验的强烈意味的同时，也伴随着某种不定的紧张感。[5]行政性与契约性集于一身的行政协议，其实际适用承担着公私法二分秩序的调和负担。[6]契约自治原则在行政领域的渗入，使行政协议得以在宛如私人间缔约的容许标准下适用，而行政法定原则下行政协议的适用却受制于法定容许的约束不得随意突破。由于

---

〔1〕 参见［德］平特纳：《德国普通行政法》，朱林译，中国政法大学出版社1999年版，第147页。

〔2〕 "公民不是行政的客体，而是位于行政法制度中心的主体。"［德］汉斯·J.沃尔夫等：《行政法》（第1卷），高家伟译，商务印书馆2002年版，第18页。

〔3〕 "私法的契约观念被融入公共行政——比如市场的规制或模拟市场的规制、选择自由的个人主义观。" See Carol Harlow, Richard Rawlings, *Law and Administration*, Cambridge University Press, 2009, pp. 339-340.

〔4〕 参见余凌云：《行政法讲义》，清华大学出版社2019年版，第297页。

〔5〕 See Carol Harlow, Richard Rawlings, *Law and Administration*, Cambridge University Press, 2009, pp. 340-341.

〔6〕 参见江必新：《中国行政合同法律制度：体系、内容及其构建》，载《中外法学》2012年第6期。

对行政协议的双重属性认识仍流于表面，其内在理论矛盾在行政协议适用的场域下尚未得到有效调和，换言之，行政协议具有"双重性"的简单论断，在完成了行政协议适用的容许性证成后，却无力对"在何种标准下行政协议得以容许适用"的实践问题作出恰当回应。为寻求"行政协议的实际适用有效嵌入公私共存的法秩序"的解决方案，以获取协议适用时的相应便利，反复滞留于"行政性与契约性孰为实质属性，孰为形式特征"的探讨显然是苍白无力的，[1]在双重属性被普遍认可的当下，应跨越其特征构设的初步阶段，探求有机调和的清晰标准。为此，对行政协议适用的容许标准的有益探索，经由有效调和导出可资实践适用的具体容许规则，也将进一步助推其双重属性的清晰化与可视化。

2. 行政性趋向的严格法定容许无法回应现实需求

私法逐步渗入公法的早期进程中，行政协议虽作为转变刚性管理的行政管理方式得以创新，但始终带有浓厚的行政色彩，对于其实践适用的容许设定，并未基于双重属性的调和而展开，很大程度上立足于现实原因的顾虑，一方面源于行政协议的现实适用而产生的规范需要，另一方面在对行政协议的性质未产生清晰理论认识前，对其的容许适用只能谨慎对待。[2]由此，一种倾向公共性规范的严格法定容许标准，基本上顺应了当时的现实需求，即行政协议的适用应当具有法律、法规、规章的依据。

但随着服务行政、参与行政等现代行政理念的发展，公法私法化的进程逐步推进，政府购买服务、政府与社会资本合作等治理模式的兴起，行政协议的实践适用得到迅速扩张，不论政府的经营性业务、事业性业务，甚至行政性业务等领域均有所涉及[3]，截至 2021 年 4 月，我国政府与社会资本合作项目已逾万项，所涉领域已达十九类之多，并持续保持着动态发展的态势。[4]

---

〔1〕 参见龙凤钊：《行政合同的法律属性——从行政合同行为的双重特征分析》，载《武汉科技大学学报（社会科学版）》2013 年第 5 期。

〔2〕 参见王万华：《中国行政程序法典试拟稿及立法理由》，中国法制出版社 2010 年版，第 415 页。

〔3〕 参见王克稳：《政府业务委托外包的行政法认识》，载《中国法学》2011 年第 4 期。

〔4〕 目前我国政府与社会资本合作在库管理项目共计 10 020 个，所涉领域主要涵盖市政工程、交通运输、生态建设和环境保护、城镇综合开发、教育、水利建设、旅游、医疗卫生、政府基础设施、文化、保障性安居工程、林业、能源、科技、体育、养老、农业、社会保障等方面。参见财政部政府与社会资本合作中心：《全国 PPP 综合信息平台项目管理库》，载 http：//www.cpppc.org：8082/infor-public/homepage.html#/projectPublic，最后访问日期：2021 年 4 月 21 日。

在此趋势背景下，传统保守的严格法定容许对行政协议的适用采取肯定式的正面列举，难免有"挂一漏万"之嫌，对行政协议在实践中的灵活适用人为设置了制度瓶颈，难以回应行政协议得以普遍适用的现实需求。

3. 契约性趋向的开放容许蕴含"遁入私法"的风险

行政协议的实践适用日趋扩张的当下，倾向于契约性考量的开放容许无疑更为顺应行政协议灵活适用的需要，但在获取行政协议适用便利的同时，也蕴含着行政权"遁入私法"风险。

从 PPP 协议适用的实践来看，政府的放松管制使其应用已由政府经营性、事业性领域，开始外溢至涉及公共安全、国家安全等传统政府保留领域，在监狱、治安、消防等行政职能领域均出现了私人参与的身影。[1]美国私人监狱的出现即是典型的例证，即美国监狱部门与矫正机关通过与私人主体订立契约，授权由后者收容部分国家囚犯，其理由在于，在利益驱动下私人能以更低的成本更快地建成监狱，为纳税人节约成本，兼顾了质量改善与效率提高，而在此之前，美国私人参与公共矫正的程度实际已远超服务与物品供给的程度，由此监狱的民营化也得到多地的授权立法得以合法化。[2]但不论从实用主义还是道德层面出发，对监狱民营化的质疑也从未平息，在迪卢利奥、麦克唐纳、沃尔泽、多纳休等学者看来，作为公共性物品的监狱不能由市场生产和分配，监禁职能因其在道德和象征方面的意义应由国家保留，且私人监狱并不能产生预期效率。[3]而事实上，监狱民营化也实际带来了有效监督上的障碍，一方面纳税人并无机会或动机去真正对监狱条件作出监督，另一方面监狱相对封闭的状况及较低道德素质的囚徒群体，使得囚犯权利更易受到侵害。[4]从更深层的原因看，私人监狱本质潜藏着公共目标与私人利益的

---

〔1〕 参见李霞：《行政合同研究——以公私合作为背景》，社会科学文献出版社 2015 年版，第126 页。

〔2〕 美国至少已有 34 个州外加波多黎各通过授权立法将授权私人公司经营监狱合法化。参见[美] 朱迪·弗里曼：《合作治理与新行政法》，毕洪海、陈标冲译，商务印书馆 2010 年版，第 533-535 页。

〔3〕 协议条款难以将监禁职能予以明确化。参见 [美] 朱迪·弗里曼：《合作治理与新行政法》，毕洪海、陈标冲译，商务印书馆 2010 年版，第 515、537 页。

〔4〕 虽然囚犯可对自己受侵害的权益通过诉讼寻求救济，且囚犯亲属和相关权利拥护者能起到辅助监督的作用，但监狱的相对不公开性却难以保障囚犯权利的良好保护。参见 [美] 朱迪·弗里曼：《合作治理与新行政法》，毕洪海、陈标冲译，商务印书馆 2010 年版，第 537 页。

冲突问题，将可能使教育矫正的公共目标在私人获取最大化利益的驱使下无法得以有效兑现。[1]

在我国行政协议的适用实践中，也曾出现"行政执法外包""民营消防队"等尝试性举措。1996 年山东泰安的退伍军人周广海便首次通过付费承包的形式，对该市下官庄村的治安予以承包，这一"治安承包"模式在往后的几年里逐步蔓延到江苏、浙江、河南等地。[2]2007 年 10 月，深圳市宝安区西乡街道则创设了"城管执法外包"的新型模式。[3]然而，这一系列旨在缓解政府执法压力、减轻财政负担、提升执法效率的举措，却因行政权外包后的监管缺位，在实际落实中出现执法权滥用、权力寻租、公众负担加重等异化现象，最终在"行政职权外包是否具备合法性基础"的质疑声中被迫叫停[4]。相似的情形还出现在吉林省公主岭市范家屯镇民营消防队拒绝为未缴纳防火费的村户提供消防服务上[5]，民营化形式虽一定程度上缓解了政府消防供给能力的不足，但其问题在于当逐利的成本过高时，缺少监管的民营组织将可能置公益于不顾。

因此，结合实践的考察，行政协议适用容许的过度开放，将可能成为行政主体借以契约与私人配置责任义务，从而彻底退出监管、规避自己职责履行义务的手段，最终导致行政权"遁入私法"。

---

〔1〕　监狱的管理者对囚犯的日常生活、违法惩罚、减刑假释等可以影响囚犯最根本自由和安全利益的事项享有裁量权，而在追求私人利益的驱使下，该裁量权难以保证规范行使。同时，监狱的经营者为减少运营成本，将可能雇用尽可能少或不达标的工作人员，或提供不合标准的医疗护理。参见〔美〕朱迪·弗里曼：《合作治理与新行政法》，毕洪海、陈标冲译，商务印书馆 2010 年版，第 538 页。

〔2〕　2003 年 5 月，江苏淮安清浦区以承包的方式，将该区清江街道办运河新村社区的治安发包给"私人"经营，同月，南京栖霞区以公开竞聘的方式，将该区靖安镇南中村治安进行有偿承包，每年承包费为 1.3 万元。2003 年 10 月，江苏泗阳县穿城镇政府将其下辖 10 个村、居委会的社会治安任务以每年 3950 元至 9100 元不等的价格分别承包给 30 人，其费用由各村、居委会可收取的联防费支付。参见江汉：《"治安承包"应缓行》，载 https：//www.chinacourt.org/article/detail/2003/11/id/90232.shtml，最后访问日期 2021 年 4 月 22 日。

〔3〕　参见《第一财经：深圳城管外包僵局》，载 https：//www.yicai.com/news/1988783.html，最后访问日期：2021 年 4 月 22 日。

〔4〕　参见南宁新闻网：《深圳宣布将取消城管外包业务》，载 http：//www.nnnews.net/p/427327.html，最后访问日期：2024 年 8 月 12 日。

〔5〕　参见搜狐新闻：《吉林一民房突起大火 未交防火费民营消防队拒救》，载 http：//news.sohu.com/20050908/n226899569.shtml，最后访问日期：2021 年 4 月 22 日。

4. 司法裁判对行政协议适用的合法性审查乏力

针对行政协议容许依据的司法审查，其裁判依据主要基于《中华人民共和国行政诉讼法》（以下简称《行政诉讼法》）第 75 条关于"行政行为没有依据可判决无效"的规定[1]，2018 年施行的《最高人民法院关于适用〈中华人民共和国行政诉讼法〉的解释》（以下简称《行诉解释》）第 99 条的规定将该款"没有依据"的"重大且明显违法情形"解释为"减损权利或者增加义务的行政行为没有法律规范依据"[2]，尔后，2019 年底最高人民法院出台的《最高人民法院关于审理行政协议案件若干问题的规定》（以下简称《行政协议解释》或"行政协议司法解释"）将"没有依据"的规定一致适用于行政协议案件中。[3]

因此，立足上述规定依据的司法裁判，便可大体窥探当前司法对行政协议适用容许的审查样态。通过法信检索平台链接相关条款的关联裁判案件，并在案由中选取"行政合同"便能获取基础的案例分析样本。基于这些裁判样本的分析，司法裁判认定"行政协议适用没有依据"的理由主要有以下几个维度：行政协议的订立超越组织法的规范、作为行政协议内容的行政行为缺乏事实依据、作为行政协议内容的行政行为没有规范依据、行政协议的订立违反法律规范的禁止性规定等，具体如表 0.1 所示。

表 0.1　行政协议适用容许依据司法审查的认定维度表

序号	认定维度	典型案例	协议类型	裁判理由	结论
1	行政协议的订立超越组织法的规范	崔海成、任保申诉山东省冠县人民政府不依法履行行政协议义务案［（2020）最高法行申 1431 号］	招商引资协议	协议所涉事项属行政内部事务，交由私人运作超越订立协议的职权范围。[4]	行政协议无效

---

〔1〕《行政诉讼法》第 75 条规定："行政行为有实施主体不具有行政主体资格或者没有依据等重大且明显违法情形，原告申请确认行政行为无效的，人民法院判决确认无效。"

〔2〕《行诉解释》第 99 条规定："有下列情形之一的，属于行政诉讼法第七十五条规定的'重大且明显违法'：……（二）减损权利或者增加义务的行政行为没有法律规范依据；……"

〔3〕《行政协议解释》第 12 条第 1 款规定："行政协议存在行政诉讼法第七十五条规定的重大且明显违法情形的，人民法院应当确认行政协议无效。"

〔4〕最高人民法院认为，山东省冠县人民政府拟设立保税港区功能区，该设想须经青岛保税港区及青岛港授权许可，其通过协议方式，将两个国家机关之间的协商、协调事务，交给社会第三方进行运作，显然超越订立行政协议的职权范围、超越其自由裁量权，因此，订立协议的行为无效。

续表

序号	认定维度	典型案例	协议类型	裁判理由	结论
2	作为行政协议内容的行政行为缺乏事实依据	兴平市人民政府诉刘赞锋行政协议案〔（2019）陕行终354号〕	集体土地征收补偿协议	作为协议标的的宅基地不在批准征收的范围之内，订立协议的行为没有依据。[1]	行政协议无效
		杜栋诉马争茹等行政协议案〔（2015）保行终字第203号〕	土地、房屋等征收征用补偿协议	未经基本确权即订立协议，导致协议内容存有事实缺陷。[2]	行政协议无效
3	作为行政协议内容的行政行为没有规范依据	徐建勋诉安丘市人民政府行政协议案〔（2018）鲁07行初92号〕	房屋补偿安置协议	协议约定严重突破安置补偿政策，视为该约定内容没有依据。[3]	行政协议无效
4	行政协议的订立违反法律规范的禁止性规定	卜建萍诉郑州市金水区人民政府、郑州市金水区丰庆路街道办事处确认行政协议无效案〔（2019）豫行终1104号〕	房屋补偿安置协议	协议订立不违反法律法规的禁止性规定，即可不受法律优先及法律保留的限制。[4]	行政协议无效，主张不成立

从上表可以看出，当前司法裁判对于行政协议适用容许依据的审查，更

---

〔1〕 陕西省高级人民法院认为，西吴街道办事处因集体土地征收受兴平市人民政府的委托与刘赞锋签订征收补偿协议，但刘赞锋宅基地并不在批准征收的范围之内，故该签订协议的行为没有依据，依法应当确认无效。

〔2〕 河北省保定市中级人民法院认为，被上诉人定州市北城区办事处在恢复改造工程补偿安置时，未对被征收土地、房屋的产权进行严格审查，将登记户主姓名为被上诉人的宅基地与上诉人签订补偿安置协议是错误的。

〔3〕 山东省潍坊市中级人民法院认为，安丘市政府制定了安置补偿政策的具体标准，该标准构成签订安置补偿协议的依据，而涉案《产权调换补偿协议书》关于给徐建勋两套回迁安置房的约定条款严重突破了安置补偿政策，应当视为该约定内容没有依据，属于无效情形。

〔4〕 河南省高级人民法院认为，因城中村改造的补偿安置，实质上是法律不完善情况下的一种探索和改革行为，总体上有利于居民的财产增长、推进城市建设、提高行政效率，只要其不违反法律法规的禁止性规定，不侵犯公民重要财权，就可以不受法律优先及法律保留原则的限制。

多的是从行政权力行使规范的视角切入，观察作为行政协议主要内容的行政行为是否具备事实上或者法律上的依据，而避免径直从协议订立本身的依据标准出发进行说理，即便"行政协议的订立超越组织法的规范"的理由认定，一定程度上显现了司法实践对协议适用的容许标准判断，但其裁判说理仍主要围绕"行政权行使不能超越组织法设定的职权范围"来展开。究其原因，一方面，对于一般行政行为的司法审查模式经不断积累已趋向成熟，并形成了系统的理论框架，且仅受制于行政法定原则约束的行政权行使，其依据标准在司法认定中更易于判断；另一方面，行政协议适用作为政府治理改革的有益举措，对其容许标准的判断尚未形成清晰认知，司法审查则趋向保持谦抑性，只要不触及法律规范的禁止性规定便可作出容许性认定，以顺应日渐开放的行政协议适用实践。虽然行政协议适用的容许标准在很多情况下由作为其内容的行政行为行使标准决定，但对二者本质上的认定却遵循完全不同的审查思路。总体来看，由于行政协议适用的容许标准尚未明晰，当前司法实践对其容许适用的合法性审查较为乏力。

综上所述，因行政协议双重属性的表浅认识引出的其容许标准的理论命题，在趋向性的实践探索中均各自表现出了其相应的弊端瓶颈与暗藏风险，且在司法实践对其适用依据的合法性审查举步维艰的当下，如何对行政协议适用的容许标准加以科学构设，即是我国目前行政协议适用实践中亟待澄清的重要课题。

（二）选题意义

造成行政协议适用无所适从的根源即是对其容许标准还未形成良好的把握，目前学界在行政协议的识别、性质、类型等行政协议认识问题上仍有争议，这将不利于行政协议在实践适用上的健康发展。因此，立足行政协议的科学认识，对其适用的容许标准加以合理重塑，是深化行政协议理论研究的必然要求，也是有效消解多方面实践困顿的客观需要。

1. 有助于深化依法行政在行政协议领域的理论解读

旨在消解行政协议适用中行政法定原则与契约自治原则冲突的容许性标准研究，其理论意义既体现在对行政治理模式转变下传统依法行政理念所面临的挑战作出回应，也体现在对行政协议的双重属性形成更为清晰可视的理论认识。随着政府治理由管理行政、消极行政向服务行政、积极行政转变，单纯强调控制恣意行政的传统法理念，已无法适应日益强调行政积极作为的时代需求，行政协议的生成即是在政府职能扩张的背景下，对行政权行使灵活性和手段多样性的内在要求的外化，因而在理论上不能再机械运用传统的依法行政理念禁锢扼杀其机动性，而应在符合行政法治基本精神的前提下，结合行政协议双重属性的理解，通过科学的法解释对依法行政理论予以修正解读，以衡平行政协议适用的灵活性维系与随意性约束。通过对依法行政理论的重新解读，建构容纳行政协议科学适用的空间，确保行政权行使在更好完成其功能使命的同时，又控制其不失范。

2. 为行政协议适用的行政实践与司法审查提供明确指引

行政协议适用的容许标准研究在我国的实用价值，除了体现在构建服务型政府、实现国家治理能力与治理体系现代化进程中实现行政协议的规范适用外，还主要体现在该研究可服务于司法审查的实践操作。目前学界对行政协议"双重属性"的认识仍十分表浅，"行政性"与"契约性"在其属性构成中的抽象比例无法实现精准量化，趋向性的行政实践探索中"阻碍与乱象"并存，导致在"行政协议适用"的合法性审查中，因两种原则矛盾未有效调和形成裁量标准而无所适从。因此，为有效消解其适用合法性标准上的分歧，使陷入适用困顿的司法审查具有明确的操作指引，对如何协调传统行政法定原则与契约自治原则之间存在的矛盾冲突作出科学分析，推导建构科学的行政协议容许适用标准即是问题化解的症结所在。

因此，聚焦于"行政协议适用的容许标准"研究的选题，具有理论与实践的双重价值。在理论意义上，既有利于深化行政协议双重属性认识，又有助于现代行政治理背景下依法行政理念顺应时代的科学修正。在实践意义上，既有利于行政协议的规范适用，又有助于建构完善的针对适用容许的事后审查机制。

二、主题的研究现状述评

纵览行政协议的已有研究，位于"下游"板块的"行政协议救济"研究一直备受学界青睐，然就现有研究成果来看，"行政协议认识"这一"上游"研究板块中的尚存争议，仍未得到有效消解，板块跨越式的研究也使后续研究的展开呈现较大的局限性，相关研究路径多倚重于依靠实在法解释及相关判例研究径直展开学理分析，而难以由行政协议本身的特性予以切入。[1]行政协议适用的容许标准研究建基于行政协议"缔结适用标准"前端视角的规范分析，因而隶属于行政协议研究的"上游"板块，其研究轨迹主要涉及行政协议的生成基础、行政协议的识别、行政协议的类型化、行政协议的容许性四大范畴。

（一）主题的研究现状

1. 有关行政协议适用的理论基础研究

该研究范式旨在通过对行政协议适用的理论基础的分析，证成其存在的合理性。就域外研究的发展历程来看，德国学者奥托·迈耶曾发表《关于公法上契约之理论》，明确对契约关系在公法领域内的存在予以否定，认为国家与公民属于权力支配关系，在公法领域中只存在单向性的行政行为，不存在自由合意的空间。但随着政府治理模式由刚性行政向柔性行政、由管理行政向服务行政转变，行政协议的存在也逐步为公共行政所认可，而其得以适用的理论基础则被普遍归纳为公私法的可相容性，既包括"公法的私法化"，也包括"私法的公法化"，前者指向将私法理念原则、调控手段间接或部分引入公法领域，包括以私法手段实现国家干预、参照私法要求履行公共职能等表现，后者则指向传统私法自治领域的公法干预，通过对私人领域公法控制的强化，转变传统私法中的概念与原则。日本学者美浓部达吉在其《日本行政法》一书中即认为，若得到公民的承诺或同意，国家没必要非得以单方意思作出刚性约束，根据双方合意确定两者间的权利义务关系，并不与公法关系的性质相悖，因为契约的观念亦可解释为"基于双方合意发生其所期待的法律效果的行为"，则契约并不局限于私法领域。[2]同时，作为行政协议存在的理论基础，"公私法的相容性"也在学理研究中被不断证成，以批判"契约的私法专有化"，尊重双方意思自治并依合意构成一定的公法关系，不再被当然认为违反公法关系的性质。[3]美国学者奥斯特罗姆曾指出，契约范式一直是制度运行的参照系和模板，在契约与制度关系发展中形成"作为契约性安排

---

〔1〕 就《行政协议解释》第12条第3款关于行政协议无效治愈的规定而言，根据不同行政协议的类型差异，其效力治愈的容许性也不尽相同。

〔2〕 参见 〔日〕美浓部达吉：《日本行政法》（上卷），有斐阁1937年版，第237-238页。

〔3〕 参见 〔日〕美浓部达吉：《公法与私法》，黄冯明译，商务印书馆1937年版，第95-96页。

的制度"〔1〕。日本学者室井力在《日本现代行政法》中则认为，政府善治的能力不在于权力行使或权威运用，亦可运用新的工具和技术实现控制和指引。〔2〕德国学者平特纳则将行政协议适用的根本前提归结于不同时代"行政权"属性的变迁。〔3〕

就国内研究成果而言，针对公权力领域何以适用契约及存在理由的问题业已形成一些理论共识，即认为行政协议适用的理论基础主要在于，公权与私权共处状态建立过程中私法对公法的可渗入性。〔4〕在认知上认可契约是公法和私法中的共通观念，并非私法所专有，基于现代自由权观念，国家与公民间存在对等的关系与地位，绝非所有公法领域均为强制和服从，公法关系未必尽为权力关系，也有对等关系，因而行政协议的适用在理论上并非不能承认。〔5〕在研究的视角与方法上，近来国内学者尝试以论证"行政法上的潜在私权"为切入点，说明私法契约融入行政法关系的理由，概括性论点包括：现代公法关系中对等关系的存在、行政管理并非必然导向权力服从、行政权的权利本性、契约自由与依法行政的兼容性、行政协议是推进国家治理的有效工具、行政规则与契约规则设置的相似性、等等。〔6〕

2. 有关行政协议的识别研究

行政协议的识别与容许标准的判断在论证逻辑的衔接上具有紧密的关联性，该研究范式旨在通过对行政协议内涵外延、性质特征的界定，合理明确识别行政协议的判断标准，以与民事合同、行政行为作出清晰界分。现

---

〔1〕　[美] V. 奥斯特罗姆等编：《制度分析与发展的反思——问题与抉择》，王诚等译，商务印书馆1992年版，第344页。

〔2〕　参见 [日] 室井力主编：《日本现代行政法》，吴微译，中国政法大学出版社1995年版，第141页。

〔3〕　传统的行政权居于统治权地位，行政协议与平等理念冲突，二战后，国家与公民关系发生变化，行政权成为法律之下的权力，公民地位和权利得到宪法保护。参见 [德] 平特纳：《德国普通行政法》，朱林译，中国政法大学出版社1999年版，第147页。

〔4〕　参见张淑芳：《私法渗入公法的必然与边界》，载《中国法学》2019年第4期。

〔5〕　"自理论上言，吾人固能主张公私法既有区别标准，公私法之关系，自得依标准判别，使诸种法律关系，依其性质，而各有所归属。然在实际之生活现象中，其议单一之法律关系而存在者，殊属少数。征诸一般情形，恒以多数之法律关系，错综存在，其有多数法律关系综错存在之场合，有为公法关系，有为私法关系。故欲观察某一范围之生活现象全体，则不能直接其为公法关系或私法关系之谁属以。"范扬：《行政法总论》，中国方正出版社2005年版，第30页。

〔6〕　代表性成果有关保英：《行政法的私权文化与潜能》，山东人民出版社2003年版，第249-356页；于立深：《台湾地区行政契约理论之梳理》，载《中外法学》2018年第5期。

有研究成果主要围绕行政协议的识别标准以及行政协议的性质判断两个方面展开。

（1）行政协议的识别标准研究

在研究方法上，国内外现有研究成果对于行政协议的识别多以归纳推理与演绎推理为研究路径，归纳推理导向的研究观点大致可作"单标准说"、"双标准说"、"三标准说"以及"综合说"的区分。"单标准说"又可细分为：（1）以是否具有行政法上权利义务内容为标准的"法律关系说"[1]，域外以德国行政法对行政协议的定义为典型[2]；（2）以协议一方当事人是否为行政主体为标准的"主体说"，[3]由法国通过行政法院的判例分析首次提出，[4]但法国行政协议的识别标准并不局限于此，还包括"公务标准"[5]及"超越私法规则的标准"[6]；（3）以协议目的是否为公共利益或实现行政管理目的为标准的"目的说"[7]，域外以日本学界对行政协议的界定为代表[8]，德国学者皮特·泰廷格（Peter Tettinger）也曾主张行政协议本质上是具有公共性考量、考虑公益性问题的合同表现方式[9]。"双标准说"即在"单标准"的基础上认为行政协议的识别应同时满足两类标准，包括"目的说+主体

---

〔1〕 认为行政协议的实质标准即行政法律关系的确定，从本质上说明了行政协议的基本内涵以及行政法将此纳入调整范围的根本依据，因此应以"行政法上的权利义务"为识别核心。参见余凌云：《行政契约论》，中国人民大学出版社 2006 年版，第 27-30 页；韩宁：《行政协议判断标准之重构——以"行政法上权利义务"为核心》，载《华东政法大学学报》2017 年第 1 期。

〔2〕 联邦德国《行政程序法》第 54 条规定："法律无例外规定时，公法领域内的法律关系可以通过合同建立变更或者消灭"，即行政协议有别于私法契约的根本特征表现为其所包含的公法法律关系。

〔3〕 参见陈无风：《行政协议诉讼：现状与展望》，载《清华法学》2015 年第 4 期。

〔4〕 参见施建辉：《行政契约缔结论》，法律出版社 2011 年版，第 4 页。

〔5〕 王名扬：《法国行政法》，北京大学出版社 2007 年版，第 146-147 页。

〔6〕 余凌云：《行政契约论》，中国人民大学出版社 2006 年版，第 28 页。

〔7〕 胡建淼主编：《行政法学》，复旦大学出版社 2003 年版，第 161 页；麻锦亮：《纠缠在行政性与协议性之间的行政协议》，载《中国法律评论》2017 年第 1 期。

〔8〕 日本学界的通说概念认为，行政协议是"以公法上的效果发生为目的，由复数的对等者之间相反的意思表示达到一致而后成立的公法行为"。参见 [日] 田中二郎：《行政法总论》，有斐阁 1979 年版，第 249 页；[日] 和田英夫：《现代行政法》，倪健民、潘世圣译，中国广播电视出版社 1993 年版，第 211 页；杨建顺：《日本行政法通论》，中国法制出版社 1998 年版，第 509 页。

〔9〕 See Tettinger, P. J., "Die rechtliche Ausgestaltung von Public Private Partnership", *Die Öffentliche Verwaltung*, Vol. 49, No. 18., 1996, p. 769.

说"、〔1〕"主体说+法律关系说"、〔2〕"目的说+法律关系说"〔3〕。"三标准说"顾名思义即认为识别行政协议需要同时满足以下三个标准：一是协议的一方当事人是行政主体；二是协议目的在于实现行政管理和公共利益的目的；三是协议超越了私法规范。也有观点认为第三项标准应为行政主体在合同权利义务配置上享有行政优益权。〔4〕"综合说"即认为识别行政协议需要多重标准，认为行政协议应该具备以下要素：一是协议的一方当事人必然是行政主体；二是关于行政法上权利义务关系内容的约定；三是以实现行政管理和公共利益为目的；四是对私法规范的超越。〔5〕也有观点认为除主体与目的标准外，其他标准应为行政主体在合同权利义务配置上享有行政优益权〔6〕，以及缔约过程（职权）的法定性。〔7〕此外，叶必丰教授通过 154 个案例，提出了识别行政协议的七个标准〔8〕。最高人民法院杨科雄法官则进一步提炼了五大要素〔9〕。

演绎推理则是以一般性的理论认识为依据，从而对个别情况下的结论予以推导。因而演绎推理导向的研究差异即在于前提性标准提炼的不同，现有

〔1〕 认为行政协议本质上属于行政相对人与行政主体之间，抑或行政主体之间，基于某类行政管理目标的实现所签订的对合同双方义务与权利进行确定的一种协议。参见宋梁凤：《关于行政合同若干问题的探讨》，载《行政法学研究》1994 年第 1 期；李卫刚、赵珂冉：《行政协议识别标准的模式化研究》，载《西北师大学报（社会科学版）》2020 年第 2 期。

〔2〕 参见刘莘：《行政合同刍议》，载《中国法学》1995 年第 5 期；李卫刚、赵珂冉：《行政协议识别标准的模式化研究》，载《西北师大学报（社会科学版）》2020 年第 2 期。

〔3〕 参见高沛沛：《敲开行政协议案件的审理大门——行政协议案件的受案范围和原告主体资格探究》，载《山东审判》2017 年第 1 期。

〔4〕 参见王名扬：《法国行政法》，北京大学出版社 2007 年版；应松年：《行政合同不容忽视》，《法制日报》1997 年 6 月 9 日，第 1 版；王旭军：《行政合同司法审查》，法律出版社 2013 年版，第 36-41 页；满先进：《论我国行政合同司法救济制度的不足及完善》，载《西华大学学报（哲学社会科学版）》2015 年第 6 期；郭修江：《行政协议案件审理规则——对〈行政诉讼法〉及其适用解释关于行政协议案件规定的理解》，载《法律适用》2016 年第 12 期。

〔5〕 参见邢鸿飞：《行政契约与权力理性》，载《江苏社会科学》2014 年第 5 期。

〔6〕 参见高俊杰：《新〈行政诉讼法〉下的行政合同诉讼》，载《财经法学》2016 年第 2 期。

〔7〕 参见王海峰：《试论行政协议的边界》，载《行政法学研究》2020 年第 5 期。

〔8〕 七个标准主要包括主体法定性、主体地位不平等、以行政职责为前提、行政主体具有优益权、以行政目标为目的、适用行政法规范、行政法上的权利与义务。参见叶必丰：《行政合同的司法探索及其态度》，载《法学评论》2014 年第 1 期。

〔9〕 五大要素主要包括目的、主体、内容、意思、职责。参见杨科雄：《试论行政协议的识别标准》，载《中国法律评论》2017 年第 1 期。

研究大体包括以下几方面：（1）以"标的物的公共性"作为前提标准的识别，认为协议标的物具有公法属性即可认定为行政协议；[1]（2）以"非市场行为性"作为前提标准的识别，认为合意行为不具有市场行为性即可认定为行政协议；[2]（3）以"公权力的作用"作为前提标准的识别，认为协议若能产生公权力的作用效果，即可认定为行政协议。[3]

（2）行政协议的性质特征研究

理论观点的阐释主要围绕着行政协议同时存在的行政性和契约性展开，认为行政协议的基本特性有二：行政性和契约性，行政性和契约性的良性互动是行政协议的生命意义所在。[4]针对行政协议性质的具体表现，有观点认为行政性是形式特征，契约性是实质属性。即基于民法原理强调契约的平等性，对行政协议的存在持倾向否定的态度，认为行政协议主要体现的是民事合同的属性兼具公法行为属性，其契约性更为凸显，实质上属于具有特殊性的民事合同。[5]梁慧星教授曾指出，本质属于市场交易的行为，即便一方当事人为行政主体或法定实行强制缔约，也仍属民事合同，行政主体对某些市场交易行为进行适度干预并不能改变其市场行为本质，不能使市场行为关系变为行政协议关系。[6]

但有观点认为行政协议的本质属性在于行政性，契约性只是其形式特征。

---

〔1〕 参见陈国栋：《作为公共资源配置方式的行政合同》，载《中外法学》2018年第3期。

〔2〕 参见王利明：《论行政协议的范围——兼评〈关于审理行政协议案件若干问题的规定〉第1条、第2条》，载《环球法律评论》2020年第1期。

〔3〕 参见于立深：《行政协议司法判断的核心标准：公权力的作用》，载《行政法学研究》2017年第2期；韩炜：《司法视野下行政协议的识别——准确区分民事合同和行政协议》，载 http：//www.sohu.com/a/166112827_655070，最后访问日期：2021年4月25日。

〔4〕 其行政性体现在：实施行政管理是行政协议的目的，行政协议缔结的基础在于行政职权，行政权在行政协议履行中起着主导作用、内容涉及行政法上的权利义务等方面；契约性体现在：在合意的基础上，行政协议完成协议双方法律关系设置，同时，必须由双方当事人协商一致形成此类协议的内容，行政协议当事人均同等的受行政协议的约束等方面。参见姜明安主编：《行政法与行政诉讼法》，北京大学出版社2005年版，第347-351页；李卫华：《行政合同的性质》，载《山东师大学报（人文社会科学版）》2001年第5期；赵安国：《刍议行政合同的性质》，载《现代妇女（下旬）》2014年第6期；邢鸿飞：《行政合同性质论》，载《南京大学法律评论》1996年第2期。

〔5〕 参见梁慧星：《民法学说判例与立法研究》（二），国家行政学院出版社1999年版，第191页；崔建远：《行政合同之我见》，载《河南省政法管理干部学院学报》2004年第1期；董运弟：《论政府采购合同的性质及司法审查》，载《法学杂志》2007年第4期。

〔6〕 参见梁慧星：《中国统一合同法的起草》，载梁慧星：《民法学说判例与立法研究》（二），国家行政学院出版社1999年版，第191页。

就其性质而言，行政协议是通过合同形式体现出来的行政主体为实现行政目标而依法采取的行政行为。[1]叶必丰教授在《行政行为的模式》中便将行政协议视为一种具体行政行为的行为模式[2]。而进一步来看，处于行政行为范畴的行政协议应归入"双方行政行为"还是"单方行政行为"也形成了不同意见。有观点认为，行政协议行为表现为执行行政公务时选择与相对人协商，经双方意思表示达成一致协议予以实施，应属"双方行政行为"。[3]但相反观点认为，"双方行政行为"受制于民法思维的惯性影响，仅依据行政行为参与意思表示的主体数量作出分类，未涉及行政行为的实质内容，而行政协议中行政主体变更解除协议、实施制裁甚至缔约协议均体现了显著的单方性，因而仍属"单方行政行为"。[4]同时也有研究主张将行政协议视为"协议性行政行为"[5]或"非强制性行政行为"，因为其性质恰好符合非强制性行政行为关于"合意的产生表现了相对方意志的自主"和"协商的结果实现了合同履行的自愿"的两个特征。[6]

此外，在偏向行政性的行政协议性质认定方面，部分研究开始跳出"行政行为类型说"而采用"其他行为类型说"。比较来看，德国行政法即将行政协议归为与行政行为并列的其他公法行为，并部分适用私法规则。[7]由此，有研究认为行政协议实属"非权力行为方式"，即行政主体实施的不具有强制

[1] 如胡建淼、应松年教授分别在复旦大学出版社、经济科学出版社出版的《行政法学》的大纲设计中，将"行政合同"纳入"具体行政行为"一章中。行政行为本质上属于一种法律行为，这种法律行为主要是由具备了某种行政权能的个人或组织通过行政权来以行政相对人为目标形成的。参见杨小君：《论行政合同的特征、法律性质》，载《行政法学研究》1998年第2期；余凌云：《论行政契约的救济制度》，载《法学研究》1998年第2期。

[2] 参见叶必丰：《行政行为的模式》，载罗豪才主编：《行政法论丛》（第2卷），法律出版社1999年版，第219页。

[3] 参见黄学贤、周春华：《评述行政合同的法律属性》，载《新疆警官高等专科学校学报》2008年第1期。

[4] 参见刘金根：《论中国行政合同的几个现实问题——新〈合同法〉出台后的思考》，载《山东法学》1999年第4期。

[5] 参见王学辉：《行政何以协议：一个概念的检讨与澄清》，载《求索》2018年第2期。

[6] 参见黄玕：《行政合同的性质》，载《行政与法》1999年第5期；崔卓兰、孙红梅：《非强制行政行为初探》，载《行政与法》1998年第3期。

[7] 参见[日]室井力主编：《日本现代行政法》，吴微译，中国政法大学出版社1995年版，第142~253页。

性的非权力作用性的行政活动方式。[1]而有研究则对这一认定予以修正，认为行政协议的单方变更解除仍带有强制性，应将行政协议视为"非权力化行政方式"，以"化"代表趋势，而不宜定性为"非权力方式"。[2]对此，姜明安教授在其主编的《行政法与行政诉讼法》中也将行政协议的讨论放置于"行政主体实施的其他行为"一章中，以与"具体行政行为"一章区分。[3]江利红教授则在专论中指出，行政协议是行政主体为缓和行政管理中的强制性而在得到相对人同意基础上作出的行政活动，是处于行政行为与民事合同之间的一种活动形式。在其所著《行政法学》中也将行政协议视为"其他行为形式"的类型之一，与行政行为并列。[4]

3. 有关行政协议类型化的研究

该研究范式旨在立足实现行政协议的有效识别，采用不同标准对行政协议予以合理类化，以期从不同视角揭示行政协议的存在领域，并针对不同类型的行政协议在法律上予以区别规范，且根据个案需要选择适用不同类型的行政协议。从现有研究成果来看，学界对行政协议的类型大致有如下划分：（1）以"协议外的一般关系"为标准，区分为对等关系协议与隶属关系协议，二者的区别在于协议订立时双方是处于平等地位还是隶属地位。这种分类源自德国行政法上的划分[5]，其法律实益在于可根据协议双方不同的地位状况决定双方不同的权利义务配置及程序规范的构筑。[6]然而，由于对双方"平等关系"的僵化认识，上述标准排除了行政主体与公民间订立对等关系协议的可能[7]，该判别标准也受到了"协议标的认定"标准的质疑，后者认为应根据特定行政协议标的来判断对等关系协议与隶属关系协议，在订立协

---

〔1〕 参见莫于川：《非权力行政方式及其法治问题研究》，载《中国人民大学学报》2000 年第 2 期。

〔2〕 参见袁维勤：《论行政合同的性质》，载《行政论坛》2004 年第 1 期。

〔3〕 参见姜明安主编：《行政法与行政诉讼法》，北京大学出版社 2005 年版，第 222-361 页。

〔4〕 参见江利红：《行政法学》，中国政法大学出版社 2014 年版，第 325-327 页。

〔5〕 根据缔约双方的关系地位，德国法将行政协议划分为主从权协议与对等权协议，前者由地位相同的协议双方，特别是权力主体之间订立，后者由具有命令服从关系的协议双方订立，即行政机关与位于行政之下的公民或法人订立的协议。参见［德］哈特穆特·毛雷尔：《行政法学总论》，高家伟译，法律出版社 2000 年版，第 353 页。

〔6〕 参见余凌云：《行政法讲义》，清华大学出版社 2019 年版，第 295 页。

〔7〕 即对等关系协议均由处于平等地位的行政主体之间或私人主体之间订立，凡行政主体与私人主体缔结的行政协议均属隶属关系协议。

议时行政主体对公民若无行使单方行政权的权限，则成立对等关系协议。[1]
（2）以协议的法律效果为标准，区分为负担协议与处分协议，前者指行政
协议的相对人将负有将来的特定的给付义务，后者指因协议本身而直接发
生、变更或消灭法律关系的协议。[2]其区分实益在于判断协议是否发生预期
效果是根据其本身合法性还是后续履行情况。[3]（3）以协议的主要内容为标
准，区分为和解协议与互易协议，前者以达成和解替代行政行为的作出为
内容，后者以双方互负给付义务为内容。[4]（4）参照私法以法律上是否设
有明确规定为标准，区分为有名行政协议与无名行政协议，相较于前者，后
者是不具备典型性、尚未理论化、模式化和法定化的行政协议。[5]（5）以行
政关系范围的不同为标准，区分为内部协议与外部协议，前者是指行政主体
与其内部人员签订的协议，后者则指行政主体与外部主体订立的协议。[6]
（6）以行政协议的行政性强弱为标准，区分为强行政性行政协议与弱行政性行
政协议，在程序控制、司法审查等方面分别参照行政行为理论与民事合同理
论。[7]

　　4. 有关行政协议容许性的研究

　　由于行政协议的识别标准与性质特征均尚未盖棺定论，该研究范式旨在
探究行政协议可缔结性的边界与范围，以科学消解行政协议理论构成中内含
的契约自治与行政法定的冲突，保障行政协议效用发挥的同时避免行政权

---

　　[1] 主张以"协议标的认定"作为判别标准的观点认为，行政主体与公民间缔结的行政协议并
非当然归于隶属关系协议，肯定了二者间订立对等关系协议的可能性。参见陈敏：《行政法总论》，新
学林出版股份有限公司2009年版，第559页。
　　[2] 参见林明锵：《行政契约》，载翁岳生主编：《行政法》，中国法制出版社2009年版，第726
页。
　　[3] 处分协议不存在后续履行行为，能否发生预期法律效果取决于其本身合法性，而负担协议
的法律效果则受协议双方后续履行行为的效力影响。参见蔺耀昌：《行政契约效力研究》，法律出版社
2010年版，第22页。
　　[4] 参见蔺耀昌：《行政契约效力研究》，法律出版社2010年版，第22—23页。
　　[5] 葡萄牙《行政程序法》第178条的规定和我国澳门地区《行政程序法》第157条的规定均
明确列举了几类有名行政协议。我国《行政协议解释》第2条及以《湖南省行政程序规定》为代表的
部分地方行政程序立法，就有名行政协议的列举也作出了相关规定。参见蔺耀昌：《行政契约效力研
究》，法律出版社2010年版，第28页。
　　[6] 参见张焕光、胡建淼：《行政法学原理》，劳动人事出版社1989年版，第308页。
　　[7] 主要以是否要有相应法律规定为依据作为认定行政性强弱的标准。参见郑秀丽：《行政合同
过程研究》，法律出版社2016年版，第29页。

"遁入私法"。现行研究主要涵盖"容许范围"与"容许标准"两大范畴的探讨，并可归于以下几类研究范式：

（1）立足正面列举的容许范围研究

该类研究立足于对行政协议的缔约范围进行肯定式的正面归纳，尝试对其适用的领域与事项作出判断。行政协议概念的建立初期，学理研究倾向对既存的行政协议种类予以梳理，将国有土地有偿出让合同、农村土地承包合同、全民所有制工业企业承包合同、粮食定购合同、公共基础设施特许经营合同等几类行政合同纳入行政协议的涵摄范畴[1]，从各国行政协议立法实践来看，这种概括与列举并重的模式也为多个国家和地区所采纳[2]。近来理论研究更倾向对适用领域的正面列举，有研究认为，行政主体可就涉及国计民生的事项、与社会主体生存发展相关的创造财富的事项、可以指标量化的政府直接投资创建的基础设施事项、公共物品提供事项等四类事项与行政相对人缔结行政协议。[3]有研究立足现存行政协议类型，将其容许适用的领域范围归结为以下几方面：一是需要更多调动相对人主动性与积极性的领域；二是需要相对人履行某种义务和避免影响相对人合法权益的领域；三是需要对行政主体予以更多约束的领域；四是需要专业性、技术性的领域和行政事务具有临时性的场合。[4]还有的研究从组织法的视角提出，我国行政管理活动中，行政协议可以适用于经济管理、社会管理、公共服务、内部行政管理等领域。[5]也有研究立足行为法的视角，认为行政协议不仅适用于给付行政，干预行政也可以适当适用。[6]

（2）立足反向归纳的容许范围研究

该类研究范式即在确立开放容许标准的同时明确规定除外情形，通过否

---

〔1〕 参见张树义：《行政合同》，中国政法大学出版社 1994 年版，第 24-74 页；马怀德主编：《行政法学》，中国政法大学出版社 2007 年版，第 270-274 页。

〔2〕 从我国现行行政诉讼法及其司法解释、地方行政程序立法来看，我国立法上确定行政协议范围的逻辑在于由概括规定再到列举指出再回到概括。同时，葡萄牙《行政程序法》（1996 年）及我国澳门地区《行政程序法》（1994 年）不仅对行政契约作了总则性规定，且明确列举了有名行政协议。参见应松年主编：《外国行政程序法汇编》，中国法制出版社 2004 年版，第 645 页。

〔3〕 参见温晋锋、徐国利编著：《行政法学》，科学出版社 2010 年版，第 206 页。

〔4〕 参见叶必丰：《行政法学》，武汉大学出版社 2003 年版，第 292-294 页。

〔5〕 参见施建辉、步兵：《政府合同研究》，人民出版社 2008 年版，第 32 页。

〔6〕 参见王克稳：《政府合同研究》，苏州大学出版社 2007 年版，第 25 页。

定式归纳的方式确定行政协议的容许性范围。对此,《行政协议解释》第 3 条已明确将两类协议排除在受案范围之外[1],但除法定排除适用情形之外,有研究认为还应归纳出某些性质除外以及法律效果除外的情形,性质除外例如具有强公共性的纯公共物品供给领域只能由政府提供,本质上不得缔结行政协议;法律效果除外则包括法律明示某一事务应由政府亲自履行或应以单方行为作出。[2]也有研究对应排除的协议类型进行了不完全列举,认为除了排除《行政协议解释》中规定的两类内部行政协议外,还应排除适用的协议类型主要包括具有抽象性的战略协议、法律规定属于终局裁决的涉及行政协议的行政争议、关于国防、外交的协议。[3]此外,还有研究仅对行政协议适用范围的限制因素进行归纳,认为我国行政协议的适用范围广泛,需要加以适当限制。有研究对此从适用范围的形式标准和实质标准展开论述,有研究则归纳了主体、程序、实质三大方面限制要素,也有观点认为行政协议的适用以不同行政目标的实现进行选择即可,而无需法律授权。[4]

(3)立足比较分析的容许标准研究

该范式基于比较研究的视角,旨在通过概念性比较或制度性比较对行政协议适用的容许标准作出解释。在行政协议理论构造尚未形成清晰认识的研究早期,对行政协议适用的容许标准探索,主要通过与传统行政行为、民事合同等概念特征的比对,实现行政协议的定性识别,在公私法分立的研究视角下,将其分别定性为"具有公法要素的民事合同"[5]及"以契约形式体现的非强制性或双方行政行为"[6],进而以其对应的契约自治或行政法定原则

〔1〕 包括行政机关之间因公务协助等事由而订立的协议以及行政机关与其工作人员订立的劳动人事协议。
〔2〕 参见冯莉:《论我国行政协议的容许性范围》,载《行政法学研究》2020 年第 1 期。
〔3〕 参见黄学贤:《行政协议司法审查的理论研究与实践发展》,载《上海政法学院学报(法治论丛)》2018 年第 5 期。
〔4〕 参见刘晓霞:《我国行政合同的适用范围及相关问题探析》,载《甘肃政法学院学报》2002 年第 4 期;陈海萍:《行政合同适用范围论略》,载《上海大学学报(社会科学版)》2004 年第 6 期;江娟:《论行政合同的范围——从行政合同概念角度分析》,载《科教文汇(上半月)》2006 年第 21 期。
〔5〕 参见梁慧星:《民法学说判例与立法研究》(二),国家行政学院出版社 1999 年版,第 191 页;崔建远:《行政合同之我见》,载《河南省政法管理干部学院学报》2004 年第 1 期;董运弟:《论政府采购合同的性质及司法审查》,载《法学杂志》2007 年第 4 期。
〔6〕 参见王学辉:《行政何以协议:一个概念的检讨与澄清》,载《求索》2018 年第 2 期;王学辉、邓稀文:《也谈行政协议族的边界及其判断标准》,载《学习论坛》2019 年第 1 期。

确定行政协议的容许标准。

随着学理研究对行政协议认识的深入，相关研究开始跳出行政行为或民事合同的"定性识别——容许标准"的研究路径，更为重视行政协议作为公私合作治理方式的发展趋势，主张顺应国际立法潮流，以其他国家或地区对行政协议容许适用标准的规范立法为参照，通过立法例的比较总结我国行政协议容许性标准的应然面向。例如，有研究基于德国对行政协议适用采取反向排除方式的制度范例考察[1]，并结合当前行政治理的发展模式及世界趋势[2]，总结性地认为我国容许适用行政协议的合法性标准应以"不违反法律禁止性规定"为界限[3]。

（4）立足类化分析的容许标准研究

该研究范式旨在对行政领域予以科学类化的基础上，分类明确行政协议适用的容许标准。有研究即借助经济学理论关于公共物品的划分，将行政领域类分为纯公共领域与准公共领域，认为纯公共领域属于政府的核心职能，应由政府亲力亲为，不容许缔结行政协议，而在准公共领域，则借鉴国际上的"反向排除标准"作为行政协议适用的容许标准，除法律效果或性质本身不得缔结行政协议外，行政机关原则上可以采取适用行政协议的方式来完成行政事务。[4]还有研究根据行政领域将行政协议界分为给付行政意味的行政协议、规制行政意味的行政协议、准备行政意味的行政协议，并对三类行政协议分别适用不同的容许标准：对于给付行政意味的行政协议，只要无特别规定即可推定容许适用；对于规制行政意味的行政协议，则受行政法定原则的强烈支配，适用严格的法定容许标准；对于准备行政意味的行政协议，则

---

〔1〕 例如，联邦德国1997年颁行的《行政程序法》规定，公法范畴的法律关系可以通过合同设立、变更或撤销，但以法规无相反规定为限，行政机关尤其可以公法合同代替拟向相对人作出的行政行为。

〔2〕 当前，服务行政、给付行政发展的时代背景已日益凸显，以契约形式实现行政管理目标已成为世界多个国家行政管理的趋势。

〔3〕 例如应松年主持起草的《行政程序法（试拟稿）》（2004年11月）第162条规定，为履行行政职责，行政机关可以与其他行政机关或公民、法人和其他组织签订行政合同，但法律、法规禁止签订行政合同或者因拟建立的行政法律关系的性质不适宜订立行政合同的除外。相关论述还可参见罗豪才、湛中乐主编：《行政法学》，北京大学出版社2012年版，第287-288页。

〔4〕 参见杨欣：《论政府职能民营化的边界》，载中国法学会行政法学研究会编：《行政管理体制改革的法律问题——中国法学会行政法学研究会2006年年会论文集》，中国政法大学出版社2007年版，第340-345页；冯莉：《论我国行政协议的容许性范围》，载《行政法学研究》2020年第1期。

需要制定特别法律予以规范。[1]

（二）　研究现状的分析评述

1. 基础理论研究的纵向深度不足

经由研究现状的梳理可以看出，在行政协议适用的理论基础研究上业已达成"公私法融合"作为其理论根基的共识。与域外认识稍有差异的是，在我国长期以公权主导的历史文化背景以及公法优位的制度文化背景下，理论基础的表达更倾向"私法对公法的渗入"的表述。理论基础的探究为行政协议的容许适用提供了前提性的理论支撑，然而现有研究论证的展开更多呈现为现象的描述性分析，即建基于在国家职能转变对传统行政提出新要求的背景下，通过"契约"的再解释对"契约融入公法关系的必然性"加以描述与强调，而对"公私法何以相融"问题缺乏深入探讨，换言之，未对"公私法得以相融的契合点"作出总结归纳，例如在逻辑表述上将行政协议功能上的实在性认识归入其生成的前提性认识[2]，且在论证分析中缺乏本土资源的应有关照。值得肯定的是，近来部分学者已开始致力于通过发掘公私法之间的契合所在，以在更深层的视角上证成"行政"与"契约"结合的可行性与合理性。但现有研究成果在分析论证中仍有纵向深度的不足，仅止步于公法与私法可契合性的证成，尚无法为行政协议在实践中科学的容许适用描绘完整的"规范图景"，仍需在理论基础层面进一步对契约嵌入公法关系的程度或边界加以研讨。

2. 识别标准研究的严密性疏漏

基于公私法二元论展开的法教义学注重通过对行为的公法或私法要素识别来锚定行为的法属性，进而归入各自的法秩序框架内予以规整。[3]由此，在行政协议的识别中，通过在由行政主体作为一方当事人的合意行为中识别公法要素，便成为识别行政协议的思维定式。当前《行政协议解释》对于行政协议的识别即是基于私法契约认识论的框架结构，在主体、目的、内容等

---

〔1〕　参见［日］盐野宏：《行政法总论》，杨建顺译，北京大学出版社 2008 年版，第 127-130 页。

〔2〕　即通过论证行政协议的有益功能实现行政协议适用合理性的证成。参见余凌云：《行政法讲义》，清华大学出版社 2019 年版，第 299-300 页。

〔3〕　参见徐键：《功能主义视域下的行政协议》，载《法学研究》2020 年第 6 期。

要素中归纳公法要素的逻辑而展开的[1]。实然，要素归纳的研究方法有助于从有限的观察中归纳出一般性的行政协议识别标准，已然成为清晰识别行政协议的重要方式[2]，然而，基于要素归纳并寻求各要素的关联性而形成的行政协议识别标准，其现实演绎却存有严密性的疏漏。

一是识别要素指向的宽泛性。从单体要素的文义设置来看，作为推导行政协议的判断前提，因其具体指向仍具有解释上的宽泛性而欠缺周延性。（1）主体要素的判断。立足于便宜诉讼分工的角度，主体要素的识别无疑是判断行政协议外观最为直观的方式，行政协议因实质内含有上下秩序的高权关系，必有代表公权主体的行政机关作为协议一方当事人，并占据一定的优势地位[3]。然而，行政机关身份的现实多元性，并无法确保满足行政法基础理论关于行政协议的高权定性。对行政机关参与作成的合意行为一概作行政协议的定性，一方面忽视了民法关于国家机关法人可作为民事主体订立合同的规范事实，例如在政府采购、建修办公楼等民事活动中，行政机关参与订立合同未享有任何形式的优益权；另一方面也一定程度上对《行政诉讼法》仅以部分行政争议作为裁判对象的定位予以解构。（2）目的要素的判断。基于比较法的视角，以协议目的作为判断标准是各国较为流行的做法，法国行政协议立法即将"公务标准"视为识别行政协议的重要标准，并承认行政主体可相对强势地对协议予以单方变更或解除。[4]然而，"行政管理或者公共服务目标"在法解释学上实属不确定概念，其内涵的具体指向较为宽泛，行政主体为维系正常运作，为权力行使创造物质条件，进而签订设备采购合同、租房合同，以保障行政权的正当行使，均可作"实现行政管理或公共服务目的"面向上的解释。立足社会学的广义目的解释，买卖合同的目的一定程度

---

[1] 《行政协议解释》第1条规定："行政机关为了实现行政管理或者公共服务目标，与公民、法人或者其他组织协商订立的具有行政法上权利义务内容的协议，属于行政诉讼法第十二条第一款第十一项规定的行政协议。"包括一方应为行政机关的主体要素、为实现行政管理或公共服务的目的要素、以行政法上权利义务为内容的内容要素等公法要素及由双方协商一致的私法意思要素。参见梁凤云：《行政协议的界定标准——以行政协议司法解释第1条规定为参照》，载《行政法学研究》2020年第5期。

[2] 参见陈天昊：《行政协议的识别与边界》，载《中国法学》2019年第1期。

[3] 参见杨科雄：《试论行政协议的识别标准》，载《中国法律评论》2017年第1期。

[4] 参见李颖轶：《论法国行政合同优益权的成因》，载《复旦学报（社会科学版）》2015年第6期。

上又未尝不是"提升整体社会资源有效配置"的体现。由此说明了公益目的本身的内涵和外延是模糊的,具有宽泛且不确定的特点[1],以此作为行政协议的识别标准将无法达到精准限定的效果。(3)内容与意思要素的判断。行政协议的内核是在意思一致的合作框架内介入公法的要素,即行政法上权利义务的掺入,但在法解释层面,行政法上的权利义务内容仍是一个相对模糊的概念,既包括行政活动中行政主体与私人间的权利义务关系,也包括在权力监督与行政救济等方面产生的权利义务关系。由此,在行政主体参与作成合意行为的过程中,便不乏行政法上的权利义务贯穿其中。[2]即便参照司法实践的做法[3],将其与行政优益权相联系,一方面优益权的内涵界定仅在理论界较为盛行,而在现行立法中则极少有明确的规范表述,另一方面其具体认定仍需结合公益目的的考量,这实质上造成内容要素与目的要素的混淆。事实上,因行政主体身份的公共性,即便在民事合同的订立过程中,对相对方的选择、内容的确定均不是一个完整自由意思表示的过程,因受制于客观的公共准则,在合意完成上或多或少有公法要素的掺入。因此,相较于纯粹的民事合同订立,行政主体参与订立的合同关系,难以完全确保其中未包含行政法上的权利义务,若强行通过条分缕析地在合同关系中提取公法要素,以完成行政协议的识别,将可能造成对传统行政私法活动领域的侵入,阻碍竞争性市场去行政化改革的进路,甚至导致已实现市场化的部分领域的"再行政化"。

二是要素与事实联结的松散性。基于私法契约认识论而展开的现行逻辑,即是立足协议订立履行过程中公法要素的浸渗情况完成行政协议识别标准的建构。而要素归纳的宽泛性也造成了其与事实联结的松散性,致使更多解释空间的产生,且在柔性行政与维护公益的行政法理念支配下,行政协议的识别已然呈现出泛化的趋势,在理解上倾向于宽泛地在协议中析出公法要素,

---

〔1〕 参见王利明:《法律解释学导论:以民法为视角》,法律出版社 2009 年版,第 423 页。

〔2〕 参见韩宁:《行政协议判断标准之重构——以"行政法上权利义务"为核心》,载《华东政法大学学报》2017 年第 1 期。

〔3〕 在"大英县人民政府、大英县永佳纸业有限公司行政协议纠纷案"中,法院认为,可从三个方面判断行政法上的权利义务,主要包括:是否行使行政职权、履行行政职责;是否为实现公共利益或者行政管理目标;以及法律上或者在协议之中是否规定了行政机关的行政优益权。其中行使行政职权、履行行政职责以及行政优益权构成了行政协议的内容,而无法判断时,则可结合目的要素进行判断。参见最高人民法院(2017)最高法行申 195 号行政裁定书。

并在各要素与协议订立履行的事实之间作松散的联结。包括协议形成由行政程序推进、协议目的具有概括的公益性等或多或少受行政法规范而产生的公法要素，均被视为影响行政协议识别的因素。在"私法公法化"的演进背景下，宽泛性的理解也将带来公私法边界的进一步模糊化，进而侵蚀行政私法活动的空间。行政私法活动在学理上被视为介于纯粹私法与严格公法之间的第三种法律领域，[1]对于行政主体参与私法活动，公法规范总会预设一些强施于意思形成的措施，例如要约拟定的审核、交易对象的选择、交易条件设置的政策考量等，因为行政主体并不存在等同于私人完全由其自身支配的利益，[2]其透过私法活动系为达到便宜行政以满足公共需要。与之相较的行政协议则被认为是替代以行政权单方面行使为基础的行政模式方案，是对整体行政法理念的一次嬗变。然而，在现行要素归纳标准下，行政协议识别的重心则被置于透过主体、目的、内容等结构性要素的考察，径行以公法要素的介入为标准加以识别，而公法要素的多样性加上介入阶段与程度的差异性，将致使行政协议的识别面临诸多不确定性，难以形成稳定的框架体系。

三是要素归纳推理的不周延性。归纳推理方法建基于"由个别单称陈述推导一般性全称陈述"，[3]然而归纳推理的结论却可能导向或然性或不完整性，由于归纳推理的运用往往是基于"一事一议"而展开的逻辑梳理过程，在行政协议的识别问题中，可能无法对其归纳要素的外延性形成良好的反应，例如，通过行政协议纠纷裁判的观察，可归纳出涉案行政协议均具有行政法上的权利义务这一内容要素，但无法反推出行政主体参与的合同关系若具有行政法上权利义务内容即可作行政协议定性的结论。此外，通过若干个单称陈述的归纳可能并无法整合出一个全称陈述，该全称陈述可能存在要素的不完整性，在行政协议识别的命题上将可能陷入无边际的"画像"工程。因此，以归纳整合行政协议要素的研究方法，将难以独立支撑起行政协议的识别标准体系。

作为由前提推演结论的研究方法，演绎推理可以有效避免结论的或然性，但其前提在于前提性标准的合理性以及前提性标准在事实归入中的准确性，

---

〔1〕 参见程明修：《行政法之行为与法律关系理论》，新学林出版股份有限公司 2005 年版，第 29 页。

〔2〕 参见［葡］苏乐治：《行政法》，冯文庄译，法律出版社 2014 年版，第 11 页。

〔3〕 参见刘猷桓：《科学逻辑中的归纳与确证》，载《吉林大学社会科学学报》1984 年第 3 期。

而现有研究主张的前提性标准并无法完全保证结论的必然性推导，存在不同面向上的缺陷。

就前提性标准的合理性而言，以"标的物的公共性"标准为例，该标准以资源的公共性为起点，通过构筑一个由公民对公共资源的分配权和共享权衍生的作为主观公法权利的协议缔约权，进而在"协议缔约的权利义务内容本质归于公法属性"的维度上将其定性为行政协议。概言之，该标准以纯粹的行政法本位视角，立足协议缔约权的公法性本质，对市场化表征下合同缔约的民事定性予以否定，据此，即便相关协议仅面向市场交易要素的约定，但因其权利义务的形成仍源于公法性，而不能作民事合同的定性。然而，对于资源公共性所涵摄的分配正义的存在及其具体范围，私人意志并不具有决定性的界定，因而对于私人主观享有的公共资源分配权，客观实在法并未予以承认，其在公法上的协议缔约权也实际并非客观存在的权利。宪法上对于相关公共资源的"全民所有"的公共界定，即是要确保社会成员对公共资源的持续性共享，因而其规制核心应在于在市场化配置模式下维护市场的公平性。[1]因此，在权利溯源上，这一理论层面上公法性的协议缔约权或资源分配请求权，实质指向协议前缔约阶段为实在法所保护的公平竞争权，但该公平竞争权实源于资源所有主体身份的公共性，以规制公共权力的滥用，而非资源本身的公共性。具有公共属性的行政主体即便参与私法活动，也应受到包括基本权利条款等公法规范的制约，而无法宛如私人交易般享有自己的利益，例如平等权、知情权、经济自由等。这种制约以公法程序呈现并通常在实在法中被视为协议缔结前的抗辩措施，在程序启动后形成相应的公平竞争权、信息公开请求权等私人主观的公法权利[2]，以对相关行政主体及潜在协议相对人加以拘束。因此，无论行政主体参与的合同关系性质如何，都将在协议的缔约前阶段受到公法性的主观权利制约，但这些个人主观公法权利的产生并非以标的物的公共性为逻辑起点，而主要源于行政主体身份的公共性，不能以此将标的物的公共性视为行政协议的识别标准。

就前提性标准在事实归入的准确性而言，以"非市场行为性"标准为例，

---

〔1〕　参见王旭：《论自然资源国家所有权的宪法规制功能》，载《中国法学》2013年第6期。

〔2〕　实际上，基于资源公共性的分配正义已然能为实在法所保护，而不必然要求对私人主观的公法权利予以承认。参见［德］格奥格·耶利内克：《主观公法权利体系》，曾韬、赵天书译，中国政法大学出版社2012年版，第41页。

其逻辑生成源于行政协议与民事合同"是否属于交易产物"本质区别的前提性认知，即认为民事合同的法律实质是通过市场交换和在交换中产生的实际关系，[1]而行政协议仍是作为行政权力的行使方式，在协议订立履行中行政主体作为公权行使者的身份并未改变，本质上并非按照等价交换方式进行的市场交易行为。例如，就《行政诉讼法》明确为行政协议的政府特许经营协议、土地房屋征收补偿协议而言，其本质属于行政主体行使审批权、征收权等行政公权的必要环节与重要组成方式，虽具有合同外观，但因作为国家职能的直接体现，并不完全适用私法中公平与等价交换的原则。因此，即便行政主体订立协议在一定程度上是以追求公益为目的，但协议履行表现为依照等价交换原则进行的市场交易行为，并遵循市场行为法则，协议当事人均不享有优先于对方的权利，则该协议应被纳入民事合同的范畴。该标准立足行政协议与民事合同的实质区别，辨明主体身份与行为内核，在更为纯粹的民法思维上进行市场性表征的判断，并与现行民事制定法规范相匹配，[2]在前提标准的合理性上并无明显瑕疵，但在个别事实的归入中却无法准确判断市场行为的构成与否，例如同样具有市场行为外观的国有土地出让协议与矿业权出让协议，在该标准下均被排除在行政协议范畴之外，但事实上，前者因历史变迁仅保留了"价格及其支付"等市场交易条款，可归入民事合同，后者则因外部规制体系的局限保留了公权力作用的成分，应然被识别为行政协议，且已为《行政协议解释》所确认，却无法在逻辑演绎中实现准确归入。

3. 性质甄别研究的实践关注性不足

总的来看，在性质甄别面向上，现行研究业已形成行政协议兼具"行政性"与"契约性"双重属性的共识，并在研究视角上尝试跳出行政行为理论的羁绊，开始着力于构建专属的行政协议理论体系。然而现有研究对于行政协议"双重属性"的认识仍流于表面，[3]力求笼统地界定行政协议的性质，

---

[1] 参见中共中央马克思 恩格斯 列宁 斯大林著作编译局编译:《马克思恩格斯全集》(第19卷)，人民出版社1963年版，第422-423页。

[2] 根据《中华人民共和国民法典》(以下简称《民法典》)第97条的规定，行政主体可作为机关法人从事为履行职能所需要的民事活动，而据此订立的合同应属民事合同。通过反向解释，则可确认行政主体从事为履行职能所需要的非市场性行政活动，其订立的协议应属行政协议范畴。

[3] 参见吴明熠:《新解释下行政协议司法审查的研究转向》，载《法治社会》2020年第4期；韩宁:《行政协议研究之现状与转向》，载《法治研究》2019年第6期。

一概而论地将其认定为介于"行政性"与"契约性"的"中间属性"在理论上看似无瑕，但这一与实务关切割裂式的研究却难以服务于实践。简单将行政协议视为"介于行政行为与民事合同的中间类型"而未深入探究其双重属性调和后的合理构成，一方面，这将使行政实践无法在对行政协议双重属性的调和结果形成较为直观认识的前提下，较好地把握行政协议规范适用的边界；另一方面，这一与既有司法审查模式相脱离的认定，也将导致司法实践的混乱，造成行政行为与民事行为的混杂，公法与私法的冲突，因为从务实的角度出发，司法实践无法因此在公法与私法之外创设第三种法性及其专属的救济渠道与诉讼程序。

4. 类化研究的精准度与客观性存疑

行政协议类化研究的展开揭示了行政协议理论研究精细化的发展趋势，现有研究成果对行政协议的科学分类，为后续行政协议的精准规范管理及区分司法的审查标准提供了良好的视角，例如以协议的法律效果为标准的类分，即可明确其规范的重点在于缔约时的合法性还是履约时的合法性。然而，受制于行政协议的识别与性质研究的精细程度不高，现有的类化研究也未达到精尽完善的程度，即无法实现精准识别，则无法达成客观分类。从对等关系协议与隶属关系协议的类分来看，以"协议外的一般关系"为标准的划分，前置性的认识研究尚存在对等关系协议涵盖的平级机关之间立约情形是否成立行政协议的疑问。而以"协议标的认定"为标准的类分，行政主体就某特定标的的缔约是否具有单方强制力，单从协议标的本身并无法实现精准判断，例如自然资源使用权出让协议的订立，就其自然资源出让的协议标的的外观表现来看，行政主体与不负担法定义务的公民间无隶属关系，行政主体不能通过单方行政权的行使迫使协议订立，应属对等关系协议。但事实上，在出让协议缔结前行政主体还需作出单方出让决定，而出让协议的订立实为补充完成双方之间出让活动的必要环节，相对方是否仍有拒绝缔约的权利，双方地位是否对等的问题亦存疑。对于以"行政协议内容"为标准划分出的互易协议，在协议识别的研究中，内容上具备行政法上的权利义务并无法明确指向行政协议。对于以"行政协议的行政性强弱"为标准的划分，其协议属性中行政性强弱的判断实属主观性判断，在协议性质研究尚未深入的前提下无法形成量化标准，而以"是否需要法律规定为依据"作为判断标准，则陷入了因果倒置的逻辑错误，因为"是否需要法律依据"的判断本身即是以契约行政性的强弱为前提的。

5. 容许性研究相关因素考量的周全性欠缺

就列举式的研究范式而言，在行政协议程序规制有待完善的背景下，对行政协议适用的容许范围予以列举，有助于直观明确其缔约标准，保障行政协议的规范适用。然而，以肯定式正面列举为切入点的现有研究难免带有"挂一漏万"的嫌疑，一定程度上可能对行政协议的灵活运用构成限制。以否定式的反向归纳视角切入，则可能因限制性因素考量不全或相关标准把握不清，而无法引出科学完整的行政协议适用场域，例如一刀切地认定强公共性的行政职能领域属本质上不得适用行政协议的情形，实则排除了该领域在秩序行政中及某些附条件情形下适用行政协议的可能性。

对于立足概念性比较来确定容许性的研究路径，暂且不论行政协议性质的判断是否已有明确指引，"定性识别—容许标准"的论证路径本身即存在逻辑瑕疵，在"性质特征与概念定性"分析中，通常的逻辑正轨在于先定性再归纳其特征，而其反向逻辑则无法得以证成。对某一不确定的学理概念通过其特征进行多元描述固然可行，但基于其性质特征的分析却并不当然导向概念定性的明确化。换言之，以性质特征描述某一学理概念的功能，仅在于降低该概念内涵的模糊程度，而无法达到概念确定化的效果，因为之所以需要特征描述的辅助，正是概念本身存在难以界定的困难，径直以描述性工具决定概念定性，将导致概念解释的功能混淆。据此，就行政协议而言，基于特征的概念比较仅能满足部分识别的需要，而无法直接实现行政协议的精准定性，进而无法对其与容许标准的实质关联性作出论断。

就制度性比较的研究范式来看，在目前服务型行政、福利型行政的背景下，通过考察其他国家和地区的范例，确立反向排除的容许标准，有助于行政主体积极采用行政协议来有效达成行政管理目标，迎合世界趋势。然而，急于借鉴其他国家或地区的已有成果，希冀"他山之玉可以攻石"，而未适当结合本土实际，并对行政协议适用实践的"本土资源"给予应有关照的做法，其结论的现实适配性仍需进一步检验。

容许标准的类化研究则提供了良好的精细化研究路径，确保在对行政协议进行精准分类的基础上得以具体情况具体分析。然而，容许标准的类化研究结论的有效得出，前提取决于类化标准的精准把握。就现有研究来看，以"公共性强弱"为标准的类化，仅将研究视野限缩在给付行政领域，仅在转移给付的行政协议功能认识上讨论其容许范围与标准，而忽略行政协议在替代或补充行政上的功能属性。[1]事实上，在为现有研究所忽视的秩序行政领域，仍有行政协议适用的空间。而以"行政领域界分"为标准的类化，则无法对行政领域本身的范围进行精准框定，可能导致行政协议的认定失实。

（三）　主题研究的发展趋势

在行政协议的识别标准不明、属性构成不清、类化标准与容许标准均未形成科学的本土指引的研究现状下，行政协议适用的容许标准研究仍有进一步深化的发展趋势，主要可归于以下几个方面：（1）研究视角由单一部门法本位转向两大部门法的融合。就行政协议的双重属性而言，两个部门法的研究已由偏向认定某项属性为实质特征的本位思维，转向在更益于实务操作的层面寻求双重属性的调和。因为行政协议中"行政性"与"契约性"的关系完全可能随着协议类型的变化而发生改变[2]，在两个部门法学界研究缺乏对话交流的情形下，相关研究只能止步于双重属性认识的表面阶段。行政协议的适用源于行政实务的发展，并非严格的法规范概念，无法经由单一部门法进行考察，加强两大部门法理论研究的交融，将为行政协议适用的理论研究提供一条往纵深发展的路径。（2）论证分析强化本土资源的关照。行政协议的适用建基于一国的政治人文生态，带有强烈的本土属性，而容许标准的研究只有在对本土资源有足够关照的基础上，才能保证理论结论与实践操作的兼容性。具体包括在实证分析中充分发掘行政协议适用的本土资源、强化本土容许设定的渊源与问题分析、注重行政协议本土适用的取向考察、容许标准构设中关注本土局限所在等方面。（3）整体性研究思维的形成。在行政协议适用的容许标准问题研究的上，研究各环之间存在显著的关联性，前端的行政协议识别问题往往牵连着后续的行政协议类化、容许标准构造等一系列问题，因而在深化研究中将形成整体性的研究思维，通过强化"前端"的精细化研究，为后续论证提供有力支撑。

---

〔1〕《行政协议解释》第1条关于行政协议的界定中，即将其目的归纳为"为了实现行政管理或者公共服务目标"两个方面，替代了原《最高人民法院关于适用〈中华人民共和国行政诉讼法〉若干问题的解释》（以下简称原《适用行诉解释》）中"为实现公共利益"的模糊表述。参见梁凤云：《行政协议的界定标准——以行政协议司法解释第1条规定为参照》，载《行政法学研究》2020年第5期。

〔2〕参见韩宁：《行政协议研究之现状与转向》，载《法治研究》2019年第6期。

三、研究问题和主要结论

（一）研究问题

为对行政协议适用的容许标准作出科学论断，需要对其协议范围与考量要素予以合理框定，并据此进行体系化论证与分析。具言之，离不开六个核心问题的逐一厘清：

一是行政协议容许标准研究的分析逻辑问题，即对该命题中应关注的核心问题作出解释，从而厘清容许标准生成逻辑中的关键点；二是行政协议的识别问题，以功能本位的视角实现行政协议的类化识别，从而对作为基础研究对象的协议范围予以合理框定；三是影响容许标准的要素归结问题，通过对容许标准构造差异的本质厘清，确认影响容许标准构造的内部要素与外部要素；四是容许标准构造的模式问题，基于容许适用标准在现实中的内在动能与外在驱动的具体分析，从而对容许标准构造的模式选择作出判断；五是容许标准的具体构设问题，针对不同的行政协议类型分别作出差异化的容许标准判断，从而完成容许标准层级化的具体构设，并对原则适用与例外情形予以区分；六是容许标准的具体适用问题，即对违反容许标准的协议适用之法律效果予以辨析，分解出不同协议类型在违反不同标准情形下的效力状态，从而实现容许标准的现实可适用性。

（二）主要结论

关于六个方面的研究问题，本书经过分析将有针对性地提出六个主要结论：

1. 基于协议认识与要素归结的容许标准分析逻辑

现存行政协议适用的容许标准的不同，首先源于对行政协议的认识差异，进而在容许标准判断上形成偏向性的考量，而现存标准在实践嵌入中存在的适配性问题与要素考量的周全性问题，也说明了容许标准的构造分析应立足对行政协议的认识、考量要素的归结两个维度的厘清，从而基于对协议认识与要素归结的科学论证，建立起容许标准研究的基本分析框架。

2. 功能本位视角下的行政协议类化识别

认识视角的不同将在行政协议的识别上导向不同范围，行政协议的合理识别，实际上也是对认识视角的甄别选择。行政协议本质作为功能面向上的产物，在不同国家中对于行政协议的适用均有不同的功能取向，或替代行政处分，或维系公共服务的公共性，或实现职能外包。在我国行政协议的适用功能上，则主要体现在或替代原具体行政的作出，或作为程序介入补充行为构成或影响行为完结，或实现公共事务的转移。因此，在行政协议的识别认识上应回归功能本位的视角，基于功能上的不同，将我国行政协议类化识别为替代或补充型协议与公务转移型协议。

3. 基于公共性强度的内部要素与围绕协议适用规范程度的外部要素的归结

容许标准构造的差异，本质在于法律保留的不同解释，就其解释理由来看，行为对权利的影响程度、行为事项的重要程度、外部规范性机制的完备程度等方面均被视为考量要素。因此，行政协议维度下容许标准影响要素的考量可主要类比归结为内部要素与外部要素两个方面，二者的划分主要以是否属于行政协议标的本身产生的考量为标准。由此，内部要素可概括为基于公共性强弱的影响，包括转移给付中公共性与效率的协调、替代或补充行政中的权利影响考量，外部要素则可归纳为围绕协议适用规范性的判断，包括行政协议主体资格的规范程度、程序防弊机制的完备程度、行政协议救济的实现效果。

4. 法定容许标准重塑的合理证成

法定容许标准成因于社会公众对行政协议适用在结果主义上的顾虑、公法保障可持续性的担忧以及对公共职能转移的本能怀疑，从其内在需求与外在规范表现来看，法定的容许标准具有其存续的客观依据及现实基础，但其构造需加以重塑。具体而言，从其内在动能来看，类型化后的行政协议，无论是替代或补充型协议还是公务转移型协议，因内含对权利的影响或公共性的规范，在行政形式选择自由的理论限制下，均仍有受法律保留规范的需要。同时，法定容许标准的构设并非意味着行政协议的适用只能采取概括式的笼统法规范模式，法定容许依据的位阶分化，使得可根据不同协议类型表现出的要素考量差异，匹配不同位阶的法规范进行层级化改造。此外，容许标准可随着各要素影响变化而变化的动态调整性，也助推了法定容许标准的重塑。就其外在驱动来看，行政协议主体资格的泛化规范、协议适用的程序防弊机制的运作存在壁垒、行政协议救济的适用尚有局限，均为法定容许标准的重塑提供了合理证成。

5. 围绕协议类化与要素考量的法定容许标准层级化构造

不同的行政协议类型在其适用的容许标准构设上，有着不同面向的考量要素，同时要素内容表现程度上的差异，使得不同协议类型之间受法律保留的约束程度也有所区别，在法定容许标准上体现为不同协议类型容许适用依据的位阶差异。具体而言，替代或补充型协议的容许适用应着力于权利影响的考量，根据影响程度的不同，对不同协议法定容许依据的判断，细分为狭义法律层级的容许适用、受制于替代或补充行为依据的容许适用、规范性文件层级的容许适用。公务转移型协议的容许适用应关注公共性与效率的协调，统筹考量转移事务的公共性维系与效率的合理实现，在法定容许标准的构设上细分为规范性文件层级的容许适用以及排除行政协议适用的情形。此外，对两种例外情形的协议适用容许标准予以特别分析：一是部分公职委外的公务转移型协议的容许构造，因牵涉政府本质公共职能的转移，而考虑应有狭义法律层面的容许依据；二是涉权利放弃的替代或补充型协议的容许构造，因涉及权利人对自身权利的处分，而考虑在附条件的情况下不受法定依据性的限制。

6. 无效、未生效、效力待定的违反容许效力导向

行政协议违反容许标准的法律效果辨析主要以行政行为的效力判断为参照，并体现为行政协议的法律效力影响，但行政协议特有的契约属性使其带有双向交互的形式特点，在违反容许标准的法律效力辨析上，必然与单向性的行政行为传统模式有所出入，尽管面临不适法内容的"瑕疵感染"，行政行为与行政协议均有"抵御感染"或"瑕疵治愈"的可能性，但基于双方合意形成的行政协议，往往也将在瑕疵感染的包容性与治愈能力上强于前者，并客观呈现出更强的存续力。[1] 由此在违反容许标准的效果导向上与行政行为的效力判断也将有所异化。因法定容许标准除了作为依据性的容许规范外，亦在协议适用中形成了管理性的规范要求，对于法定容许标准的界限突破，其中难免牵涉对容许性管理规范的违反，其结论并非必然导向行政协议的无效，基于类化行政协议在功能构造上的不同，以及法定容许标准在规范侧重上的差异，在不同协议类型违反其对应容许标准的事实情形分解下，其法律效果则大体导向了行政协议无效、未生效、效力待定的效力分化结论。

---

〔1〕 参见［德］哈特穆特·毛雷尔：《行政法学总论》，高家伟译，法律出版社 2000 年版，第 379 页。

具体而言，通过法规范中有关违反容许标准的效力性规定的协调，包括民法规范与行政法规范的协调、规范层级范围的界定、强制性规范与管理性规范的协调，即可对不同类型行政协议违反容许的法律效果予以分解。根据《行政诉讼法》第75条的规定，行政行为的作出没有依据而达到"重大且明显违法情形"的程度应归于无效，然而出于行政协议的瑕疵感染性考虑，行政协议的适用违反法定容许标准并不必然导向无效，而可根据违反程度的不同至少导向无效、未生效、效力待定三种法律效果，对于减损权利或增加义务的协议适用无法定依据、行政协议的适用为法定容许规范所排除则应归于无效，对于违反容许标准所附条件、未经批准的行政协议适用应归于未生效的法律效果，对于违反容许标准法定程序、超越职权违反容许标准的行政协议适用效力状况，则需要根据效力瑕疵的可治愈性具体判断。

四、研究思路和论证结构

本书围绕行政协议容许适用标准的构设问题展开，通过六章予以逐层论述，各章节之间的论述与结论具有紧密的逻辑关联，研究思路与论证结构具体如下：

（一）研究思路

本书的研究思路遵循"问题提出—问题分析—问题解决"的研究范式展开，对应章节分别为"第一章—第二、三、四章—第五、六章"，总体上的论证分析逐层递进，前一问题的分析结论将为后一问题的分析展开提供基础。首先，在问题提出上，着重探讨现存行政协议适用容许标准在实践嵌入中所存在的缺陷，并对其中蕴含的"协议认识"与"要素考量"的核心问题加以解释。其次，在问题分析上，主要分为三个视角展开：一是行政协议认识识别的解构与重塑，以科学框定基础分析对象的类型范围；二是影响容许标准构造要素的探寻与剖析，以还原容许标准结构内核分析的视角维度；三是容许标准选择取向的分析与澄清，以在正确识别与要素归结的基础上合理判断容许标准构设的应然面向。最后，在问题解决上，基于法定容许标准的证成结论，主要围绕行政协议的类化与考量要素的归结对其进行具体的层级化构设，并就重塑后法定容许标准适用的法律效果加以辨析。

（二）论证结构

遵照上述研究思路，本书拟分为六章：

第一章探寻容许标准问题研究的核心面向。通过归纳总结现存行政协议适用容许标准的两种面向及生成逻辑，深入反思二者在实践嵌入中所表现的问题缺陷，并从中厘清标准生成的逻辑思路，以对容许标准构设研究应关注的核心点予以提炼。具体而言，立足传统法定容许标准及反向排除容许标准两类现存容许标准的生成变迁，从标准现实归入的适配性与相关要素考量的科学性切入，对二者在实践嵌入中的缺陷加以剖析，并以此为反思，立足认识体系的差异及考量侧重的不同对其中的核心问题加以解释，主要通过协议认识与要素考量在容许标准生成上的逻辑厘清，将容许标准构设研究的核心面向归结于行政协议的认识调整与考量要素的选择归纳问题，以为后文法定容许标准重塑考虑的立场维度提供明确的方向指引。

第二章通过行政协议的类化识别实现认识调整。主要以行政协议适用的问题表征与取向甄别为基点，从更为客观的功能本位视角考察行政协议适用的类型，以达成行政协议认识的合理调整。如何科学框定行政协议适用的类型范围既是实务认定的难点也是理论争议的焦点，立足现行规范、行政实践及司法认定几个方面对行政协议适用现实样态的考察，对现实基于"公法要素识别"思路是否能科学认识行政协议的问题加以审视，以合理支撑行政协议识别视角的转换。回归行政协议适用的本源，以德国、法国、英国的经验为样本，考察域外不同国家在行政协议适用中的取向差异，以此合理甄别我国引入行政协议的取向，由此回归行政协议识别认识的功能本位视角，进而基于该视角实现行政协议的类化识别，并与不同行政类别相对应，为法定容许标准的构设明确框定基础的对象范畴。

第三章通过容许标准本质的阐明实现影响要素的归结。基于"法律保留不同解释"的容许标准构造内核，着重考察不同解释考量要素的具体维度，并在行政协议与行政类别的对应关系下，类比归纳行政协议维度下影响容许标准构造的要素。在分析视角上区分标的本身的视角与外部规范的视角，以此在要素归结上区分以协议标的的公共性强度展开的内部考量要素、以协议适用的外部规范性展开的外部考量要素，建构"内部要素考量为主，外部要素考量为辅"的考量体系，以便容许标准严格趋向的把控，大体上其严格程度将随着前者强度的加强而强化，随着后者规范的完善而弱化。具言之，在两种行政协议类分的前提下，前者关于标的的公共性强度分别体现在转移给付中事项的重要程度、替代或补充行政中事项对权利的影响程度，由此在内部要素归结上分别聚焦于转移给付中的公共性与效率影响以及替代或补充行政中的权利影响，后者则主要围绕主体、程序、救济三个维度的要素对协议适用的规范性加以判断，以对外部考量要素的构成予以全面陈述，为法定容许标准的构设考量提供可视化的分析着力点。

第四章澄清与证成法定容许标准的合理性。在第二章、第三章完成协议认识及要素归结后，通过理论证成与实践考察及时作出"重塑法定容许标准"的容许取向论断，在论证结构上起到承上的作用，并与第五章、第六章法定容许标准的重塑构设与适用效果相衔接，在结构上起到启下的作用。在具体的论证结构上，立足法定容许标准因结果实现、权利保障、可行性怀疑等方面顾虑的生成，从行政形式选择自由理论的限制、行政协议类化的法律保留需要、法定容许依据范围的位阶分化、容许标准的动态调整性为法定容许标准重塑的必要性、可行性提供内在理论支撑，并围绕主体资格、程序规范、救济机制等方面的实践规范考察，从外部规范局限性的维度为法定容许标准的重塑构设提供合理证成。

第五章围绕协议类化与要素考量具体构设法定容许标准。针对不同协议类型在容许标准考量要素及程度上的差异，结合法律保留原则与行政形式选择自由理论的分析，论证不同协议类型在法定容许标准构设上的不同层级构造。具言之，就替代或补充型协议的容许标准而言，其考量要素归于对权利的影响，并对应秩序行政与给付行政两种行政类别，在适用该类型协议的"行政形式选择自由"受相应限制的前提下，根据对权利的影响程度区分受"法律保留"的约束程度，在法定容许标准上明确不同位阶层级的容许依据。就公务转移型协议的容许标准而言，其在行政类别上主要对应给付行政，具有更多行政形式选择自由的空间，立足效率与公共性的协调，在排除了行政协议适用的情形后，根据法律对给付行政的相对保留并考虑行政形式的选择自由，一般主要在程序规范上受规范文件层级的容许约束。此外，针对两类例外情形的协议适用容许进行特别分析：就部分公职委外的公务转移型协议而言，因牵涉较强的公共性，而一定程度上受法律保留与行政形式选择自由的限制，其容许适用应受制于较高层级的法定依据；就涉权利放弃的替代或补充型协议而言，因涉及相对人对权利的处分自由，而在附条件容许的情况下不受法定容许依据的限制。

第六章推导法定容许标准适用的法律效果导向。立足以行政行为违反法定依据的效力判断为参照，对不同行政协议类型违反容许标准的法律效果辨析的逻辑走向予以明确。套用"大前提—小前提—结论"的三段论法律推理范式，经由民法规范与行政法规范、强制性规范与管理性规范等各类型、层级法规范的协调，以明晰法律效果辨析的"大前提"。根据第五章对法定容许标准的构设框架，对不同协议类型违反其对应容许标准的事实情形予以分解，以合理归纳效力判断中"小前提"所囊括的违反法定容许标准的事实。最终通过"大前提"在"小前提"中的充分归入，对行政协议适用违反法定容许标准的法律效果"结论"予以推导，并主要归结于无效、未生效、效力待定三类法效果导向。

五、研究维度和创新尝试

（一）研究维度

为保证论证研究的合理展开，相关研究维度必不可少地应关涉对象范围的有效框定与相关变量的科学归纳。因此，就行政协议适用的容许标准研究，本书拟结合两个维度的分析以完成容许标准构设探究的全面陈述：

一是回归行政协议的认识起点，立足于行政协议适用的现实样态与问题表征，对行政协议的适用取向予以重新甄别，并在功能本位视角下实现行政协议的类化识别，为容许标准的合理分析科学框定对象范围。

二是归结容许标准的影响要素，容许标准构造作为论证研究的"因变量"，有必要对作为"自变量"的影响要素予以科学归纳。不同容许标准判断的本质在于对"法律保留"的不同解释，其背后法理主要体现为针对事项重要程度、灵活治理需要等要素的考量，应作出差异性的规范调整。类比于容许标准的构造影响，则聚焦在基于公共性强度的判断对内部要素进行归纳，并围绕协议适用规范性的判断对外部要素进行分析。最终结合两大维度的研究结论，对行政协议适用的容许标准予以科学构设，并对其实践适用的法律效果作出合理分析。

（二）创新尝试

本书的创新尝试将围绕研究主题、研究维度、研究观点、研究路径等方面展开，力图促进行政协议本土适用的理论完善与深化，并通过行政协议容许适用标准的探究，最终服务于行政协议合法适用的实践需要。

1. 研究主题的创新尝试

相较于行政协议的广泛适用，其规范模式仍未有定数，立足"定义"与"列举"规范的现行法，尚不足以有效指导实践的规范适用。事实上，行政协议除了双重属性构造上的特殊性外，不同的属性偏向也对应着不同类型的行政协议类型。关于行政协议容许性的现有研究，无论从行为法的视角还是组织法的视角，均未达到精尽完善的程度，缺乏对行政协议细分认识后的体系化分析，研究深度尚浅。

因此，本书对主题研究的创新将聚焦于类分认识下视角的有机结合以完成适用容许标准的细化重构。容许适用标准的不明确将直接影响行政协议实践适用效能的发挥，因此，对该主题研究的继续深化，不仅将有效弥补理论供给上的不足，也将填补实践适用上的需缺。

2. 研究维度的创新尝试

有关行政协议容许标准的现有研究在维度上多以行政协议的概括性认识切入，并将"行政协议认识"与"影响要素考量"的讨论合二为一，基于笼统的定性展开分析。这一研究维度能够推导出概括性的结论，但协议认识的不彻底与要素考量的不周延，难以完整显现行政协议适用容许标准的差异化构造。因此，本书旨在通过协议认识与要素考量两个维度的细分，避免容许标准的研究发生错位。在行政协议认识上，经由其实践考察、取向甄别、功能归纳，完成行政协议的类化识别。在影响要素考量上，通过内部要素与外部要素的细化讨论，完成具体要素的归结。两个维度分别对应研究的对象范畴与内容范畴，更为客观地展现问题研究的构成，减少问题分析的主观性，并增强了论证的针对性。

3. 研究观点的创新尝试

现有研究立足行政协议存在的理论基础，基本遵循由行政协议"识别"到"容许性分析"的研究逻辑，各研究观点的陈列及研究框架的成型，为后续研究的开展提供了丰厚的研究素材，并在宏观上提供了大致的方向指引。

现有研究的不足与疏漏也给后续研究提供了一些空间和可能，本书尝试从以下几个方面进行创新拓展：

（1）类化识别中功能本位视角的回归

类化分析作为更为科学、客观的研究路径，本书主张以协议功能作为类化标准，实现行政协议功能主义本位视角的回归，由此对行政协议的适用取向与应用场域予以客观关照，避免主观性判断的过多干涉。作为公共治理功能面向的产物，行政协议在不同国家的生成均承担着不同的行为替代或转移给付的机能，在我国的秩序行政领域，行政协议的最初生成即是在"参与行政"的背景下，承担着革新传统"命令—服从"的威权行政模式的作用机制。通过对本土行政协适用的实证分析，经由行政协议在不同国家承担替代行政处分、公共服务的公共性维系、公共职能外包等不同功能的取向甄别，基于功能主义的视角将行政协议类分为替代或补充型协议与公务转移型协议，并由此作为容许标准构设研究的对象范畴。

（2）容许标准构成的影响要素归结

作为容许标准判断的基础性内容，现有研究的论证分析均未体现出足够的关照，本书主张对容许标准的影响要素作出针对性讨论，通过影响要素的科学性归结，保障容许标准构设的客观合理性。对于行政协议适用的容许标准判断，本质在于对"法律保留"的不同解释，因而从其内部影响要素上看，容许标准的差异主要聚焦于公共性强弱的判断，包括转移给付中的公共性与效率影响以及替代或补充行政中的权利限制情况。从其外部影响要素上看，则主要围绕政府行为规范性的判断，包括协议主体资格的规范程度、程序防弊机制的完备程度、行政协议救济的实现效果等多个方面。

（3）法定容许标准的重塑与层级化构造

容许标准的现有研究多滞留于"非此即彼"的单一性结论的推导，或主张极具概括性的"法律法规规章规定下"的法定容许标准，或主张无禁止规定即推定适用的容许标准，对行政协议的类化细分、影响要素的科学考量均未形成精尽合理的关照，进而导致研究覆盖面与纵深度不足，研究结论的实践适配性较低。因此，本书在完成法定容许标准的合理澄清与证成后，将围绕协议类化与要素考量对容许标准予以层级化构设，并体现为狭义法律至规范性文件等不同位阶法定容许的细分、行为法视角与组织法视角的有机结合、原则构造与例外情形的区分等多维度的讨论。

（4）容许标准适用的法律效果判断

容许标准现有研究结论的适配性缺陷，也将导致其后续研究的动能不足，学界鲜有专门针对违反容许标准的效力性研究，仅在相关主题研究中稍有提及且多围绕"没有依据"的实定法语境分析行政协议的无效或有效。[1]在容许标准指向不明且尚有争议的背景下，容许标准的司法审查也略显乏力，仅能在"不触及禁止性规定"的开放标准下保持谦抑性。

因此，本书在完成法定容许标准的重塑构设后，也将进一步深入对其适用的法律效果予以辨析。具体而言，经与一般行政行为的比较，违反法定容许标准行政协议适用，其效力导向至少包括无效、未生效、效力待定三类效果，而效力待定可以进一步视情况分解为无效、可撤销、瑕疵治愈（确认违法）等细化的法律效果，以具体指导实践操作。

4. 研究路径的创新尝试

（1）论证体系上注重整体性结构的逻辑关联

行政协议容许标准结论有效性的证成，有赖于其前端行政协议识别与类化研究的科学性，本书的论证结构将注重"识别类化—容许构设"的逻辑贯通性，通过对本土行政协议适用样态的实证分析，强化对"前端识别问题"的精细化分析，并在得出容许标准的结论前，充分考虑内部及外部要素在不同类型行政协议容许构造上的影响。

（2）论证分析上增加本土化的分析比重

该创新尝试旨在弱化域外成果的直接镜鉴，提高观点结论的本土兼容性。立足结合本土资源、本土问题、本土国情、本土局限的分析，对行政协议容许标准的本土走向形成精准把握。具体包括：行政协议适用本土样态的实证分析并对现存问题加以评估；行政协议本土引入的取向考察；法定容许本土生成的成因归结；结合本土国情与本土局限，对行政协议适用的容许标准结论加以推导。

---

[1] 参见余凌云：《论行政协议无效》，载《政治与法律》2020 年第 11 期；韩思阳：《无效行政协议审查规则的统一化——兼评〈行政协议解释〉》，载《法学杂志》2020 年第 10 期。

现存容许标准的反思与问题解构

　　行政协议从诞生之初备受质疑到获得学界的普遍认可，并作为一种功能上推行行政政策的理想手段而广受实践青睐，[1]尽管对其"如何合理嵌入公私法二分的法秩序"的问题尚未得到有效消解，[2]在理论层面仍有许多值得追问的空间，但值得肯定的是，在问题解决的过程中，随着理论与实践的深入，对行政协议适用中可资遵循的规则探索，已由初始的模糊创设开始渐渐明晰。

　　聚焦行政协议适用容许性的研究场域，在"行政法定与契约自治"的理念冲突下，对于"行政协议应基于何种标准得以容许适用"的议题，学界一直保持着积极的探索，并随着行政协议认识的变化而悄然转变，其中的智识成果主要可归纳为"法定容许标准"与"反向排除容许标准"两类现存标准。然而，有必要进一步审视与思考的是，现存容许标准在实践嵌入中事实的适配性如何？倘若需要回归容许标准的构设议题，应沿着何种路径展开问题分析？换言之，即是应对议题展开所关注的核心要点予以归结。

第一节　法定容许的生成与反向排除标准的源起

　　私法的相对成熟与公法的调控桎梏促使了行政实践在私法与公法关系有效相融的过程中催生了行政协议，其在调控手段更显成熟、调控技术更趋多元等方面显现出迎合时代发展需求的益处，使得行政协议的适用已成为实践

---

　　〔1〕　参见余凌云：《行政契约论》，中国人民大学出版社 2006 年版，一版自序第 1 页。
　　〔2〕　参见江必新：《中国行政合同法律制度：体系、内容及其构建》，载《中外法学》2012 年第 6 期。

发展的必然趋势。然而，公法与私法各自的规范要素存在着质的区别，不加以甄别地推进私法对公法机械化、普遍化的渗入，将必然引发一些负面效果，对此，曾经美国民营化政策失误所引发的批判即提供了实例[1]，虽然二者相融的边界可能无法实现完全的泾渭分明，但至少应尽可能地对其"最低限度"的界限予以把握。[2]在行政协议适用的理论构成中即存在着"行政法定"与"契约自治"的调和问题，契约自治原则的渗入在帮助行政活动更趋向柔和理性、灵活多元的同时，其渗入界限的模糊也无不冲击着传统行政法定所固有的主流精神。因而，面对不同面向的原则冲突，应在何种限度上明确两者的边界以实现其调和，便成为理论上亟须回应的问题，而在更为直观的层面，这一问题则主要反映在"行政协议应基于何种标准得以容许适用"的议题消解上。为此，在寻求行政协议两种原则的调和以合理构建其容许适用标准的过程中，目前业已形成了"法定容许标准"与"反向排除容许标准"两种不同面向的回应。

一、前提性认识：行政法定与契约自治的冲突与调和

在传统公法的视野中，行政法定原则被视为秩序行政语境下控制权力恣意的羁束性原则，而契约自治作为与此相悖的原则概念，其在公法关系中的渗入则受到明确排斥。其论证逻辑主要围绕两个方面展开：一方面，通过契约合意进行权力处置本身的正当性存疑。尽管社会契约理论与人民主权理论均为"公民权利作为政府权力基础与渊源"的观念进行了学理解释，[3]但仅能作为抽象的整体性哲学思考，而无法为具体的实践个案提供逻辑证成，在国家权力配置的安排下，只有法律能为行政权力处置提供合法性依据。[4]另一方面，契约自治在秩序行政中的渗入，将变相赋予行政权更多可能侵害权利的裁量空间。[5]基于此，行政法定与契约自治之间的冲突无从消解，致使

---

〔1〕　See Carol M. Rose, "Privatization-The Road to Democracy?", *Saint Louis University Law Jounal*, Vol. 50, No. 3, 2006, p. 692.

〔2〕　参见张淑芳：《私法渗入公法的必然与边界》，载《中国法学》2019 年第 4 期。

〔3〕　参见［法］卢梭：《社会契约论》，李平沤译，商务印书馆 2017 年版，第 64-69 页；［美］汉密尔顿等：《联邦党人文集》，程逢如等译，商务印书馆 1980 年版，第 257 页。

〔4〕　参见刘春：《行政协议中"权利处分"条款的合法性》，载《政治与法律》2018 年第 4 期。

〔5〕　有台湾学者即质疑，若容许适用与行政法定相抵触的行政协议，是否将由法治倒退回人治？参见林明锵：《行政契约法研究》，翰芦图书出版有限公司 2006 年版，第 4 页。

作为兼具行政性与契约性产物的行政协议在诞生初期一直备受质疑[1]。而随着 "福利国家" 的强调，给付与服务精神在行政治理中日渐显著，行政权的运作已然呈现出 "公权与私权的界分模糊、行政高权的弱化、威权行为的柔化" 等新的趋向，[2]行政的作用范围不仅仅局限于国家安全、公共治安、税收财政等消极秩序行政领域，而且逐步延伸至经济、环保等积极秩序行政及社保、补助等给付行政领域，在政府职能的转变与人民对行政民主化的期望下，行政协议作为更具弹性、更为柔和的替代性行为方式在质疑声中也逐步受到肯定。[3]

事实上，契约的适用与行政活动并非必然排斥，在可行性方面，现代行政法已为契约的渗入提供了合意的制度保障框架，即通过动态性的参与程序和救济性的控辩机制的设置保障双方自由合意的形成。[4]在正当性方面，二者的统一可表现为互动互补的关系，从而使行政活动可在法定框架下，充分发挥契约上灵活、能动的特性，且顺应了民主政治与市场经济发展下行政民主化、非权力化转向的新趋势，而权力规范的日渐成熟与私人主体的日趋成长，亦使行政机关有权或有义务基于正当目的在时势需要下适时选择契约方式进行治理。[5]经由 "契约关系容许在包括行政关系的人类社会结构中延伸" 的理论证成，[6]国内外学术界与实务界有关行政协议的否定观点显然已在行政目的观嬗变、契约社会化加深、民主思潮与合作精神兴起等的大背景

---

〔1〕 德国学者 Giacometti 认为行政协议与行政法定本身就自相矛盾。

〔2〕 参见张淑芳：《行政法治视阈下的民生立法》，载《中国社会科学》2016 年第 8 期。

〔3〕 参见余凌云：《论行政法领域中存在契约关系的可能性》，载《法学家》1998 年第 2 期。

〔4〕 参见于立深：《契约方法论——以公法哲学为背景的思考》，北京大学出版社 2007 年版，第 147 页。

〔5〕 如在日本，在部分领域的行政给付中，只要法律未明示必须采取行政处分的形式作出，则有优先适用行政协议的倾向，如有关政府的财产管理交易、资金的交付和服务的提供（例如公共汽车、邮政、医院、公营住宅等公用关系），原则上是以行政契约进行的。参见杨建顺：《日本行政法通论》，中国法制出版社 1998 年版，第 525 页。在我国，有观点认为，行政机关若基于为弹性解决非典型的案件、为克服复杂且无法妥善处理的案件、为提高当事人之接受度及事后配合遵守的可能性、为了连结不同的法律关系、为了善用当事人的特殊知识或经验等目的时，应优先适用行政协议。参见黄学贤、陈铭聪：《行政契约和行政处分的替代关系和选择标准之研究》，载《江淮论坛》2011 年第 4 期。

〔6〕 参见 [美] V. 奥斯特罗姆等编：《制度分析与发展的反思——问题与抉择》，王诚等译，商务印书馆 1992 年版，第 346 页。

下日渐消弭，[1]且近来已为现代社会的行政治理所接受并得以广泛适用。[2]然而，契约作为市民社会调整平等主体关系的调控机制，在完成其与行政公法活动能否契合的问题消解后，契约自治所追求的"法无禁止皆自由"[3]与行政法定所内含的"法无授权皆禁止"之间的冲突应如何调和的疑问，却一直滞留于行政协议的实践适用中，进而仍无法对其容许适用的标准作出精准判断。总体上看，契约自治原则在行政关系中的渗入固然有益于行政活动中沟通的深入、效率的提升，但并不意味着行政协议的适用可以摆脱行政法定原则的约束，纵然可能无法在微观层面对二者相融的模糊边界加以完全明晰，但至少可立足更为宏观的视角对二者间冲突的调和予以把握，并归结为以下两个范畴。

（一）"行政法定"支配的保障

从公法属性的维系来看，无论学理如何定性，行政协议的适用作为实现公共服务与行政管理目的的方式已为现行实在法规范所确认，[4]因存在契约性的渗入而完全排除行政法定原则的说法无法得到逻辑证成，仅能在某种程度上说明与一般行政行为相较，其受行政法定原则的规范程度略低。因而，为预防行政"遁入私法"的风险，立足行政协议"行政本质"的维系，无论在适用形式上多么趋向"契约自治"，至少应最低限度地保障"行政法定"的支配作用，而不能旨在追求政府的"全方位退却"与市场价值的回归，[5]以此实现公共治理的全面市场化与社会化，防止行政协议适用的公法属性为

---

　　〔1〕　参见杨海坤、章志远：《行政法学基本论》，中国政法大学出版社 2004 年版，第 243-246 页。

　　〔2〕　诸多国家和地区的行政程序立法中均对行政协议作出了规定，既作为行政程序的构成部分，又作为行政程序法的主要调控方式，如德国《行政程序法》第 54 条规定："公法范畴的法律关系可以通过合同设立、变更或撤销"，葡萄牙《行政程序法》第 178 条规定："一、行政协议为一合意，基此合意而设定变更或消灭一行政法律关系。……"参见：《〈葡萄牙行政程序法典〉》，载《行政法学研究》1997 年第 1 期。

　　〔3〕　英国学者洛克在其《政府论》中最初奠定了"法无禁止皆自由"的私法法治原则，在他看来，任何意志除经合意所建立的国家立法外，均不得对自由予以限制。参见［英］洛克：《政府论》（下册），叶启芳、瞿菊农译，商务印书馆 2009 年版，第 15 页。

　　〔4〕　《行政协议解释》第 1 条规定："行政机关为了实现行政管理或者公共服务目标，与公民、法人或者其他组织协商订立的具有行政法上权利义务内容的协议，属于行政诉讼法第十二条第一款第十一项规定的行政协议。"

　　〔5〕　参见［美］E. S. 萨瓦斯（E. S. Savas）：《民营化与公私部门的伙伴关系》，周志忍等译，中国人民大学出版社 2017 年版，第 7 页。

私法所取代。

从公法体系的维系来看，公法体系有其固有的精神气质，为避免权力活动的无序化，公法通常要求权力的行使应有相应的监督与控制，而这一要求随着时代的变迁也产生了不同的面向，[1]传统上的监控指向法律规范的严格支配，而私法因素的渗入使得这一监控逐渐松弛并转向关系主体间协商的强化，[2]但这种变化也仅仅体现在监控模式的形式转变，而公法上监控的主流要素仍客观存在，私法因素的渗入并不能改变公法体系中的实质性内容。由此，因契约理念在行政活动中的渗入而生成的行政协议，若仅以平等与效率为趋向，而忽视管理与控制的公法主流，势必将动摇公法体系的根基，导致相应行政活动的开展失序。为此，行政协议中契约自治与行政法定的调和，至少应保持公法传统的定在，不应过度趋向私法理念的吸纳。

（二）有序化与个别化的调和

公私法相融的有序化与个别化，是在不破坏两大部门法属性的前提下，有机协调两者益处以获取行政治理相应便利的必然要求。[3]延伸到行政协议的适用中，则体现为契约自治与行政法定间冲突的有序化与个别化调和，以明确指引其容许适用的标准所在。

契约自治与行政法定的有序化调和，是指对两者调和边界的认定不能仅基于笼统的行政协议认识展开，并将此认定结论概括地归入所有行政协议中。因为不同的行政协议类型具有不同的功能指向，对于契约自治与行政法定的调和也会形成不同的偏向，而将统一化的概括性调和结论笼统地归入，势必将造成不同行政协议的适用，或规制有余而弹性不足，或过度放松而"遁入私法"。因此，契约自治与行政法定的调和应根据行政协议的不同特性作出有序化的调整，即对于行政优益性凸显的行政协议则滑向行政法定原则的支配，针对凸显契约优益性的行政协议则偏向契约自治原则的规范。此外，契约自治与行政法定的冲突还应有个别化的调和，即针对特殊事项标的的行政协议

---

〔1〕 如美国行政法在20世纪70年代前以管制为主流，而在70年代后则转变为放松管制。参见宋世明：《美国行政改革研究》，国家行政学院出版社1999年版，第82页。

〔2〕 哈贝马斯所主张的商谈理论，即强调公权力主体与其他社会主体间的平等性，调整这些关系的法律规范也带有深深的私法印记。参见［德］哈贝马斯：《在事实与规范之间：关于法律和民主法治国的商谈理论》，童世骏译，生活·读书·新知三联书店2014年版，第273-290页。

〔3〕 参见张淑芳：《私法渗入公法的必然与边界》，载《中国法学》2019年第4期。

适用，其理论构成中原则矛盾的调和应跳出惯性思维而具体问题具体分析，进而对其容许适用的标准作出科学判断。

二、严格法定容许标准的生成逻辑

回顾行政协议的演变历程，从契约理念能否与行政活动相契合的质疑，到契约自治与行政法定之间矛盾的调和探索，其演变实际反映出了公私法相互磨合的过程，由此，行政协议的生成与发展也被视为"公法私法化"的重要表征。在传统公私法二分且不可逾越的观念束缚下，为保持公法独特的调控方式与原则，私法手段在公法领域的渗入曾受到明确排斥〔1〕。然而20世纪以来，国家职能由"秩序国家"向"福利国家"转变，对传统刚性行政、管理行政的方式也提出了新的要求，仅凭传统集中式的行政权已难以对社会契约中所约定的公共安全及社会福利的承诺予以实现。〔2〕为顺应社会发展需求，柔性行政、服务行政在行政管理与公共服务中被日益强调，在此背景下更具灵活性的契约式行政因带有私法上自由、平等的元素而广受青睐，由此私法上的原则理念、规范技术开始逐渐深入现代行政法的发展，传统上私法的调控方式被间接或个别化地引入公法领域，推动着"公法私法化"的日渐深化，主要体现在以契约手段进行国家干预、以契约形式完成公共职能的执行等多个方面。

据此，面向行政协议容许适用标准的判断，便形成了一种立足行政协议溯源而形成的"行政协议适用的法定容许标准"解释，即行政协议的适用在"公法私法化"进程中作为替代性的行政管理手段，因保留着行政权力因素而理应归于"无法律即无行政"的行政法定原则支配，除有法律规范的明确授权，行政主体不得自主适用行政协议。〔3〕在法规范层面，"行政协议适用的法定容许标准"也为我国现行地方行政程序立法所广泛采纳。在可供查询的十

---

〔1〕 在传统以行政高权为核心的行政法时代，奥托·迈耶认为在公法领域处于优势地位的行政主体不存在与普通公众真正达成合意订立契约的可能性。这一观点在德国行政法理论中也曾在一定时期占据着主流地位。

〔2〕 See Andreas Abegg, "Banishing Administrative Contracts from Law-Cooperation between the State and Private Persons in the German Law of the 18th Century", translated by Annemarie Thatcher, *Ancilla Iuris*, Vol. 39, 2012, p. 95.

〔3〕 参见张树义：《行政合同》，中国政法大学出版社1994年版，第106-107页。

五部现行有效的地方行政程序规定中，[1]除《浙江省行政程序办法》《宁夏回族自治区行政程序规定》《西安市行政程序规定》未对行政协议的容许适用事项作出规范外，其余十二部地方规范尽管在行政协议容许适用的事项列举上略有差异，但多少均对其范围予以了明确，且均在兜底条款一致采用严格的法定容许标准，即行政协议的适用事项应有法律、法规、规章的规定。[2]这一法定容许标准的确立，一方面旨在通过原则调和对"行政法定"进行保障，以契合依法行政理念下法律对一切权力活动的支配作用，同时及时对因行政协议的扩张适用而产生的现实规范需要予以回应。[3]另一方面在行政协议理论构成中矛盾的调和尚缺乏充分共识并形成明确指向的前提下，采取法定容许的保守约束则体现了对新事物规范的谨慎态度。

三、反向排除容许标准的源起

随着公私合作治理的兴起，行政主体与私人主体间的关系得以由传统的"命令—服从"的单方支配模式演变出"协商—合作"的双方交互样态。[4]行政协议作为组织整合公私合作实现公共服务的工具性机制，为确保其适用顺应合作治理应用场域的扩张趋势，以严格的法定容许标准限制行政协议的灵活适用开始广为学界诟病，而学界主张在行政治理模式转变的潮流中，通过域外立法的镜鉴，采取反向排除的方式确定行政协议适用的容许标准。

基于大陆法系国家及部分地区行政协议适用的一般性考察，行政协议的适用因顺应行政民主化的时代要求，而普遍不受法律保留的严格约束，可由

---

〔1〕 截至 2024 年 8 月 13 日，通过北大法宝平台以"行政程序"为标题关键词进行检索，查找到现行有效的地方行政程序规定共计 15 部，其中地方政府规章 9 部，地方规范性文件 5 部。

〔2〕 例如，《湖南省行政程序规定》第 93 条第 2 款规定："行政合同主要适用于下列事项：……（七）法律、法规、规章规定可以订立行政合同的其他事项。"相似规定还可参见《山东省行政程序规定》《江苏省行政程序规定》《海口市行政程序规定》《兰州市行政程序规定》《汕头市行政程序规定》《蚌埠市行政程序规定》《嘉峪关市人民政府关于印发〈嘉峪关市行政程序规定〉的通知》《凉山州行政程序规定》《邢台市行政程序规定》《酒泉市人民政府关于印发〈酒泉市行政程序规定（试行）〉的通知》《白山市行政程序规则》《永平县行政程序暂行办法》的相关规定。

〔3〕 参见王万华：《中国行政程序法典试拟稿及立法理由》，中国法制出版社 2010 年版，第 415 页。

〔4〕 参见［美］朱迪·弗里曼：《合作治理与新行政法》，毕洪海、陈标冲译，商务印书馆 2010 年版，第 6 页。

行政主体根据行政目的实现的需要裁量适用。[1]在德国，行政机关以契约形式作出的行为被视为因含有内容自由的处分，故与单纯的行政形态不同，仅受法律优先的约束而排除法律保留的适用。我国台湾地区的学者则指出，在法律保留的适用上行政协议应与行政处分作不同的看待，若以法律保留限制行政协议的适用将压缩其合意空间，丧失其取代行政处分的功能。[2]对此，在其相应的立法表述中均有明确的体现，例如，1996 年葡萄牙、1997 年德国在其《行政程序法》第 179 条、第 54 条中规定了，除法律有相反规定或因拟建立的法律关系性质不适宜缔结行政协议外，可以契约形式设立、变更或撤销公法上的法律关系。[3]

在我国，反向排除容许标准的采纳与适用在学理、立法及司法中均有所反映。学理上，应松年教授于 2004 年主持起草的《行政程序法（试拟稿）》第 162 条中便采纳了"法无禁止即自由"的表述，即行政机关为履行行政职责可以与其他行政机关或公民、法人和其他组织签订行政合同，但法律、法规禁止签订行政合同或者因拟建立的行政法律关系的性质不适宜订立行政合同的除外。[4]相似的观点也认为，行政机关不得就法律与政策明令禁止的事项与管理相对方订立行政协议。[5]立法上，反向排除容许标准的适用也可在相关司法解释的兜底规定中窥得端倪，根据 2015 年《适用行诉解释》第 11 条第 2 款[6]、2019 年《行政协议解释》第 2 条的规定[7]，在对行政协议的类型列举上虽主要源于现有法律规范的明确规定，[8]但在兜底条款"其他行政协议"中已无地方程序性立法中"法定"的字样，这使司法实践对于行政

〔1〕　参见蔺耀昌：《行政契约效力研究》，法律出版社 2010 年版，第 5 页。

〔2〕　参见林明锵：《行政契约法研究》，翰芦图书出版公司 2006 年版，第 194-196 页。

〔3〕　参见：《〈葡萄牙行政程序法典〉》，载《行政法学研究》1997 年第 1 期。应松年主编：《外国行政程序法汇编》，中国法制出版社 2004 年版，第 103 页；黄昭元等主编：《综合小六法》，新学林出版股份有限公司 2006 年版，第 B-96 页。

〔4〕　参见郑秀丽：《行政合同过程研究》，法律出版社 2016 年版，第 206 页。

〔5〕　参见罗豪才、湛中乐主编：《行政法学》，北京大学出版社 2012 年版，第 287-288 页。

〔6〕　2015 年《适用行诉解释》第 11 条第 2 款规定："公民、法人或者其他组织就下列行政协议提起行政诉讼的，人民法院应当依法受理：……（三）其他行政协议。"

〔7〕　《行政协议解释》第 2 条规定："公民、法人或者其他组织就下列行政协议提起行政诉讼的，人民法院应当依法受理：……（六）其他行政协议。"

〔8〕　参见最高人民法院行政审判庭：《最高人民法院关于审理行政协议案件若干问题的规定理解与适用》，人民法院出版社 2020 年版，第 38 页。

协议的认定享有更多的开放空间，而不绝对拘泥于"法定"前置的约束条件。司法上，行政协议适用的反向排除标准已逐步渗入裁判说理中，在卜建萍诉郑州市金水区人民政府、郑州市金水区丰庆路街道办事处确认行政协议无效案中，河南省高级人民法院认为行政协议作为一种探索和改革行为，有利于提高行政效率，因而对于此类行为的审查，往往更多的是合理性审查，而非合法性审查，只要不违反法律法规的禁止性规定，不侵犯公民的重要财产权，就可以不受法律保留原则的限制。[1]

对于如何厘定行政协议适用的排除范围的问题，法国法则将排除行政协议适用的领域作了两个方面的解释：一是在法无明文规定的情况下纯粹与合同无法相容的领域；二是透过相关法律规定的解释得出不得订立协议的结果。[2]沿此分析路径，在法定除外与性质除外的事项厘清上，若法律明示某一事项应由行政主体亲自履行或须以单方行为作出，则可基于法律优先的约束排除行政协议的适用。[3]而对于本质不得适用行政协议的事项，反向排除容许标准的相关研究则将视线聚焦于事项"公共性"的判断，若事项"公共性"过强涉及政府本质职能而不宜引入私人参与，则应排除行政协议的适用。据此，根据经济学理论关于纯公共物品与准公共物品的划分，纯公共物品的供给事项包括国防、治安、外交、司法等体现强公共性的事务[4]，以及具有行政强制性的干预行政，则均被纳入本质上排除行政协议适用的范围。[5]

第二节　现存容许标准的解释性疏漏

如前所述，在"行政法定与契约自治"冲突的调和中对行政协议容许适

---

〔1〕 参见河南省高级人民法院（2019）豫行终 1104 号行政判决书。

〔2〕 参见陈淳文：《公法契约与私法契约之划分——法国法制概述》，载台湾"行政法学会"主编：《行政契约与新行政法》，元照出版有限公司 2004 年版，第 139 页。

〔3〕 参见冯莉：《论我国行政协议的容许性范围》，载《行政法学研究》2020 年第 1 期。

〔4〕 有观点认为，诸如司法、强制执行、警察与军事等本质上必须运用物理上强制力的国家任务，不容许民营化。参见许宗力：《论行政任务的民营化》，载翁岳生教授祝寿论文编辑委员会编：《当代公法新论（中）——翁岳生教授七秩诞辰祝寿论文集》，元照出版有限公司 2002 年版，第 598 页。

〔5〕 参见杨欣：《论政府职能民营化的边界》，载中国法学会行政法学研究会：《行政管理体制改革的法律问题——中国法学会行政法学研究会 2006 年年会论文集》，中国政法大学出版社 2007 年版，第 343 页。

用标准的探寻，已然随着行政治理模式的变迁，发展出"法定容许标准"与"反向排除容许标准"两类不同面向的现存标准。然而，在不同标准的演绎下，应基于何种维度对行政协议容许适用标准的合理性加以判定却仍待解答。只有科学澄清容许标准合理性的考察维度，才能通过标准的健全完善以真正契合行政协议适用的规范需要。

行政协议容许适用标准在内在构造与外化适用均应符合秩序与改革的要求，容许标准的合理性判断应聚焦在两个方面：一是在外化适用上应满足标准归入的适配性，二是在内在构造中应满足要素考量的周全性。据此，对于现存容许标准是否已全然契合行政协议的适用规范，还需基于上述两个维度对其事实嵌入的样态加以考察。

一、关于标准归入的适配性

作为"公法私法化"进程中替代单方支配的模式化行为，行政协议因带有权力因素而以"法定容许标准"加以规整适用，符合惯常的法治思维逻辑。然而，司法实践中行政协议被视为经合同化改造的特殊行政行为[1]，其适用还应具有行政模式改革的前瞻性，而依托具有滞后性的法规范明确行政协议适用的容许范围，至少存在两方面的疏漏：一方面，将难以穷尽并涵盖所有行政协议的现实适用，除了经由法规范确认的政府特许经营协议、土地房屋征收补偿协议、矿业权等自然资源使用权出让协议、政府投资的保障性住房、租赁等协议、政府与社会资本合作协议等行政协议外，实践中诸如治安处罚担保协议、计划生育协议、行政执法和解协议等非法定的无名协议均已为司法实践归入行政协议的适用范畴，[2]却难以在严格的法定容许标准下获取容许适用的正当性；另一方面，作为弥补传统行政在民主、效能、合作等方面不足的创新性举措，[3]保障行政协议的灵活适用有利于完善公共服务竞争不足、提高国有资产使用效率、强化行政组织运行管理，[4]而严格的法定容许标准旨在通过援引法律、法规及规章的明确规定逐步明确行政协议适用范围，

---

〔1〕　参见最高人民法院（2019）最高法行申 13735 号行政裁定书。

〔2〕　参见最高人民法院行政审判庭：《最高人民法院关于审理行政协议案件若干问题的规定理解与适用》，人民法院出版社 2020 年版，第 51-52 页。

〔3〕　参见徐键：《功能主义视域下的行政协议》，载《法学研究》2020 年第 6 期。

〔4〕　参见余凌云：《行政契约论》，中国人民大学出版社 2006 年版，第 43-48 页。

尽可能规避行政协议滥用风险的同时，也将一定程度对行政协议效用的发挥构成限制，而与行政协议引入适用的改革初衷相悖。

至于反向排除容许标准在行政协议适用中的归入，其立足对事项"公共性"的关切而将依托行政强制力的干预行政、体现强公共性的纯公共物品的供给事项均排除在行政协议适用的容许范围之外，同样存在着与实践适用的适配性瑕疵。其一，干预行政下并非没有行政协议适用的空间。在以公共秩序与安全维系为目的的秩序行政中，行政执法和解协议、治安处罚担保协议等协议类型均为公共管理实践所容许。在强制取得私人财物以满足国家运作发展需要的公课行政中，诸如罚款额度、处罚方式、征税事实及证据认定等非税收法定要素内容在法定范围内进行的和解，[1]便以税收执法和解协议的适用在实践中得以呈现。即便在羁束行政中，行政协议的适用作为执行法律规定的协议，[2]仍带有一定的合意色彩，被视为特殊形态的行政协议而纳入契约规制实践，如计划生育协议的订立。[3]其二，对于牵涉政府本质职能的纯公共物品的给付行政，行政协议在符合相应条件的情况下同样具有容许可适用性。政府作为服务于社会与公众共同利益的组织，承担着社会正义维系与公共服务供给的职能，因而反向排除容许标准对政府本质职能适用行政协议进行转移供给的排斥，主要源于对政府责任出逃而公共性保障缺失的顾虑。然而，在治安、消防等公共服务领域却现实面临着政府供给能力不足的困境，亟须借助社会参与以缓解政府公职超负荷履行。事实上，以行政协议形式体现的部分政府职能外包已为地方实践所运用，如治安承包协议、消防委托协议，虽曾因失范现象的出现而备受争议，但并非就此导向必然的排除适用。[4]从委托外包的事项上看，政府并非就某项公共职能进行整体性的外包，仅就其中执行性、辅助性等部分特定职能委由外部承担，而这一通过协议实现的职能委托，其责任主体并未发生转移，仍由委托机关承担，并未造成政府监管角色的缺失，且可经由机制完善防止其责任出逃。从规约公职履

---

〔1〕 参见张永忠、张春梅：《行政裁量权限缩论——以税收和解适用为例》，载《政治与法律》2011 年第 10 期。

〔2〕 参见刘春：《行政协议中"权利处分"条款的合法性》，载《政治与法律》2018 年第 4 期。

〔3〕 参见余凌云：《行政法讲义》，清华大学出版社 2019 年版，第 296-297 页。

〔4〕 参见章志远、庄婧：《公共行政民营化界限研究——"治安承包"引发的思考》，载《河南司法警官职业学院学报》2008 年第 3 期；章志远：《民营化：消防管理体制改革的一种路径》，载《行政法学研究》2006 年第 4 期。

行的法治原则出发，部分牵涉政府本质职能履行的纯公共物品供给以协议外的方式实现，即便不再纳入排除行政协议适用的范围，在逻辑上也无法仅因未列入反向排除的范围而证成具有行为形式的选择自由，以获取容许适用的正当性，还应对其法定的授权依据予以考察，就此，反向排除容许标准在适配性上的疏漏也呈现出了其嵌入行政协议适用实践的缺陷。

二、关于考量要素的周全性

现存容许标准外化适用上的适配性分析，通过对其实践嵌入表现的直观考察，为其合理性判断提供了外观视角，而容许标准内在构造中要素考量的周全性与否，则决定了其能否在行政协议适用的逻辑架构中实现合理自洽。行政协议作为改革传统行政弹性不足并需警惕其"遁入私法"的手段，虽在适用中应保障其灵活性，但其带有行政高权的特性而不能脱离公法支配也是一种共识，[1]因而在容许适用标准的考量要素中蕴含着控制与开放的尺度权衡问题。据此，容许标准构造中偏向性的要素考量也将带来能否周全顾及行政协议适用实践的质疑，而难以为标准本身的合理性提供支持。由此，现存容许标准的合理性疏漏还主要体现在要素考量上的失衡与不周全。

1. 偏向"权力控制"的严格法定容许标准

严格的法定容许标准立足"行政法定"的前提准则，通过将带有权力因素的行为均纳入法治框架予以规整，实现行政协议适用的严格规范，符合普遍意义上的公法治理思维。然而，急于回应行政协议"公共性"的关切，以法定容许的"权力控制"实现行政协议适用的规约，其容许标准的内在构造在考量要素上，一方面忽视了行政协议作为弥补政府供给能力不足的手段，在实践适用的灵活性需要，即在一心健全行政协议适用中公权规制的同时，未能很好地兼顾其适用中"效率保障"要素的考量，以顺应行政协议在公共治理中日趋开放的趋势；另一方面未能合理反映出各位阶法规范在规约协议适用上的有序性，其中存在的问题在于，现存的法定容许基于何种要素考量断定行政协议的适用应有"规章"以上的依据？不同类型的协议适用是否可基于考量要素的方面或程度的不同而应有特定位阶的依据？显然，严格的法

---

〔1〕　参见［德］施密特·阿斯曼：《秩序理念下的行政法体系建构》，林明锵等译，北京大学出版社 2012 年版，第 275 页。

定容许标准还未能实现各方面要素的周全性考量，而旨在通过一刀切式的概括规定解决行政协议适用中容许限度的未知困顿，也无法促成行政协议适用的有序化与个别化安排。

2. 偏向"效率先导"的反向排除容许标准

行政协议在行政给付领域的推广适用始于解决财政困境、提高运作效能的经济动因，[1]通过公共事务的民营化分担，以合作与竞争促进公共行政效率成为行政协议适用的主要功能机制之一。为此，在以灵活适用保障促成协议功能发挥的逻辑演绎下，如何保证"效率"以应对日趋繁杂多样的公共事务，被视为行政协议实践适用中考量的重点要素。基于此，反向排除容许标准以推进行政协议的适用效率为先导，通过事务公共性强弱的判断，将牵涉公民自由权、生存权的纯公共行政领域排除行政协议的适用可能，以避免转由私人承担而公共保障缺失的风险，最终以原则性容许保证行政协议的灵活高效适用。然而，立足公共性的考量，排除干预行政及纯公共事务供给领域的行政协议适用，而在剩余的行政给付领域主张"效率先导"，看似"开放"并适当兼顾了"控制"的容许需要，但在要素考量上仍有不周全之处。单纯结合"效率"与"公共性"的考量，完全排除行政协议在强公共性领域的适用，而保障弱公共性领域中行政协议适用的灵活性，实则未能周全顾及行政协议的适用场域，除法定的有名协议外，其视角被限缩在部分体现弱公共性的准公共物品给付领域中，而未能深入诸如干预行政、纯公共事务供给等体现强公共性领域，考量行政协议适用的容许性构造。具言之，一方面以效率为先导的公共性考量，其排除性的容许构造未能真正关切由行政主体自己承担纯公共事务时适用行政协议的可行性，且此时作为排除项的公共性考量也无法反映出干预行政下行政协议适用的容许构造；另一方面急于排除强公共性领域协议适用的"公共性"考量，则阻断了纯公共物品转移供给中适用行政协议的个别化探索，忽视了在满足特定条件下强公共行政领域转移供给的现实可能。因此，偏向"效率先导"的反向排除容许标准，则主要凸显了其在侧重"效率"的倾向下对"公共性"考量的不周延性。

---

〔1〕 参见杨欣：《论政府职能民营化的边界》，载中国法学会行政法学研究会编：《行政管理体制改革的法律问题——中国法学会行政法学研究会2006年年会论文集》，中国政法大学出版社2007年版，第341页。

第三节　标准形塑的问题解构：认识差异与要素归结

关于行政协议容许适用标准构造的展开，现存容许标准或立足"行政法定"的指引侧重以法定容许保障"权力控制"，或基于"契约自治"的关切偏向以反向排除实现协议适用的"效率先导"，而两者差异的产生则均建基于不同维度上对行政协议的认识差异。具体而言，严格的法定容许标准即是在"公法私法化"的演变维度下，基于"替代一般行政行为"的行政协议认识加以构设的，而反向排除容许标准则是在"合作伙伴"式的公私法主体关系维度上，将行政协议视为"合作治理工具"的认识上得出的。然而，围绕不同维度行政协议认识加以构设的容许标准，在完成行政协议的科学认识前，往往难以把握其实践嵌入的合理程度。据此，要实现容许标准的合理嵌入，其核心即在于行政协议认识的理论廓清，并以协议认识体系的调整为立足点，对相关的考量要素予以合理归结，以期优化行政协议容许适用标准的构造，科学规范行政协议的适用。

一、容许标准形成的思路厘清：行政协议认识与考量侧重要素

现代行政的繁杂多样促使在实现行政目的的过程中仍有保留私法运行模式的需要，在社会活动的部分领域，公法与私法也正以多样的方式进行着相互影响。[1]在此背景下，"公法私法化"的演进使行政协议这一转变刚性管理的模式在公法领域得以生成，而"私法公法化"的普遍影响也使得行政协议在私法领域得到逐步认同，[2]在两者的共同作用推进行政协议理论不断向前发展的同时，不同维度的观察也使行政协议的认识产生了悄然分化，而正是在分化的协议认识中，其容许适用也形成了不同面向的标准。

（一）协议认识：容许标准面向的决定因素

在私法逐步渗入公法的"公法私法化"进程中，行政协议的适用往往被

---

〔1〕　参见［德］施密特·阿斯曼：《秩序理念下的行政法体系建构》，林明锵等译，北京大学出版社 2012 年版，第 275 页。

〔2〕　参见郑秀丽：《行政合同过程研究》，法律出版社 2016 年版，第 30-33 页。

视作消解传统高权行政弹性不足的替代模式，为规避契约模式下行政权的滥用，并警惕私法大规模渗入导致行政权"遁入私法"的风险，以法定容许实现权力控制并保障公法主流的"行政法定"思路便应运而生。而在公私合作治理发展的大趋势下，公私法主体间建立宛如私人般的"合作伙伴"关系开始日渐受到重视，从"私法公法化"的演变视角来看，行政公法在合作关系中的介入，已然在行政管理法到管理行政法的变迁中，由初始契约自治的制约向排除必要干预的自治领域扩充。[1]基于此，在公法对私法的介入中逐步得到认可的行政协议，在协议认识上被视为实现合作治理的工具时，也被当然认为应具有自我形塑并展现自主性的私法特性。由此，通过反向排除协议缔结的除外领域，以充分保障"契约自治"实现协议适用效率的思路便得以确立。

一言以蔽之，现存容许标准的差异产生实则根源于不同维度下对行政协议的不同认识，行政协议的认识维度往往影响着其容许标准的涵摄广度，而不同维度的行政协议认识则对容许标准倾向"控制性"或"开放性"的大体面向起着决定性的作用，但这种决定性作用并非主观臆断，仍需转化为相关要素的关联考量才能予以直观体现。

（二）要素考量：容许标准构造的具体延伸

立足行政协议认识与考量侧重要素的关系辨析，考量要素的归结更多表现为影响容许标准具体构造的操作层面上的因素。一方面，二者呈现为逻辑上的递进关系，即基于不同行政协议的概括认识与实用取向，对其容许标准构造的考量则将延伸出不同面向的要素选择，以在容许标准构造中决定其具体面向；另一方面，二者还体现了互为独立的并行关系，即行政协议的实用取向仅在主要范畴决定了容许标准构造的考量侧重，而完成容许标准的合理构设还应辅之对行政规范性等外部范畴要素的考量给予必要的关切。

从现存容许标准的构设来看，在替代传统高权行政行为的行政协议认识下，以通过行政法定进行"权力控制"为基调生成的严格法定容许标准，在其具体构造上则还需基于诸如权利限制影响、事务的公共性等要素的延伸性、具象化的考量，以进一步体现通过容许标准实现的控制强度与控制范围。而

---

〔1〕 参见章剑生：《作为介入和扩展私法自治领域的行政法》，载《当代法学》2021年第3期。

在合作治理工具的行政协议认识下，以通过契约自治保障实现"适用效率"为核心构设反向排除容许标准，则还需通过公共性强弱与效率影响相互协调的要素考量完成其具体构造。此外，相关容许标准的合理性还应建基于主体、程序、救济等外部规范性要素的科学考量。

据此可以看出，行政协议适用的容许标准实际遵循着协议认识分化下差异化考量相关要素的构造思路，而相关要素既包括协议认识的具象化延伸，也包括协议适用规范程度的外部判断，两者存在紧密关联的同时也互有独立影响，但在协议认识对容许标准面向起到决定性作用的前提下，协议认识的差异对考量要素的影响仍是处于优位且不具有可替代性的。由此，容许标准的科学性构造实则取决于行政协议的精准认识及相关要素的周全考量。

二、核心问题的归结：协议认识偏差与考量要素局限问题

遵循行政协议容许标准的构造思路，现存容许标准之所以存在实践归入的不适配性、要素考量的不周全性等方面的合理性疏漏，在核心问题的溯源上，首先可归结于行政协议认识上的偏差。换言之，在前提上基于认识偏差构设的容许适用标准，便注定其在实践嵌入中无法覆盖至所有的行政协议适用，而在协议认识与要素考量的关联关系下，协议的认识偏差也将致使容许标准构造中要素考量的局限。其次，从考量要素本身的侧重上看，除因认识偏差带来的局限外，相关要素的考量未对行政协议适用的外部规范程度给予必要关切，这也是容许标准未能得到合理构造的重要缘由。聚焦于现存容许标准构造，其核心问题则主要可归结为以下两个方面。

（一）协议认识的偏差

"无法律即无行政"原则支配下构设的法定容许标准，实则将行政协议的适用纳入行政行为的认识体系中加以论述，为改革传统单方支配的行政模式，行政协议的适用通常被限定在高权行政领域，因而在行为要素构成上与行政行为存在许多形式相符性。然而，就此种以替代单方支配行政模式的协议认识为出发点，构设的严格法定容许实质未能跳脱出行政行为理论的束缚。行政协议除了在行政行为机制上具有革新作用外，在促成公私合作完成公共服务上所具备的组织整合功能，使其还具有治理工具的属性，若单纯在行为类

型的体系下加以认识，将难以对行政协议的识别重心加以把握。[1]而摆脱行政行为的认识偏差，在治理工具的协议认识维度下构设的反向排除容许标准，则主要体现为行政协议应用场域的限缩认识，仅将行政协议的适用认识局限于合作供给上的弱公共性领域，而未能真正对行政协议在所有公共领域中的适用形成关照。

（二）要素归结的局限

现存容许标准在考量要素的归结上则体现为深度与广度上的局限。从要素考量的深度来看，以严格法定容许规约行政协议适用的容许标准构造，在主导控制性的基调下针对法定容许的限度范围等具体面向上的构造，并未在延伸归结考量要素的基础上进行深入分析，仅滞留于笼统概括的规范。而相同的问题在反向排除容许标准中则体现在基于对"公共性"保障的排除考量上，为迎合开放性的协议适用趋势、保证适用的效率，反向排除标准仅在较为宏观的层面对适用领域的公共性强弱进行判断，并将行政协议的适用场域限定在弱公共性领域，而对体现强公共性的部分领域适用行政协议的可行性未给予细化考量。事实上，这看似开放地偏向效率性的考量，实则限缩了行政协议适用的空间，公共性的考量作为决定协议适用边界的价值层面因素，只有确保公共性的周全考量对协议适用效率的提升才是持久且有意义的。[2]从要素考量的广度来看，现存容许标准均仅由"协议认识与考量侧重的递进关联"的单一维度进行要素归结，而未从"协议适用的外部规范性"视角展开相关要素的考量，即在相关要素归结的涵盖面上，未能对现实中影响协议容许适用的主体资格、程序机制、权利救济等方面的规范程度给予必要的考量。

由此，行政协议容许适用标准的构设问题，实则可作两个维度的分解：前端视角上的行政协议的认识和识别问题和后端视角上的考量要素的选择问题。在完成行政协议的前端认识后，根据其适用的实用取向，在容许标准的构设上优先明确决定容许面向的考量要素，并辅之外部规范性要素的考量。

---

〔1〕 参见徐键：《功能主义视域下的行政协议》，载《法学研究》2020 年第 6 期。

〔2〕 参见杨欣：《论政府职能民营化的边界》，载中国法学会行政法学研究会编：《行政管理体制改革的法律问题——中国法学会行政法学研究会 2006 年年会论文集》，中国政法大学出版社 2007 年版，第 342 页。

功能类分下的行政协议认识纠偏

行政协议容许适用标准的科学构设建基于对对象范围的有效框定，以满足容许标准在实践嵌入中的适配性要求。行政协议的认识作为决定容许标准面向的核心因素，不同适用取向的行政协议也将导向差异化的容许标准构造样态，为此，基于协议认识与容许构造的关联关系，精准识别行政协议的类型范围则尤为关键。

然而，随着行政机关参与作成的合同行为日趋多样，如何有效锚定行政协议适用的类型范围一直是实务认定的难点也是理论争议的焦点，就我国现行法及司法实践对行政协议的现实认定来看，因定性逻辑的局限还未能精准完成行政协议的有效框定。对此，为实现行政协议的有效识别，有必要合理转换行政协议的认识视角，通过回溯行政协议作为"公共功能面向上产物"的适用本源，在功能本位的视角下对行政协议适用的类型范围予以合理甄别。

第一节　现实协议适用的类型与识别问题表征

随着政府职能的转型、行政范式由管制与干预向服务与合作的变迁，[1]在经济社会乃至传统行政的多个领域，行政机关参与作成的合同行为已屡见不鲜。在行政机关可作为机关法人参与民事活动的规范事实下，[2]行政机关

---

〔1〕 参见［美］昂格尔：《现代社会中的法律》，吴玉章、周汉华译，中国政法大学出版社1994年版，第180-181页。

〔2〕《民法典》第97条规定："有独立经费的机关和承担行政职能的法定机构从成立之日起，具有机关法人资格，可以从事为履行职能所需要的民事活动。"

订立的合同既可能归于民事主体身份缔结的民事合同，也可能属于行政主体身份订立的行政协议范畴，然而在各类合同的行政协议定性上，除《行政诉讼法》《适用行诉解释》《行政协议解释》及地方行政程序规定中对"行政协议"或"行政合同"的类型范围有明确指向外，其他涉及行政机关合同的实体性法律规范，在立法上对所涉协议是否认定为行政协议并未明确。从程序性规范和司法实践对行政协议类型的现实认定来看，围绕公法要素在协议缔结及履行中的渗透状况展开的认定思路，也面临着因定性逻辑的非严密性而无法精准识别行政协议的核心问题。

一、实体性规范与行政实践中的类型范围

行政机关以合同为载体从事行政管理、公共服务及民商事经济行为已成为行政实践发展的重要趋势，且在各位阶的相关实体性规范中对其合同形式也有了明确规范。在体制转型的过渡中，这些行政机关合同类型现实具有"行政协议"或"民事合同"的不同属性面向。作为一种客观存在，在没有全面把握行政机关参与缔结的合同类型前，便不具备对其中行政协议进行认定识别的基础。[1]而通过实体性规范与行政实践中行政机关合同的梳理考察，便可形成其应用场域的直观性认识，实现对行政机关适用合同形态的全景式观察。

（一）实体性规范中的行政机关合同

区别于行政协议的认识与识别，实体性规范则更多关注行政机关参与订立合同的具体制度安排以实现有效规范。由于行政机关在不同契约关系中的身份属性差异，其参与订立的合同在概念内涵上必然无法与《行政诉讼法》及其司法解释、《行政协议解释》中所确定的"行政协议"的规范概念相等同，[2]实则接近于英美法上关于"政府合同（Government Contract）"的概

---

〔1〕 参见张树义：《行政合同》，中国政法大学出版社1994年版，第24页。

〔2〕 不同的政府身份决定了法律关系性质的不同，在我国公私法二元划分的背景下，政府的多重身份决定了政府合同的二元结构——既包括政府作为民事主体为参与经济活动签订的民事合同，也包括政府作为行政主体为实现行政目标签订的行政合同。参见张莉等：《地方政府合同审查制度实证研究——基于54个地级市的样本分析》，载中国政法大学法治政府研究院主编：《法治政府蓝皮书：中国法治政府发展报告（2018）》，社会科学文献出版社2019年版，第89-90页。

念，即在英美法系中并未刻意区分出独立于民事合同的行政协议概念，而直接以普通法为基础，将形式上以行政机关作为缔约方而订立的合同进行统一规制。[1]从我国关于"行政机关合同"或"政府合同"的"本土化"规范意涵来看，[2]各地方实体规范在内涵界定的表达上虽有差异，或将行政机关作为一方当事人从事民事经济活动所订立合同也纳入政府合同的语义范畴，[3]或将政府合同与行政协议的概念作混同适用而避免"民事经济活动"等措辞的直接采用，[4]或排除各种领域的限定措辞而采取较为模糊的内涵界定，[5]但在政府合同的类型范围列举中却都同时涵盖了具有私法意味的国库行政领域以及具有公法意味的公课行政领域。[6]至此，基于我国的规范语义，行政机关合同即政府合同，实为集合了行政机关作为缔约方达成的民事合同和普

---

〔1〕 即按照主体标准确定的合同类型，政府合同的特殊性源于政府作为公法主体的特殊属性，而需要对其参与的合同活动施加一些公法规制。参见余凌云：《行政协议的判断标准——以"亚鹏公司案"为分析样本的展开》，载《比较法研究》2019 年第 3 期。

〔2〕 在我国规章及规范性文件的规范语义中，"行政机关合同"与"政府合同"基本被无差别使用，行政机关合同、政府合同中的"行政机关"与"政府"也并非限于狭义政府的理解，而包括政府所属工作部门、直属机构、事业单位、国有独资企业等。为便于行文，后文主要采取"行政机关合同"的表述。

〔3〕《广州市政府合同管理规定》第 2 条规定："本规定所称政府合同，是指市政府及其工作部门在行政管理、公共服务以及民事经济活动中，作为一方当事人所订立的涉及国有资产、财政资金使用和自然资源、公共资源利用的协议，……"《合肥市政府合同管理暂行办法》第 3 条规定："本办法所称的政府合同，是指政府、市政府工作部门以及法律、法规授权实施公共管理的组织（以下统称市直部门）在履行行政管理职责、提供社会公共服务、开展民事经济活动中，作为一方当事人与自然人、法人或者其他组织订立的协议。……"《珠海市政府合同管理办法》第 3 条规定："本办法所称政府合同，是指市政府及其工作部门在行政管理、公共服务和经济活动中，作为一方当事人所签署的合同、协议、承诺书以及涉及双方权利义务关系的意向书、备忘录等法律文件。……"

〔4〕《汕头市行政机关合同管理规定》第 3 条规定："本规定所称行政机关合同，是指市政府及其工作部门为了实现行政管理和公共服务目的，作为一方当事人与公民、法人或者其他组织之间所达成的书面协议及其他合意性法律文件，……"

〔5〕《宿州市行政机关合同管理办法（试行）》第 3 条规定："本办法所称行政机关合同（以下简称合同），是指行政机关与公民、法人或其他社会组织订立的合同、协议等书面文件，……"。相较于其他地方规定，则略去了有关适用目的、涉及领域等方面的限定词。

〔6〕 在政府合同的地方管理规定中，政府合同的外延列举均同时涵盖了民事合同与行政协议类型，即将"国有资产承包经营、出售或者出租合同""各类国有自然资源使用权出让、转让、出租、承包合同""行政征收、征用、收购储备合同"均置于"政府合同"的类型条款中加以规范。参见《广州市政府合同管理规定》第 2 条、《珠海市政府合同管理办法》第 3 条、《汕头市行政机关合同管理规定》第 3 条、《兰州市政府合同管理规定》第 3 条等地方条款的规定。

遍意义上的行政协议的规范概念，[1] 作为以缔约主体为标准的合同范畴，在内涵上囊括所有由行政机关作为一方当事人订立的合同，事实是在更大的概念范畴上进行的界定与规范。由此，在行政机关合同与行政协议的包容关系认识下，在实体性规范中廓清行政机关合同的外延，实则将服务于行政协议的类型框定，通过在规范层面梳理行政机关参与缔结的合同类型，以为行政协议的认识与识别提供基础样本。

经过梳理，截至 2024 年 8 月 14 日，全国共有 32 部法律涉及行政机关合同的适用，如表 2.1 所示，其应用场域覆盖了各类自然资源使用权的出让与承包、通过交易获取履职所需的物资或技术支持、购买公共服务或特许经营、劳动人事的聘任，以及治安、税收、征收补偿、环保等具体行政在内的多个领域，其中既包括行政机关作为机关法人从事民商事经济活动的领域，也涵盖了传统高权行政所能作用的领域。

表 2.1　现行法律中的行政机关合同梳理表[2]

序号	涉及合同	关联法律与条款	公布或修订（正）时间	应用场域
1	政务系统建设、维护合同	《数据安全法》第 40 条	2021 年 6 月 10 日颁布	交易获取履职所需技术支持
2	政务数据存储、加工合同			
3	草原承包经营合同	《草原法》第 13、14 条	2021 年 4 月 29 日修正	国有自然资源的承包利用

　　[1]　肇庆市、周口市等地方规范则径直作出了政府合同囊括民事合同与行政协议的规定。参见《周口市行政机关合同签订管理办法》第 3 条、《肇庆市政府合同管理办法》第 2 条第 2 款的规定。

　　[2]　该表在《行政合同研究：以公私合作为背景》（李霞著）第 96 页"表 3-1：涉及行政合同的现行法律"及《民事合同与行政合同的区分与关联》（张海鹏著）第 93 页"表 2-1：现行法律涉及的行政机关签订的合同"的基础上修缮完成。立足行政机关作为合同主体的特点及相关法律的变动，删去了《兵役法》《石油天然气管道保护法》《科技成果转化法》《行政复议法》《农村土地承包经营纠纷调解仲裁法》，增加了《档案法》《国防交通法》《突发事件应对法》《数据安全法》《草原法》《疫苗管理法》《矿产资源法》《医师法》，并以"涉及合同"为主体对表格进行了调整，更新了法律颁布或修订时间，增加了"应用场域"一栏。表格内容以"北大法宝"为检索平台，以"协议"和"合同"为全文关键词检索"中央法规"并加以筛选形成，表内法律均省去"中华人民共和国"，以简称形式出现。

续表

序号	涉及合同	关联法律与条款	公布或修订（正）时间	应用场域
4	档案管理开发委托协议	《档案法》第24条	2020年6月20日修订	交易获取履职所需技术支持
5	公益林划定补偿协议	《森林法》第48条	2019年12月18日修订	行政划定行为的作出
6	林地承包经营合同	《森林法》第16、17条		国有自然资源的承包利用
7	土地征收补偿安置协议	《土地管理法》第47条	2019年8月26日修正	行政征收行为的作出
8	土地承包经营合同	《土地管理法》第13条		国有自然资源的承包利用
		《农村土地承包法》第22、23条	2018年12月29日修正	
		《水土保持法》第34条	2010年12月25日修正	
9	土地使用权出让合同	《土地管理法》第54、55、63条	2019年8月26日修正	国有土地资源使用权的出让
		《城市房地产管理法》第13条		
		《城乡规划法》第38、39条	2019年4月23日修正	
10	疫苗采购合同	《疫苗管理法》第32条	2019年6月29日公布	交易获取履职所需物资支持
11	公务员聘任合同	《公务员法》第100-105条	2018年12月29日修订（正）	劳动人事的聘任
12	教师聘任合同	《高等教育法》第48条		劳动人事的聘任
		《教师法》第17条	2009年8月27日修正	

序号	涉及合同	关联法律与条款	公布或修订（正）时间	应用场域
13	医疗保险服务协议	《社会保险法》第31条	2018年12月29日修正	购买公共服务
14	发电燃料供应、运输与电力生产合同	《电力法》第20条		政府特许经营
15	节能自愿协议	《节约能源法》第66条	2018年10月26日修正	能源管理行为的作出
16	承包防治协议	《防沙治沙法》第3条		防沙治理的行政领域
17	公路收费权转让协议	《公路法》第61条	2017年11月4日修正	政府特许经营
18	民用运载工具项目协议	《国防交通法》第32条	2016年9月3日公布	政府特许经营
19	水事纠纷协议	《水法》第56条	2016年7月2日修正	行政机关间的纠纷解决
20	水资源使用权出让协议	《水法》第7条		国有自然资源使用权的出让
21	纳税担保协议	《税收征收管理法》第38条	2015年4月24日修正	征税行政行为的作出
22	政府采购合同	《政府采购法》第43条	2014年8月31日修正	交易获取履职所需物资支持
23	治安处罚担保协议	《治安管理处罚法》第107-110条	2012年10月26日修正	治安处罚行政行为的作出
24	节约资源、削减污染物排放量协议	《清洁生产促进法》第28、31条	2012年2月29日修正	环保行政行为的作出
25	执行和解协议	《行政强制法》第42条	2011年6月30日公布	行政强制执行行为的作出

续表

序号	涉及合同	关联法律与条款	公布或修订（正）时间	应用场域
26	保密协议	《保守国家秘密法》第 42 条	2024 年 2 月 27 日修订	劳动人事的聘任委托从事设计国家秘密的业务
27	军事订货合同	《国防动员法》第 41 条	2010 年 2 月 26 日公布	交易获取履职所需物资支持
28	矿业权出让协议	《矿产资源法》第 3、5、16 条	2009 年 8 月 27 日修正	国有自然资源使用权的出让
29	戒毒协议	《禁毒法》第 34、35 条	2007 年 12 月 29 日公布	戒毒管理行政的作出
30	应急物资、装备的生成、供给协议	《突发事件应对法》第 32 条	2007 年 8 月 30 日公布	交易获取履职所需物资支持
31	职业教育委托合同	《职业教育法》第 22 条	2022 年 4 月 20 日修订	职业教育培训的委托转移
32	培养培训协议	《医师法》第 41 条	2021 年 8 月 20 日公布	劳动人事的培养聘任

　　而截至 2024 年 8 月 14 日，以"行政机关合同"和"政府合同"为关键词，在"北大法宝"平台上进行检索与筛选，全国范围内共有《广州市政府合同管理规定》《兰州市政府合同管理规定》《岳阳市政府合同管理办法》《汕头市行政机关合同管理规定》《珠海市政府合同管理办法》等 5 部地方政府规章及 76 部针对行政机关合同及政府合同的地方管理性规范，如表 2.2、表 2.3 所示，除去未对合同类型作出规定的规范外，剩余规范对行政机关合同范围的规定目前多集中于"城市基础设施等国有资产的投资、建设、租赁、承包、托管、出借、买卖、担保、物业管理等合同""国有自然资源使用权的依法出让、转让、出租、承包合同""行政征收、征用、补偿协议""公用事业的特许经营合同""政府采购合同""政府与社会资本合作合同"等二十余个涉及国有资产、财政资金使用和自然资源、公共资源利用的合同类型。而在排除适用行政机关合同管理规定的合同类型归结上，除《南京市政府合同

管理办法》《衡阳市政府合同管理办法》《苏州市市政府合同管理规定》等个别规范将政府间关于交流合作、行政区划勘定等事项订立的合同纳入行政机关合同管理外，其余管理规范则多将"行政机关相互之间或与其内设机构之间订立的合同""为应对突发事件采取应急措施订立的合同""聘用、聘任等人事管理合同""政府各部门及企事业单位以自己名义对外签订的合同""其他平等主体之间订立的合同"排除在外。

表 2.2 现行地方政府规章中的行政机关合同梳理表

序号	管理规范与关联条款	共同涉及合同	增加列举合同
1	《广州市政府合同管理规定》第2条（2023年）	1. 城市基础设施等国有资产（包括无形资产）的投资、建设、租赁、承包、托管、出借、买卖、担保、物业管理等合同 2. 土地、森林、荒地、水流、海域、滩涂、矿藏等国有自然资源使用权的依法出让、转让、出租、承包合同 3. 行政征收、征用、委托合同	1. 借款、资助、补贴等合同 2. 城市公用事业的特许经营合同 3. 招商引资合同
2	《兰州市政府合同管理规定》第3条（2019年）		同广州规定并增加： 1. 政府和社会资本合作项目合同 2. 政策信贷、涉及财政性资金使用的合同
3	《岳阳市政府合同管理办法》第2条（2018年）		1. 政府采购合同、政府与社会资本合作（PPP）合同 2. 各类经济、科教、金融等战略合作协议 3. 城市公用事业的特许经营合同
4	《汕头市行政机关合同管理规定》第3条（2014年）		1. 经过投资主体招投标、工程建设招投标、政府采购等程序后签订的合同 2. 行政收购储备合同 3. 行政奖励合同 4. 政策信贷合同 5. 行政机关与企业的战略合作合同
5	《珠海市政府合同管理办法》第3条（2013年）		1. 经过工程建设招投标、政府采购等程序后签订的政府合同 2. 城市公用事业的特许经营合同 3. 资助、补贴等合同 4. 招商引资合同 5. 涉及财政性资金使用的合同

表 2.3 现行地方规范性文件中的行政机关合同梳理

模式	规范与关联条款	主要涉及合同
正面列举性规定	《中卫市政府合同审查管理办法》第 2 条（2020 年）	1. 基础设施等国有资产（包括无形资产）的投资、建设、租赁、出让、转让、承包等合同 2. 土地、海域、滩涂、矿产等国有自然资源使用权的依法出让、转让、出租、承包合同 3. 城市公用事业等政府特许经营合同 4. 土地、房屋等征收、征用、补偿协议 5. 政府性投资保障性住房的租赁、买卖等协议 6. 招商引资合同 7. 拆迁改造合同 8. 合作开发合同 9. 政府与社会资本合作协议 10. 政府借款、资助、补贴合同 11. 政府性投资建设项目的勘察、设计、施工、监理等合同 12. 政府投融资合同 13. 政府采购合同 14. 政策信贷合同 15. 行政机关委托的科研、咨询等的服务合同 16. 行政委托合同 17. 需履行招标、拍卖、挂牌或行政审批等法定程序签订的合同 18. 向社会购买公共服务合同 19. 各类经济、科教、金融等战略合作协议
	《湘西自治州政府合同管理办法》第 2 条（2022 年）	
	《衢州市政府合同履约监管办法（施行）》第二部分（2022 年）	
	《呼和浩特市政府合同管理规定》第 2 条（2020 年）	
	《嵊泗县行政机关合同管理办法》第 3 条（2021 年）	
	《舟山市普陀区行政机关合同管理办法》第 3 条（2021 年）	
	《乐清市行政机关合同管理办法》第 3 条（2020 年）	
	《泰顺县行政机关合同管理办法》第 3 条（2020 年）	
	《舟山市行政机关合同管理办法》第 3 条（2020 年）	
	《潍坊市政府合同审查办法》第 2 条（2019 年）	
	《驻马店市人民政府关于加强政府合同管理工作的意见》第 1 条（2019 年）	
	《洛阳市政府合同监督管理办法》第 3 条（2018 年）	
	《常德市政府合同管理办法（试行）》第 3 条（2018 年）	
	《淄博市政府合同管理规定》第 3 条（2017 年）	
	《常州市政府合同管理办法》第 3 条（2017 年）	
	《连云港市政府合同管理暂行规定》第 3 条（2017 年）	
	《靖州苗族侗族自治县政府合同审查管理办法》第 2 条（2016 年）	
	《芷江侗族自治县人民政府办公室关于进一步规范政府合同监督管理工作的补充意见》第 1 条（2016 年）	
	《郴州市政府合同管理办法（试行）》第 2 条（2016 年）	
	《合肥市政府合同管理暂行办法》第 3 条（2016 年）	
	《永州市政府合同管理办法》第 2 条（2016 年）	
	《宿州市行政机关合同管理办法》第 3 条（2019 年）	
	《益阳市政府合同管理规定》第 3 条（2015 年）	

模式	规范与关联条款	主要涉及合同
正面列举性规定	《新晃侗族自治县政府合同管理细则》第 3 条（2015 年）	20. 框架协议 21. 备忘录、意向性协议 22. 其他涉及国有资产、财政资金使用和自然资源、公共资源利用的合同 23. 其他以市政府及各部门为一方当事人的合同
	《北京市顺义区人民政府关于进一步加强政府合同监督管理工作的意见》第 1 条（2015 年）	
	《佳木斯市政府合同合法性审查备案暂行办法》第 2 条（2015 年）	
	《淮安市行政机关合同管理办法》第 3 条（2015 年）	
	《眉山市政府合同管理办法》第 2 条（2014 年）	
	《邵阳市政府合同管理办法》第 2 条（2014 年）	
	《麻阳苗族自治县政府合同管理试行办法》第 2 条（2014 年）	
	《商洛市政府合同管理办法》第 2 条（2014 年）	
	《三明市政府合同管理办法》第 2 条（2013 年）	
	《濮阳市政府合同管理办法》第 3 条（2021 年）	
	《嘉兴市人民政府办公室关于规范行政机关合同管理工作的通知》第 2 条（2013 年）	
	《湖州市本级行政机关合同管理工作实施细则（试行）》第 3 条（2013 年）	
	《丽水市行政机关合同管理实施办法》第 3 条（2013 年）	
	《杭州市行政机关合同管理办法》第 3 条（2013 年）	
	《绍兴市规范行政机关合同管理工作实施办法》第 3 条（2013 年）	
	《漯河市行政机关合同管理办法》第 3 条（2012 年）	
	《贵港市政府合同管理办法》第 3 条（2012 年）	
	《新晃侗族自治县政府合同管理办法》第 3 条（2012 年）	
	《郑州市行政机关合同管理办法》第 3 条（2011 年）	
	《周口市行政机关合同签订管理办法》第 2 条（2011 年）	
	《芷江侗族自治县人民政府办公室关于加强政府合同监督管理工作的通知》第 2 条（2010 年）	
	《安阳市人民政府关于加强政府合同监督管理工作的通知》第 1 条（2010 年）	

续表

模式	规范与关联条款	主要涉及合同
	《南京市政府合同管理办法》第3条（2020年）	除正面列举的二十余项行政机关合同类型外，还额外对行政机关之间基于特定目的订立的合同予以认定： 1. 城市或者政府间交流合作合同 2. 行政区划勘定、边界共建合同
	《苏州市市政府合同管理规定》第2条（2017年）	
	《衡阳市政府合同管理办法》第2条（2019年）	
	《安阳市政府合同管理办法》第4条（2020年）	除正面列举的二十余项行政机关合同类型外，还特别将几类合同排除适用行政机关合同管理规定： 1. 应对突发事件而采取应急措施订立的合同 2. 政府集中采购合同 3. 行政机关与其工作人员所签订的聘用、聘任等人事管理合同 4. 有示范文本的合同 5. 双方均为政府所属部门订立的合同
	《乌海市政府合同管理办法（试行）》第3条（2023年）	
	《上海市普陀区政府合同管理规定》第2、3条（2020年）	
	《防城港市政府合同管理办法》第2、3条（2020年）	
	《邯郸市政府合同管理办法》第2条（2018年）	
	《遂宁市政府合同管理办法》第3条（2022年）	
	《南通市政府合同管理暂行办法》第3、4条（2017年）	
	《苏州市市政府合同管理规定》第2条（2017年）	
	《葫芦岛市政府合同管理规定》第3条（2015年）	
	《株洲市政府合同管理办法》第2、3条（2020年）	
	《惠州市政府合同管理规定》第3条（2020年）	
	《荆门市政府合同管理暂行办法》第2、4条（2014年）	
	《湘潭市政府合同管理办法（试行）》第2、3条（2013年）	

模式	规范与关联条款	主要涉及合同
反向排除性规定	《黔东南州行政机关合同管理办法》第 3 条（2015 年） 《肇庆市人民政府合同管理办法》第 2 条（2023 年） 《攀枝花市政府合同管理办法》第 2 条（2019 年） 《鹤岗市政府合同审查与管理办法》第 2 条（2016 年） 《长沙市政府合同审查与管理办法》第 2 条（2013 年） 《北海市政府合同管理规定（试行）》第 2 条（2013 年） 《深圳市政府合同管理规定》第 2 条（2013 年） 《荆州市政府合同审查办法》第 4 条（2016 年）	排除适用行政机关合同管理规定： 1. 行政机关相互之间或与其内设机构之间订立的合同 2. 行政机关为应对突发事件采取应急措施订立的合同 3. 行政机关与其工作人员所签订的聘用、聘任等人事管理合同 4. 其他平等主体之间订立的有关设立、变更、终止民事权利义务的合同 5. 政府各部门以自己的名义对外签订的合同 6. 具有独立法人资格、独立承担民事责任的企事业单位以自己的名义签订的合同
概括性规定	《海口市政府合同管理规定》第 2 条（2022 年） 《东营市政府合同合法性审查办法》第 2 条（2018 年） 《营口市政府合同审查管理办法》第 3 条（2017 年） 《南阳市政府合同管理办法》第 2 条（2020 年） 《衢州市行政机关合同管理办法》第 2 条（2016 年） 《洛阳市人民政府办公室关于进一步加强政府合同协议管理的通知》第 1 条（2015 年） 《金华市人民政府办公室关于加强市本级行政机关合同管理工作的实施意见》第 1 条（2013 年） 《宁波市行政机关合同管理办法》第 3 条（2013 年） 《咸宁市行政机关合同管理办法》第 5 条（2012 年） 《上海市杨浦区人民政府合同管理办法（试行）》第 2 条（2012 年）	未具体列举行政机关合同类型，仅对行政机关合同作大致概括： 1. 为政府及政府部门、法律法规章授权实施公共管理的组织为实现行政管理目的或者经济目的与自然人、法人和其他组织之间设立、变更、终止权利义务关系的协议。 2. 涉及国有资产、财政资金使用和自然资源、公共资源利用以及民事权利义务关系的合同。 3. 涉及全市性、跨区域重大项目的框架协议、战略合作协议、合作意向。概括界定行政机关合同

模式	规范与关联条款	主要涉及合同
	《南京市卫生局行政机关合同管理办法（试行）》第2条（2014年）	的同时，对排除适用行政机关合同管理规定的合同予以规定： 1. 政府集中采购合同 2. 劳动人事合同 3. 应对突发事件而采取应急措施等订立的合同
	《广州市卫生局政府合同管理规定（试行）》第1条（2012年）	

　　通过条文梳理与合同规整可见，涉及行政机关合同的实体性规范并非以一种"司法审查"的视角旨在明确合同属性使其嵌入相应法秩序予以规制，而是以"行政管理"的视角将行政机关订立一系列合同的活动视为一种完成政府活动的合集，旨在确保行政机关参与社会活动符合管理秩序的要求。由此，相较于行政程序性规范致力于明晰规范行为的行政属性，实体性规范则跳脱出以行政行为为基点的规范语境，旨在对行政机关开展的包括民商事经济行为在内的所有活动予以规范，在更为宏观的管理语境下审视以契约形式实现行政任务的规范问题。[1]

　　因此，着眼于规范管理行政任务实现方式的实体性规范，实则更多关注实现行政任务的创新手段，而非聚焦于公私法属性的区分，因为实践中通过公私合作或类似私人的活动方式均可助益于行政任务的有效完成，而无需对公私法的二分样态进行额外关照。[2]换言之，带有"任务实现与手段监管"色彩的实体性规范，将具有公法形式的行政协议与虽以私法形式呈现但受一定公法约束的民事合同不作区分地纳入规范视野，摒弃以公私法二分为前提的论证，实则源于其制度定位上的不同面向。

　　（二）行政实践中的行政机关合同

　　除实体性规范中列举的行政机关合同类型外，在行政实践模式的创新中

---

　　〔1〕　例如从立法目的上看，《汕头市行政程序规定》《兰州市行政程序规定》等程序性规范的目的在于"规范行政行为"，而《汕头市行政机关合同管理规定》和《兰州市政府合同管理规定》的立法目的则在于"规范行政机关合同/政府合同管理"。参见《汕头市行政程序规定》《兰州市行政程序规定》《汕头市行政机关合同管理规定》《兰州市政府合同管理规定》以上规定第1条。

　　〔2〕　参见沈岿：《行政法变迁与政府重塑、治理转型——以四十年改革开放为背景》，载《中国法律评论》2018年第5期。

也不乏以契约形式呈现的行政方式，就行政实务中形成的行政机关合同主要涵盖以下几种类型：

1. 治安消防、综合执法承包合同

为缓解政府执法压力、减轻财政负担、提升执法效率，在公共行政民营化的浪潮下，行政实践中催生了"治安承包""执法外包"等尝试性举措。如山东泰安下官庄村、江苏淮安清浦区清江街道办运河新村社区、南京栖霞区靖安镇南中村、江苏泗阳县穿城镇等地方行政单位均尝试性地采取了"社会治安有偿承包"的做法以缓解警力不足、改善地方治安状况，[1]深圳宝安区西乡街道创设了"城管执法外包"的新型模式，[2]吉林公主岭市范家屯镇则形成了"消防民营化"的形式以弥补政府消防供给能力的不足。[3]

2. 息诉罢访协议

根据《关于违反信访工作纪律处分暂行规定》的相关规定，对信访事务负有责任者因"不及时处理重要来信、来访或不及时研究解决信访突出问题""本地区、单位或部门发生越级集体上访或事件后，未认真落实上级机关的明确处理意见"而导致矛盾激化，造成较大社会影响的严重后果的，将受到记过、降级、撤职等不同程度的处分。[4]由此，为更好解决信访问题，由政府部门与信访者签订息诉罢访协议作为一种替代性方案便在实践中产生，其内容包含相对人对诉权及信访的放弃，目的在于通过双方协商，就争议事项相对人不再提起诉讼或上访，以实现社会稳定。例如，在龚玉珍的移民安置事务处理中，就其是否享有移民安置资格的信访问题解决上，北拱社区居委会为化解矛盾，即通过协商方式与其订立《信访事项人民调解协议》，以劝止其越级上访。[5]

3. 计划生育协议

根据《中华人民共和国人口与计划生育法》（以下简称《人口与计划生育

---

〔1〕 参见江汉：《"治安承包"应缓行》，载 https：//www. chinacourt. org/article/detail/2003/11/id/90232. shtml，最后访问日期：2021 年 4 月 22 日。

〔2〕 参见《深圳城管外包僵局》，载 https：//www. yicai. com/news/1988783. html，最后访问日期：2021 年 4 月 22 日。

〔3〕 参见《吉林一民房突起大火 未交防火费民营消防队拒救》，载 http：//news. sohu. com/20050908/n226899569. shtml，最后访问日期：2021 年 4 月 22 日。

〔4〕 参见《关于违反信访工作纪律处分暂行规定》第 5 条、第 6 条的规定。

〔5〕 参见黎福亮：《论息访协议及其效力》，吉林大学 2011 年硕士学位论文。

法》）及各地方人口与计划生育条例的相关规定，计划生育作为由县级以上相关行政部门负责的一项基本国策，[1]为有效落实人口和计划生育的管理与服务，明确计划生育工作中管理部门与相对人之间的权利义务，实践中一般采取订立计划生育协议书的形式，内容上包括节育措施的义务落实、获得奖励扶助的权利、违反计划生育约定条款的违约责任等方面的权利义务。例如，在青海省海东市平安县的计划生育工作实践中，即以计划生育村民自治的形式将计生工作重心下移至村单位，在自觉自愿、互为信任的基础上，由村委会与育龄公民签订《诚信计生协议书》，以明确双方的权利义务，保障相对人的避孕知情选择权、生育健康权及获取奖励扶助的权利。[2]

4. 教育辅助协议

行政实践中的教育辅助协议主要体现为免费师范生教育协议、师范生委托培养协议等形式，根据《教育部直属师范大学师范生公费教育实施办法》的相关规定，师范生公费教育主要面向教育部直属的六所师范院校，由公费师范生、部属师范大学和生源所在省份省级教育行政部门签订《师范生公费教育协议》，明确三方权利和义务。[3]具体而言，即是由教育行政机关为免费师范生提供接受教育的物质基础并确保毕业的就业安置，由高校具体明确培养方案并执行补贴发放与费用免除，而免费师范生在获取免费深造、就业保障等福利待遇的同时，也应履行接受培养、支援农村、长期执教等义务。其目的在于通过师范生的定向培养以促进教育事业的均衡发展，以契合教育行政机关在教育职能的履行上对于公平的内在要求。

总的来看，旨在明确政务活动中权利义务安排的实体性规范，以及面向以合同形式完成政务活动的行政实践，因仅在契约手段的创新效用层面对合同的确定形式予以关切，而弱化了对合同本身的定性考察。

二、程序性规范与司法认定中的容许范围

区别于实体性规范对行政机关合同的统筹式管理，程序性规范对行政协

---

〔1〕　参见《人口与计划生育法》第2条、第6条的规定。

〔2〕　参见王庆亮：《发挥计划生育村民自治项目 推进计划生育工作》，载《人口与计划生育》2014年第12期。

〔3〕　参见《教育部直属师范大学师范生公费教育实施办法》第2条、第7条的规定。

议的类型范围已然形成了明确指向，且相较于行政实践对契约手段效用的关注，司法实践则注重合同定性的考察以分别嵌入二分下的法秩序予以规整。具体而言，以实体性规范与行政实践中梳理的行政机关合同为样本，现行程序性规范与司法实践已然在一定的思维逻辑下对行政协议类型的容许范围形成了现实认定。

（一）程序性规范中的行政协议类型

现行程序性规范既包括诉讼程序规范，也包括行政程序规范，截至2024年8月14日，通过北大法宝平台以"行政协议""行政合同""行政程序"等关键词进行检索，其中除《浙江省行政程序办法》《宁夏回族自治区行政程序规定》《西安市行政程序规定》等未对行政协议类型作出明确划定的地方行政程序规范外，如表2.4所示，涉及行政协议类型的现行程序性规范囊括了《行政诉讼法》《行政协议解释》等司法程序规范，以及《江苏省行政程序条例》《湖南省行政程序规定》等7部地方性法规及地方政府行政程序规章、《嘉峪关市行政程序规定》等5部地方行政程序规范性文件，范围上涵盖了政府特许经营协议、国有自然资源使用权出让协议等多种协议类型。

表2.4 现行程序性规范中的行政协议梳理表

规范类型	序号	规范名称与关联条款	涉及协议类型
司法程序规范	1	《行政诉讼法》第12条第7项（2017年）	（一）肯定协议类型： 1. 政府特许经营协议 2. 土地房屋征收补偿协议 3. 矿业权等国有自然资源使用权出让协议 4. 政府投资的保障性住房的租赁、买卖等协议 5. 符合规定的政府与社会资本合作协议 6. 其他行政协议
	2	《行政协议解释》第2、3条（2019年）	（二）排除协议类型： 1. 行政机关之间因公务协助等事由而订立的协议 2. 行政机关与其工作人员订立的劳动人事协议

续表

规范类型	序号	规范名称与关联条款	涉及协议类型
地方性法规、地方政府行政程序规章	1	《江苏省行政程序条例》第 117 条（2022 年）	行政合同主要适用事项： 1. 政府特许经营 2. 国有土地使用权出让等国有自然资源使用权出让 3. 行政机关、事业单位的国有资产承包经营、出售或者出租 4. 公用征收、征用补偿 5. 政府采购 6. 政府与社会资本合作项目 7. 政府购买公共服务 8. 政策信贷 9. 行政机关委托的科研、咨询 10. 行政机关与企业、高校的战略合作 11. 计划生育管理 12. 公共工程承包合同、国家大型公共设施建设
	2	《湖南省行政程序规定》第 93 条（2022 年）	
	3	《海口市行政程序规定》第 80 条（2019 年）	
	4	《蚌埠市行政程序规定》第 59 条（2017 年）	
	5	《汕头市行政程序规定》第 85 条（2021 年）	
	6	《兰州市行政程序规定》第 76 条（2015 年）	
	7	《山东省行政程序规定》第 100 条（2011 年）	
地方性法规、地方行政程序规范性文件	1	《嘉峪关市行政程序规定》第 184 条（2014 年）	1. 政府投资的保障性住房的租赁、买卖等 2. 法律、法规、规章规定可以订立行政合同的其他事项
	2	《凉山州行政程序规定》第 110 条（2013 年）	
	3	《邢台市行政程序规定》第 104 条（2013 年）	
	4	《酒泉市行政程序规定（试行）》第 154 条（2012 年）	
	5	《永平县行政程序暂行办法》第 73 条（2010 年）	

（二）司法实践中关于行政协议类型的认定

现行程序性规范关于行政协议类型的划定，虽已在众多行政机关合同中初步明确行政协议的范围并以法定形式加以固定，但在司法实践中，对某种行政机关合同的属性认定仍存在矛盾与争议，例如法院对于国有土地使用权出让合同、政府采购合同、公共工程承包建设合同等合同纠纷的审理，则依然在民事合同与行政协议的属性认定之间摇摆不定。然而，这种"民行割据"的现象已然在 2014 年《行政诉讼法》修正后有了偏向行政协议认定的部分缓解[1]，且在"其他行政协议"的兜底规定下呈现出扩张认定的趋势。自 2015 年 5 月 1 日新《行政诉讼法》实施后至 2024 年 8 月 14 日，除程序性规范确认的有名行政协议外，司法实践中认定的行政协议类型主要如表 2.5 所示[2]。

表 2.5 司法裁判中的行政协议认定梳理表

序号	涉及协议	认定理由	代表案例
1	土地复垦协议	1. 主体身份上，被告政府是土地复垦工作的实施单位。 2. 合同目的上，行政机关在其事务管辖权范围内与土地复垦申请人签订土地复垦协议的行为属于完成行政管理目标的行为。	张绍春诉重庆市綦江区新盛镇人民政府不履行土地复垦行政协议案[3]
2	息诉罢访协议	1. 主体上，协议订立属于行政机关与私人之间的行为。 2. 内容上，协议的签订是为了维护社会和谐稳定，是为了行政管理职能的需要，在政府职责权限的范围内，内容具有行政法上权利义务的性质。 3. 形式上，协议是双方协商订立，体现了合意性。	姜万臣诉黑龙江省大庆市人民政府行政给付案[4] 陈明树、黎万琼诉四川省仪陇县人民政府行政协议案[5]

---

[1] 例如在上诉人江苏瑞豪置业公司、顾明、汪有恒与被上诉人盐城市大丰区政府、被上诉人盐城市大丰区国土资源局建设用地使用权出让合同纠纷案中，最高人民法院认为，建设用地使用权出让合同因具有行政法上权利义务内容应认定为行政协议。参见最高人民法院（2016）最高法民终 822 号行政判决书。在怀化鼎牌服装有限公司诉怀化市教育局不履行行政协议及行政赔偿案中，怀化市鹤城区人民法院认为，政府采购合同是行政机关为促进社会公共利益、实现行政管理目的，就特定事项与公民、法人或者其他组织达成的设立、变更和终止行政法律关系的行政协议。参见湖南省怀化市鹤城区人民法院（2016）湘 1202 行初字 57 号行政判决书。

[2] 司法裁判检索主要借助"中国裁判文书网"平台，以"行政协议"与"行政合同"为关键词进行检索筛选。

[3] 参见重庆市大渡口区人民法院（2017）渝 0104 行初 135 号行政判决书。

[4] 参见最高人民法院（2019）最高法行申 11819 号行政裁定书。

[5] 参见最高人民法院（2016）最高法行申字第 2513 号行政裁定书。

序号	涉及协议	认定理由	代表案例
3	计划生育合同	1. 合同订立主体为自然人与镇政府、村委会。 2. 合同内容上约定了计划外生育的罚款惩罚等行政法上权利义务条款。	李会民、马秀贞与昌邑市人口和计划生育局行政征收案〔1〕
4	招商引资协议	1. 主体上，煜立强物资有限公司与园区管委会签订的案涉协议在性质上属于行政协议。 2. 内容上，虽然协议中有"拟投资"或"拟选址"及"本意向"等用语，但该协议在签订后，双方没有再签订正式的协议，不能单独认定为意向性协议，而是含有具体权利义务并已部分实际履行的行政协议。 3. 目的上，是为了推动吉利汽车在包头乃至内蒙古市场的拓展，销售与服务体系的完善与提升，以及从提供的中共青山区委书记办公会议纪要内容看，还为了解决第三人公司的现实困难。	包头市煜立强物资有限公司和内蒙古自治区包头市青山区人民政府、内蒙古包头装备制造产业园区管理委员会、包头市海盛建材有限责任公司、包头市昌达钢材交易有限责任公司行政协议案〔2〕
5	委托培养合同、治安处罚担保协议、行政强制执行协议	通过《行政诉讼法》第12条第1款第11项规定的解释加以认定。	乳源自资局与风茂有限公司、韶关自资局资源行政协议纠纷案〔3〕 坪五村小组诉深渡水乡政府不履行保护财产权法定职责案〔4〕 黄泥坳村小组诉坪石镇政府租赁合同纠纷案〔5〕

---

〔1〕 参见山东省昌邑市人民法院（2013）昌行初字第3号行政判决书。

〔2〕 参见最高人民法院（2016）最高法行申字第2863号行政裁定书；内蒙古自治区高级人民法院（2016）内行终102号。

〔3〕 参见广东省韶关市中级人民法院（2020）粤02行终24号行政判决书。

〔4〕 参见广东省韶关市中级人民法院（2019）粤02行终81号行政裁定书。

〔5〕 参见广东省韶关市中级人民法院（2015）韶中法行终字第91号行政裁定书。

序号	涉及协议	认定理由	代表案例
6	师范生免费教育协议书	1. 根据《关于完善和推进师范生免费教育的意见》，省级教育行政部门与免费师范生、部属师范大学签订免费教育协议，属于教育行政部门通过订立行政协议进行教育行政管理的职权行为。 2. 案涉争议焦点是江苏省教育厅作为教育行政协议的丙方是否履行了协议所约定的义务。	黄璟诉江苏省教育厅履行教育行政协议案〔1〕
7	移民安置协议	《移民协议书》系北京市密云区政府、顺义区政府为保障大型水利工程建设，解决密云水库移民安置遗留问题，在履行公共行政管理职能的过程中，经三方当事人协商一致订立的具有行政法上权利义务内容的行政协议。	王志全诉北京市顺义区人民政府行政协议案〔2〕

通过梳理可以看出，现行程序性规范与司法实践对于行政协议的认定，实则遵循着公私法二元论视角下对目标协议中公法要素的识别思路，如在"顾恒忍诉本溪市丹霞实业有限公司社会保险福利待遇纠纷案"中，法院对于《集体困难企业参加医疗保险协议书》的行政协议性质认定，即是认为其符合行政协议的构成要件。〔3〕至于行政协议的构成主要包括哪些要素，从司法实践的认定理由来看，在围绕行政行为塑造的行政法视野下，对行政协议的认定主要聚焦于与行政行为要素构成的形式相符性，即通过在协议中识别主体、内容、目的等符合行政行为属性构成的要素，来完成行政协议的认定。〔4〕同时，根据《行政协议解释》关于"行政协议"的内涵规定及新闻发布会的相关介绍，〔5〕行政协议的认定则主要归结为主体、目的、内容、意思四个要素

---

〔1〕 参见最高人民法院（2016）最高法行申 1991 号行政裁定书；江苏省高级人民法院（2015）苏行终字第 00282 号行政判决书。

〔2〕 参见北京市高级人民法院（2016）京行终 1167 号行政判决书；北京市第四中级人民法院（2015）四中行初字第 779 号行政判决书。

〔3〕 参见辽宁省本溪市平山区人民法院（2015）平民初字第 01149 号民事裁定书。

〔4〕 在大英县永佳纸业有限公司与大英县人民政府不履行行政协议纠纷案中，行政协议被认为应当满足行政行为中除意思要素外的其他要素。参见最高人民法院（2017）最高法行申 195 号行政裁定书。

〔5〕《行政协议解释》第 1 条规定："行政机关为了实现行政管理或者公共服务目标，与公民、法人或者其他组织协商订立的具有行政法上权利义务内容的协议，属于行政诉讼法第十二条第一款第十一项规定的行政协议。"

的识别，即协议一方当事人应为行政机关的主体要素、为实现行政管理或公共服务的目的要素、以行政法上权利义务为内容的内容要素、由双方协商一致的意思要素。〔1〕通过四个要素的提取及识别建构行政协议认定的规范标准。

三、"要素识别"思路下协议识别的问题评估

基于公私法二元论展开的法教义学注重通过对行为的公法或私法要素识别来锚定行为的法属性，进而归入各自的法秩序框架内予以规整。〔2〕作为介于一般行政行为与纯粹私法行为之间的行政协议，其具备私法外观的同时也应满足公法形式所需的基本要素。由此，在行政协议的定性中，通过在由行政机关作为一方当事人的合意行为中识别公法要素，便成为协议认定的惯常思维。然而，基于"公法要素识别"思路形成的行政协议识别标准，仍面临着诸多不确定性，一方面源于要素的指向宽泛且难以周全归纳的缺陷，另一方面则体现在要素与事实的松散联结问题上。

（一）公法要素的指向与归纳问题

被司法认定为"特殊类型的行政行为"〔3〕"具体行政行为属性的合同"〔4〕的行政协议，立足与行政行为的公法形式相符性，通过公法要素的归纳有助于从有限的观察中总结出一般性的行政协议识别标准。作为具有高权行政特征但以双方意思合致突破单方支配模式的行政手段，〔5〕通过目标协议中公法要素的识别来完成其行政协议的定性，已然成为当下实践的惯用思路。然而，实际完成行政协议的有效识别，还有赖于要素的完整框定与要素内涵指向的明确性，基于要素归纳并寻求要素间关联性而形成的现实认定，在实际演绎中仍有严密性的疏漏。

---

〔1〕　参见《最高人民法院关于审理行政协议案件若干问题的规定新闻发布会》，载 http://www. court. gov. cn/zixun/xiangqing/207571. html，最后访问日期：2021 年 7 月 19 日。

〔2〕　参见徐键：《功能主义视域下的行政协议》，载《法学研究》2020 年第 6 期。

〔3〕　曹志鹏与长葛市人民政府、长葛市长兴路街道办事处土地补偿行政协议案，最高人民法院（2019）最高法行申 13735 号行政裁定书。

〔4〕　潍坊讯驰置业发展有限公司与安丘市人民政府行政协议案，最高人民法院（2017）最高法行申 7679 号行政裁定书。

〔5〕　参见陈敏：《行政法总论》，新学林出版股份有限公司 2013 年版，第 16 页。

1. 要素内涵指向的问题评估

在司法规范的层面上，行政协议的认定被认为应满足行政主体、行政法上权利义务内容、公共目的等行政性要素以及意思合致等契约性要素，但从单体要素的文义设置来看，其在内涵解释上仍较为宽泛而欠缺明确指向。

首先，从主体要素来看，因行政协议实质内含上下秩序的高权关系，必有占据一定的权力优势的行政机关作为协议一方的当事人。[1] 立足便宜诉讼分工、外观识别的角度，"主体说"的观点也为部分学者所秉持，即通过考察订立协议的一方当事人是否系行政机关及其委托组织或法规范授权组织来进行行政协议的定性判断。[2] 但行政机关身份的现实多元性，在双方关系中并无法确保优势地位以满足行政法基础理论关于行政协议的高权定性。由此，以主体外观的简单观察锚定某协议的行政协议属性，一方面，忽视了民法关于国家机关法人可作为民事主体订立合同的规范事实，例如在政府采购、修建办公楼等民事活动中，行政机关参与订立合同则未享有任何形式的优益权；另一方面，也在一定程度上对《行政诉讼法》仅以部分行政争议作为裁判对象的定位予以了解构。

其次，从目的要素上看，虽然立足公法以公共利益为轴心运作来辨别协议属性的思路，[3] 符合公私法二分秩序下的定性逻辑，且与契约理论发展较为成熟的国家的流行做法相吻合，[4] 但公共利益具有极为宽泛的内涵，《行政协议解释》虽以"行政管理或者公共服务目标"的表述，旨在廓清"公共利益"的概念内涵，[5] 却在法解释上产生了新的解释歧义。行政机关为维系正常运作，为权力行使创造物质条件，进而签订设备采购合同、租房合同以维系行政权的运作，均可作"实现行政管理或公共服务目的"面向的解释。立

---

〔1〕 参见杨科雄：《试论行政协议的识别标准》，载《中国法律评论》2017年第1期。

〔2〕 参见陈无风：《行政协议诉讼：现状与展望》，载《清华法学》2015年第4期。

〔3〕 参见张淑芳：《私法渗入公法的必然与边界》，载《中国法学》2019年第4期。

〔4〕 法国行政契约法将"公务标准"视为判断行政协议的重要标准，并承认行政主体可相对强势地对协议予以单方变更或解除。参见李颖轶：《论法国行政合同优益权的成因》，载《复旦学报（社会科学版）》2015年第6期。德国学者Peter Tettinger则主张行政协议本质上是具有公共性考量、考虑公益性问题的合同表现方式。See Peter Tettinger, "Die rechtliche Ausgestaltung von Public Private Partnership", *Die Offentliche Verwaltung*, 1996, S. 769.

〔5〕 参见梁凤云：《行政协议的界定标准——以行政协议司法解释第1条规定为参照》，载《行政法学研究》2020年第5期。

足社会学的广义目的解释，买卖合同的目的一定程度上又未尝不是"提升整体社会资源有效配置"的体现。由此也说明了公共目的本身内涵和外延的界限是模糊的，具有宽泛且不确定的特点，〔1〕以此作为协议定性的判断标准将无法达到精准限定的效果。

　　最后，从内容要素上看，行政协议的内核是在意思一致的合作框架内介入公法的要素，即行政法上权利义务的掺入，但在法解释层面，行政法上的权利义务内容仍是相对模糊的概念，既包括行政活动中行政机关与私人间的权利义务关系，也包括在权力监督与行政救济等方面产生的权利义务关系。由此，在行政机关参与作成合意行为的过程中，便不乏行政法上的权利义务贯穿其中。〔2〕即便参照司法实践的做法将其与行政优益权相联系，〔3〕一方面，优益权的内涵界定仅在理论界较为盛行，而在现行立法中极少有明确的规范表述；另一方面，其具体认定仍需结合公益目的的考量，实质造成内容要素与目的要素的混淆，因而其本身能否作为行政协议定性的标准要素仍然存疑。事实上，因行政机关身份的公共性，即便在民事合同的订立过程中，对相对方的选择、内容的确定均不是一个完整自由意思表示的过程，因受制于客观的公共准则，在合意完成上或多或少有公法要素的掺入。因此，相较于私人间纯粹的民事合同订立，行政机关参与订立的合同关系，难以完全确保其中未包含行政法上的权利义务，若强行通过条分缕析地在合同关系中提取公法要素，以完成行政协议的定性，将可能造成对传统行政私法活动领域的侵入，阻碍竞争性市场去行政化改革的进路，甚至导致已实现市场化的部分领域的"再行政化"。

　　2. 要素归纳的完整性问题评估

　　公法要素的确定以"行政行为的构成"为参照，主要源于经验与观察后

---

　　〔1〕　参见王利明：《法律解释学导论：以民法为视角》，法律出版社 2009 年版，第 423 页。

　　〔2〕　参见韩宁：《行政协议判断标准之重构——以"行政法上权利义务"为核心》，载《华东政法大学学报》2017 年第 1 期。

　　〔3〕　在"大英县人民政府、大英县永佳纸业有限公司乡政府行政协议纠纷案"中，法院认为，可从三个方面判断行政法上的权利义务，主要包括是否行使行政职权、履行行政职责；是否为实现公共利益或者行政管理目标；以及法律上或者在协议之中是否规定了行政机关的行政优益权。其中行使行政职权、履行行政职责以及行政优益权构成了行政协议的内容，而无法判断时，则可结合目的要素进行判断。参见最高人民法院（2017）最高法行申 195 号行政裁定书。

的总结，该思路建基于"由个别陈述推导全称陈述"的归纳推理方法，[1]然而其结论却可能导向或然性或不完整性。由于归纳推理的运用往往是基于"一事一议"展开的逻辑梳理过程，尽管以行政行为为参照，但在行政协议的认定上，可能无法对其要素的外延性形成良好的反映，例如，通过对行政判例的观察，可归纳出行政协议的认定均包含某几类要素，但无法反推出某协议若包含这几类要素即可作行政协议定性的结论。

此外，若干个单称陈述的归纳并不必然能导向全称陈述，在行政协议的认定问题上可能存在要素归纳的不完整性，甚至陷入无边际的"画像"工程，因此难以独立支撑起行政协议的认定标准体系。例如，尽管《行政协议解释》在要素归纳上仅确定了主体、目的、内容及合意四个要素，而将职责要素视作进行合法性判断的非必要性要素，[2]但根据此前《适用行诉解释》的规定，行政协议的认定还需满足法定职责要素，作为以合意形式表达行政意志的行政协议，合意的行政性便构成了识别行政协议的实质标准，而仅通过合意的内容或目的难以判断协议属性时，则仍需依赖行政机关是否履行其法定职责的判断进行分析，[3]由此可见，职责要素是否应作为行政协议识别要素的争议，实则仍未得到有效消解。

（二）要素与事实的松散联结问题

基于行政行为形式相符性展开的公法要素识别思路，即是立足合同缔约事实中公法要素的浸渗情况完成行政协议判断标准的建构，而要素内涵指向的宽泛性也导致其与事实之间难以实现紧密联结，致使多解释空间的产生，且因要素在事实归入中带有较强的主观性，要素归入过程的不同解释并无法保证结论的唯一性。立足目的与内容两大实质要素的考察，从目的要素上看，协议中以财政补助促进产业发展的条款，能否作"实现行政管理或公共服务

---

〔1〕参见刘猷桓：《科学逻辑中的归纳与确证》，载《吉林大学社会科学学报》1984 年第 3 期。

〔2〕参见沈福俊：《司法解释中行政协议定义论析——以改造"法定职责范围内"的表述为中心》，载《法学》2017 年第 10 期。

〔3〕在重庆红星美凯龙企业发展有限公司与玉林市人民政府、玉林市玉东新区管理委员会合同纠纷案中，法院即是以协助办证、审批义务并非行政机关的职权为由，认定案涉协议仅为包括相关辅助义务的民事合同。参见最高人民法院（2017）最高法民终 350 号民事裁定书。

目的"面向的归入解释，司法认定中仍有不同意见。[1]而在"与公共服务的关联性"认定上，实现公共服务目的的要素归入，协议条款是否需要直接涉及服务的承担供给，且如何判断该供给目的主要面向"公益性"而非"私营性"，司法裁判中也均未形成共识意见。[2]就内容要素来看，协议中行政机关的协助办理义务[3]、源于法规范规定的程序性义务[4]，是否可作为"行政机关在行政法上的义务内容"予以归入，在司法认定上尚有分歧。要素与事实间的松散联结致使归入结论的不确定性，也必将导致"公法要素识别"思路在精准性与可靠性上面临诸多质疑。

同时，在柔性行政与公益维护的行政法理念支配下，行政协议的认定已然暗含着扩张性的冲动，即在理解上倾向宽泛地在协议中析出公法要素，并与协议订立履行的事实进行松散联结，包括协议形成由行政程序推进[5]、协议目的具有概括的公益性[6]等或多或少受行政法规范而产生的公法要素，均被视为影响行政协议认定的因素，以致行政机关通过交易获取履职所需的物

---

〔1〕 在北京华严文化投资有限公司与沈阳沈抚新城管理委员会合同纠纷案中，法院认为合作协议中财政补助条款的订立，并非以公益或管理目标实现为目的，而在于促进旅游业发展。参见最高人民法院（2018）最高法民终 938 号民事判决书。而在华诺森（武汉）生物医药技术有限公司与武汉东湖新技术开发区管理委员会、武汉国家生物产业基地建设管理办公室行政赔偿案中，法院则对入驻协议中通过财政补助促进生物产业发展的条款作"行政管理目的"的解释。参见最高人民法院（2019）最高法行申 857 号行政裁定书。

〔2〕 在南陵凤翔自来水厂与南陵县人民政府履行行政协议给付义务案中，尽管案涉饮水安全工程投资合作协议未涉及供水的服务供给，法院仍以项目旨在满足供水的公共需求目的为由将其认定为行政协议。参见最高人民法院（2016）最高法行申 4750 号行政裁定书。而在河南新阳公路建设投资有限公司与辉县市人民政府合同纠纷管辖异议案中，法院则认为案涉投建经营公路项目协议的目的在于，建设公路并进行营利性经营的非公益性目的，应认定为民事合同。参见最高人民法院（2015）民一终字第 244 号民事裁定书。

〔3〕 在香港斯托尔实业（集团）有限公司与泰州市人民政府等招商引资协议案中，法院认为案涉协议中约定的协助义务涉及多个部门行政职权，分别受多部行政法规范调整，具有明显的行政法上的权利义务特征。参见最高人民法院（2017）最高法行再 99 号行政裁定书。而在重庆红星美凯龙企业发展有限公司与玉林市人民政府、玉林市玉东新区管理委员会合同纠纷案中，法院则认为协助办理行政手续义务并非行政机关履职行为，而仅为合同约定的辅助履约义务。参见最高人民法院（2017）最高法民终 350 号民事裁定书。

〔4〕 在青岛南太置业有限公司与青岛市崂山区国土资源局国有土地使用权出让合同纠纷案中，法院认为合同中记载的有关行政审批或批准的内容主要源于法律规范的规定，而非合意约定的范畴，不属于行政法上的权利义务内容。参见最高人民法院（2004）民一终字第 106 号民事判决书。

〔5〕 参见王文英：《试论政府采购合同的性质》，载《行政法学研究》2003 年第 3 期。

〔6〕 参见肖北庚：《论政府采购合同的法律性质》，载《当代法学》2005 年第 4 期。

资或技术支持而订立的合同、处分由其支配的国有资产或经济资源而订立的合同等均被宽泛地纳入行政协议的范围。在公私法日渐相融的演进背景下，宽泛性的理解也将带来公私法边界的进一步模糊化，进而在协议定性的困顿中侵蚀行政私法活动的空间。

事实上，行政机关除以高权地位作出行政行为之外，也会借以私主体身份参与民事活动，但对于行政机关参与私法活动，由于其身份的公共性，公法规范总会预设一些强施于意思形成的措施，例如要约拟定的审核、交易对象的选择、交易条件设置的政策考量等缔约方面的约束均受制于客观准则，而非行政机关的自主意志，[1]因为行政机关并不存在等同于私人完全由其自身支配的利益，其透过私法活动系为达到便宜行政以满足特定的公共需要。[2]换言之，即便行政机关参与订立纯粹的民事合同，受制于公共准则的监督，其缔约履行过程中也难免有公法要素的呈现，但并不能改变其处于私法制度框架的本质。[3]然而，相较于作为替代以行政权单方面行使为基础的行政模式方案的行政协议[4]，在其发展中往往被视作改变传统理念、弥补公私法隔阂的创新性制度[5]，在公法要素识别的现行思路下，势必将增加行政协议与行政机关订立的私法合同之间区分的难度。概言之，公法要素的多样性加上介入阶段与程度的差异性，若径行以公法要素的归入为标准对行政协议加以认定，将导致行政协议的认定面临诸多不确定性，难以形成稳定的框架体系。

第二节　行政协议适用的取向甄别

行政协议的公法要素识别思路在要素指向与归纳、要素与事实的联结等方面面临的现实困顿，均使其在识别行政协议的过程中难以回应与行政机关订立私法合同的区分问题。因此，为有效廓清行政协议独立于私法合同的本质区别，有必要回溯行政协议适用的本源，通过对域外不同国家在行政协议

---

〔1〕　参见［意］罗西：《行政法原理》，李修琼译，法律出版社 2013 年版，第 231 页。

〔2〕　参见［葡］苏乐治：《行政法》，冯文庄译，法律出版社 2014 年版，第 11 页。

〔3〕　See E. Bruti Liberati, "voce Accordi pubblici", in Enc. dir., agg., vol. V, Giuffrè, Milano, 2001, p. 1.

〔4〕　See F. G. Scoca, *Diritto Amministrativo*, Torino, 2014, p. 385.

〔5〕　参见贺小荣：《行政协议的创设与国家治理方式的转型》，载《中国法律评论》2017 年第 1 期。

适用中取向差异的考察，合理甄别我国引入行政协议的取向，由此在深挖行政协议实质表征的基础上，对行政协议的认识视角予以科学探寻。

一、域外适用中的不同取向

总体上看，行政协议相较于传统行政行为的适用表征，主要体现在以公私双方的意思合意取代由行政主体单方作出的行政意志，据此，建基于辨别协议中公法形式所需要素的识别思路具有其合理性，[1]但作为一项融合公私法属性的制度创新，行政协议的生成与适用，为顺应国家行政体制的改革而呈现了极强的取向特征，而忽视行政协议功能承载的公法要素识别思路，则难以摆脱与行政机关从事私法行为区分的纠缠。因此，基于公法要素识别思路在要素指向、要素归纳、事实联结中显现的问题，有必要结合行政协议适用的取向考察，以优化和调整行政协议的识别思路。由于遵循不同制度路径的国家行政有着不同的演变模式，即便在相同法属系的国家或地区，行政协议的生成基础与发展概况也不尽相同，在适用行政协议的取向上自然有着不同侧重。

（一）法国取向：公共服务供给的公共性维系

在服务行政理念的发展背景下，公共服务意识逐步成为公共行政的意识形态基础，公共服务意识使公权力得以正当化的同时，也使公共行政的作用范畴得以重塑，作为最早适用行政协议的国家，法国行政协议的适用主要源于行政机关通过订立契约的形式与私主体进行公共服务供给合作的行政实践，以应对传统行政运作的失灵。

在法国以契约形式提供公共服务的早期实践中，基于意思自治工具的契约认识，传统的契约缔结行为通常被视为由特定主体为自己自主设定规范的主观行为，[2]即由合同当事人自主约定决定双方法律关系的内容、创设约束双方的法律状态。因而尽管早在 19 世纪，法国便出现了为数不多的行政协议，但由于在行政协议的制度构造中，行政主体被准予行使单方变更或解除权突破当事人合意，并可对公共服务对象等第三人产生影响而突破契约相对

---

〔1〕　参见徐键：《功能主义视域下的行政协议》，载《法学研究》2020 年第 6 期，第 103 页。

〔2〕　参见 [法] 狄骥：《公法的变迁》，郑戈译，商务印书馆 2013 年版，第 134–137 页。

性原则，导致典型的行政协议并不被认可为意思自治的主观行为，以致在行政协议的属性认识中多被排除在"契约"的认识之外，且因协议内容中带有客观要素而多被视为一种"联合行为"或"混合行为"。[1] 基于此，除形式上为法律承认的行政协议外，所有以契约形式呈现的公共服务供给行为均被视作经管行为，且在"双轨制"的法院管辖体制下原则性地排除了行政法院对该类行为的管辖。[2]

然而，作为牵涉社会公众利益的契约性行为，由于民事法庭的管辖局限，对涉及公共行政的正当性审查将难以保证有效的监督。[3] 而区别于分权原则下传统司法属性的行政司法，本质上作为一种行政系统的内部纠错与监督机制加以构设。[4] 为保证公私合作形式下公共服务的良好运作，法国立足"公共服务目的"标准对行政协议的实质确认及适用的展开，则是出于对传统司法法院系统的不信任，强化以契约形式完成公共服务供给本身的公共性，在契约关系中赋予行政机关对公益掌控的优益权，并提升行政司法在管辖该类公共服务活动上的地位，使公共服务的契约式供给得以脱离私法合同制度的束缚，由私法支配转由公法支配。据此，法国行政协议认识与适用的展开，旨在通过对以公私合作完成公共服务供给本身的行政性强调，在反思与优化公共事务承担的传统组织机制的同时，维系公共服务契约式供给的公共性，避免行政模式转型过程中公益保护的弱化。因此，法国行政协议的适用始终围绕"保证公共服务的良好运作"这一根本目的，领域上排除了秩序行政行

---

[1] 狄骥认为行政协议属于多方意志为了实现某个公益目标达成合意产生客观法律状态的行为。加斯顿·杰兹则将行政协议视为包含主观内容与客观要素的混合行为。参见陈天昊：《在公共服务与市场竞争之间 法国行政合同制度的起源与流变》，载《中外法学》2015 年第 6 期。

[2] 在权力分立的宪法原则下，法国为破除法院介入行政纠纷存在的障碍，使受公权侵害的私人权益得以救济，便在司法系统外创制了独立的行政法院体系专门管辖行政纠纷。See Stern, Marie Louise, "Some Lessons from French Administrative Law Experience", *New York Law School Student Law Review*, Vol. 1, 1951, p. 3. 具有普遍管辖权的下级行政法院在 1953 年得以设立，并在 1987 年创设了行政上诉法院，自此完备的行政法院系统得以形成，并在权限争议法庭与宪法委员会的领导下，完全独立于司法法院系统运作。See Hector A. Mairal, "Government Contracts under Argentine Law: A Comparative Law Overview", *Fordham International Law Journal*, Vol. 26, 2003, p. 1722.

[3] 在 1873 年权限裁判法庭作出的 Blanco 案中，政府专员在其报告中指出："由于公共服务的原因，民事法庭没有权力去管辖所有针对行政机关的诉讼，即便该诉讼标的是要求民事法庭对行政机关的行为进行撤销、变更或解释。" See M. Long, P. Weil, G. Braibant, P. Delvolvé, B. Genevois, *Les grands arrêts de la jurisprudence administrative*, 19e éédition, Dalloz 2013, p. 2.

[4] 参见张海鹏：《民事合同与行政合同的区分与关联》，中国政法大学出版社 2019 年版，第 80 页。

为的适用，并鲜少作为替代行政单方给付行为的手段，其适用取向的特殊性集中体现在实现并保障公共服务目的的行政使命。

（二）德国取向：替代行政处分

随着高权行政中参与、合作、民主、效能等观念的强化，优化权利保障、柔化刚性行政的契约式行政观念及模式得以形塑，而在围绕行政行为构筑的行政法体系中，行政协议则被定位为借以契约关系重塑政府与公民间关系的"特别行政行为"。[1]对于行政协议的适用，德国 1930 年出台的《符腾堡邦行政法典》首次采取了原则容许的立场，[2]直至 1976 年德国《联邦行政程序法》对行政协议进行了专章规定，与法国行政协议旨在维系公共服务良好运作的工具使命不同，德国行政协议的适用表现为原则上对行政行为的替代，除法律对行政协议的适用作出排除规定外，行政机关无需特别授权即可采取契约方式完成行政任务。[3]

与德国行政协议的适用密不可分的是二战后德国威权行政的民主化建设。与法国不同，德国公法体系的建构围绕着行政权展开，主要侧重行政权的公法限制与合法性审查，德国宪法通过国家权力的层级体系设计实现各级国家机构对权力的垄断与统一表达，并通过对权限授予程序、内容与范围等方面的规定完成国家权能的有序构造。随着德国行政民主化进程的推进，国家治理模式中的私人自治得以发展，并在国家领域中与行政治理逐步统一。[4]为回应民主化诉求，一方面，德国行政从传统公权力行政中衍生出了私经济行政范畴，政府在政府采购、公共工程等公共服务领域中的缔约行为体现为以私主体身份开展的行政活动，在法律规制上更多受制于私法规范；另一方面，在弱化行政威权与对抗的民主化进程中，行政协议则作为旨在强化行政参与以改造传统公权力行政的手段得以适用，并限定在高权行政领域作为行政处

〔1〕参见江嘉琪：《德国（含欧盟）行政契约理论发展之趋势》，载台湾"行政法学会"主编：《行政契约之基础理论、法理变革及实务趋势》，台北：社团法人台湾"行政法学会"2013 年版，第 2 页。

〔2〕参见黄锦堂：《行政契约法主要适用问题之研究》，载台湾"行政法学会"主编：《行政契约与新行政法》，台北：社团法人台湾"行政法学会"2002 年版，第 5-6 页。

〔3〕联邦国 1976 年颁布《行政程序法》第 54 条规定，公法范畴的法律关系可以通过合同设立、变更或撤销，但以法规无相反规定为限，行政机关尤其可以与拟作出行政行为的相对人，以签订公法合同代替行政行为的作出。

〔4〕参见［德］齐佩利乌斯：《德国国家学》，赵宏译，法律出版社 2011 年版，第 169 页。

分的替代形式，受公法的严格规制。因此，在公权力行政与私经济行政的划分下，德国行政协议的适用实则排除了私经济行政领域，主要在于通过公权力行政中相对人主体地位的提升，在监督防范权力滥用的同时，使行政机关与相对人形成互信以实现便宜行政的目的。

（三）英美取向：政府行政性、事业性职能委外

与法国行政协议适用上倾向经营性公共服务业务的公私合作不同，英国与美国的普通法体系中虽未特别强调与私法合同相对的行政协议概念，但对于其政府合同的源起与适用，则多与政府行政性、事务性业务的民营化相关联，既涉及行政检查、行政处罚、行政审批等传统行政职能的委托外包，也包括就业、医疗、教育、环卫、基建等本由政府义务供给的公共服务业务的委外供给。[1]

尽管政府公共服务的外包做法在英国撒切尔政府时期之前便已在其他国家付诸实践，但自英国实施民营化改革后，这一外包做法在得到普遍推行的同时，除涉及事业性的公共服务外，还延伸至行政处罚、行政许可、监狱管理等行政性的规制与管理业务，委托外包的对象除私营企业外，还包括非政府组织、行业协会等主体。[2]不同于事业性业务的外包，行政规制或管理业务的外包，在与承包人缔结协议的同时，还将预先设定应由承包人遵循的规制与管理规则，并在履约时由行政机关对守约情况进行监督检查，如有违约或违规情况，则可终止履行外包协议。此外，业务职能承包人对相关职能的履行，仍需执行公开、透明等有关权力约束规则，以防承包人的权力滥用。目前，以缔结外包协议作为政策推行手段，已成为英国行政机关惯用方式，如对社会政策、工资政策、发展计划的执行等。[3]

围绕"正当法律程序"建构的美国行政法理论与观念，在政府合同的适用上则多立足于"特许权"的角度，在美国，以政府合同或政府雇佣为表现形式的特许权几乎无处不有。[4]面对福利国家概念的出现与政府给付的倍增

---

〔1〕 参见王克稳：《政府业务委托外包的行政法认识》，载《中国法学》2011年第4期。

〔2〕 参见［美］朱迪·弗里曼：《合作治理与新行政法》，毕洪海、陈标冲译，商务印书馆2010年版，第ix页。

〔3〕 参见张树义：《行政合同》，中国政法大学出版社1994年版，第6页。

〔4〕 参见［美］伯纳德·施瓦茨：《行政法》，徐炳译，群众出版社1986年版，第201页。

压力，一方面，政府合同的适用作为公共福利给付的行政方式，以缔约方式将部分给付职能委由社会组织行使，以直接缓解政府履职负担，更好实现行政目的；另一方面，则通过协商达成包含"激励条件"的政府合同，在交换条件的激励下由相对方许诺实现某种绩效目标，间接帮助行政机关完成职能履行。例如，根据美国1995年《重塑环境规制》的文件，美国环保署可与被规制企业协商并签订"最终方案协议"，由后者在达成环保绩效后为其颁发综合性环境许可取代多项排污许可的申请，或颁发具有更长效力期限的许可，抑或容许以某种污染物的排放或减少替代另一种污染物的排放或增加，环保署可以此弱化对某种特定污染物减少的考量，转而以减少污染总量、改善环保质量为标准。此外，为防止公私恶性串通损害公共利益，这一协议的缔结还需征询环境利害关系人的意见并取得他们的支持。[1]

二、我国行政协议引入的取向考察

作为当前世界各国政府管理手段革新的潮流模式，行政协议在域外不同国家的适用已然呈现出扩张趋势。从我国行政协议引入实践的现实样态来看，我国行政协议的产生与适用发展，与经济体制的市场化改革引发的政府职能转变，以及私法理念在行政管理领域的具体化渗透密切相关。[2]行政协议在取向上体现了适用分化的趋势，具体表现为通过行政协议的适用弱化行政威权属性、减少行政治理引入社会资本，以回应我国服务型政府与治理体系现代化建设需求。

（一）初始适用：顺应经济体制市场化改革与政府职能转变

中共十一届三中全会进行经济体制改革以来，政企间的隶属关系在政企分开的改革下得以重构，作为国有资源的所有者、宏观经济秩序的调控者，政府对经济活动的直接组织指导开始转向间接监督控制，具体管控方式由命令式行政向契约式行政转变。同样为落实强化责任、调动相对人积极性，以提升行政效率、改良管理模式，契约的引入在传统行政领域亦得以具体

---

〔1〕　参见［美］朱迪·弗里曼：《合作治理与新行政法》，毕洪海、陈标冲译，商务印书馆2010年版，第viii页。

〔2〕　参见余凌云：《论行政法领域中存在契约关系的可能性》，载《法学家》1998年第2期。

化。[1]我国行政协议初现于1978年在农村实行的农业生产经营承包制，农民通过签订协议获取土地使用权并在承包经营期内享有一定的自主支配权，以此激发其积极性。中共十二届三中全会后指导性计划与市场调节的作用得以强调，作为市场化改革的工具，以契约形式确定政府管理或参与经济活动中的各类权责关系亦得到重视，1985年起国家将粮食、棉花等部分生产资料的采购改为合同方式订购，在政府确定订购计划后由经营企业通过订立合同的形式完成订购任务。[2]1988年行政协议被进一步引入工业的承包经营与租赁经营领域，直至1990年5月《城镇国有土地使用权出让和转让暂行条例》的出台，国家对土地的管理产生了由划拨变更为协议管理的质变[3]，此后，政府订立行政协议的行为方式也愈发受到关注[4]。由此也可看出，我国对行政协议的初始适用，在取向上很大程度将其视为市场化改革工具，主要运用于经济生产领域以转变传统隶属性的政企关系，并顺应经济体制改革与政府职能转变的需求。

（二）当下引入：致力服务型政府与治理体系现代化建设

近年来，随着私法对公法的具体化渗入，行政协议作为市场化改革工具的取向表现得以延展，在围绕主体、目的、内容的要素识别体系下，行政协议的适用领域也逐步拓宽至基建、资源开发，乃至治安税收等传统高权行政领域，在取向上则表现出了不同目标引导下的分化适用。

一方面，自中共十六届六中全会《中共中央关于构建社会主义和谐社会若干重大问题的决定》首次在党的文件明确提出"建设服务型政府"的要求以来[5]，"服务型政府"建设已然成为当下我国各级政府改革的重要目标，

---

[1] 参见张淑芳：《私法渗入公法的必然与边界》，载《中国法学》2019年第4期。

[2] 如1985年1月1日中共中央、国务院公布的《关于进一步活跃农村经济的十项政策》，国家计委颁布的《一九九三年对部分生产资料实行国家订货的具体实施办法》，1993年8月13日国家计委、国家经贸委、国家体改委联合颁布的《国家指令性计划和国家订货的暂行规定》等。

[3] 1990年5月国务院出台《中华人民共和国城镇国有土地使用权出让和转让暂行条例》将国家对土地的行政划拨管理方式转变为协议性的管理方式。

[4] 在国务院正式文件中，行政协议一度被列为与行政规划、行政指导、行政许可等行为相并列的行为。

[5] 2006年10月中共十六届六中全会出台的《中共中央关于构建社会主义和谐社会若干重大问题的决定》在"完善社会管理，保持社会安定有序"中明确了"建设服务型政府，强化社会管理和公共服务职能"的要求。

并在历次党代会与中央党政文件中得到反复强调。[1]而在此目标要求下，无论是政府职能转变、创新行政方式，还是深化简政放权、提高行政效能，均以回应人民公共服务诉求为根本落脚。由此，行政协议的适用除了作为市场化改革中政府职能转变后的履职工具外，更为重要的是，可在以协议形式体现的行政法律关系中通过提升相对人的主体地位，以更为平衡的协商方式弱化传统行政的威权表达，以回应政府履职的民主化诉求，即在行政协议适用上体现了替代传统威权行政的适用取向。

另一方面，在"推进国家治理体系和治理能力现代化"的改革目标背景下，[2]完善行政体制、创新行政方式、提高行政效能业已成为构建现代化政府治理体系的重要举措。面对日趋繁杂的行政事务与日渐增多的行政资源消耗，将行政机关从部分任务承担中抽离出以缓解政府负担，已成为优化行政的选择趋势。由此，行政民营化因契合"政府放权，回归市场"的改革题旨，已成为公共行政改革促成现代化治理的重要举措，[3]近年来，诸如铁路运营体制的改革、[4]重点领域的政府与社会资本合作等均直接渗入了民营化的核心领域。而行政协议则作为在治理体系中引入社会力量与社会资本的组织机制得以适用，形式上既包括政府公用事业的特许经营，也包括城市基础设施的承包建设与运营、治安执法的委托外包实践等，呈现出通过整合公私力量转移公共事务承担的工具性取向。

第三节　行政协议的类型化认识

不同国家、不同时期在行政协议适用取向上的分化，皆源于不同改革目

---

〔1〕　中共十七大提出"加快行政管理体制改革，建设服务型政府"，将服务型政府建设与行政体制改革有机结合起来，注重政府基本公共服务供给能力的提升。中共十八大提出"建设职能科学、结构优化、廉洁高效、人民满意的服务型政府"，进一步将服务型政府建设的内容具体化。中共十九大报告提出"转变政府职能，深化简政放权，创新监管方式，增强政府公信力和执行力，建设人民满意的服务型政府"。

〔2〕　2013年11月，在中共十八届三中全会通过的《中共中央关于全面深化改革若干重大问题的决定》中"推进国家治理体系和治理能力现代化"的改革目标被首次提及。2019年10月，中共十九届四中全会审议通过的《中共中央关于坚持和完善中国特色社会主义制度　推进国家治理体系和治理能力现代化若干重大问题的决定》深入阐释了"推进国家治理体系和治理能力现代化"的具体举措。

〔3〕　参见章志远：《行政任务民营化法制研究》，中国政法大学出版社2014年版，第1页。

〔4〕　参见喻文光：《论铁路改革的法治化路径》，载《国家行政学院学报》2013年第4期。

标驱使下对传统行政机制的反思。一方面，对传统单方强制、威权支配性行政的反思，催生了德国式作为替代性行为方式的行政协议的产生；另一方面，对传统"全能政府型"履职方式的反思，则形成了如同英法等国公务转移式的行政协议适用。行政协议适用取向上的差异，揭示了其作为"功能面向上产物"的实质。作为弥合公私法隔阂的制度创新，我国行政协议的实践适用也始终呈现出特定的目的指向与功能侧重，而回归功能本位的视角对行政协议展开认识，也将有效规避"要素识别"思路中的甄别与解释困顿。基于此，立足功能上的差异，即可在类型化的基础上完成对我国行政协议的客观认识。

一、类化分析中功能本位视角的回归

如前所述，基于行政协议与民事合同在合意关系中法属性面向的本质区别，旨在参照行政行为通过合意行为公法性的析出完成行政协议认识的要素识别思路。因公法要素指向的宽泛性、要素联结的松散性，难免陷入与行政私法行为的甄别纠缠，造成协议定性的误判与适用范围的不当扩张，无法对行政协议认识的核心标准予以精准锚定。事实上，以公法要素抽象出行政协议的样态，在多样化的协议形态中仍无法脱离其作为抽象概念的范畴，而当抽象概念及其推演逻辑不足以涵摄某具体事物的多样表征时，类化分析则被视为补充性的分析形式。[1]然而，规范与实践中对协议识别多采取的例示形式无法起到实质的类化作用，甚至在认识上陷入"唯有名论"的思维误区。因此，对于行政协议的科学认识，仍需找寻具有法规范意义的类化视角。

总的来看，行政协议在适用取向上的不同表征，说明了行政协议的具体形态难以在某一类型的涵盖下进行合理概括，而需回归其作为"功能产物"的本源属性，在功能本位的分析视角下予以类分。立足行政协议适用的取向来看，其直观功能既在于双方意思交互的强化，也在于行政公务的转移分担，而机制目的既体现在行政权的社会化规制与便宜行政的实现，也体现在公共资源的高效化配置与多元治理的优化。[2]

---

〔1〕　参见［德］卡尔·拉伦茨：《法学方法论》，陈爱娥译，商务印书馆2003年版，第337页。

〔2〕　参见吴明熠：《替代的公共性规制：矿业权出让协议定性的逻辑本位》，载刘云生主编：《中国不动产法研究》，社会科学文献出版社2021年版，第286页。

(一) 意思交互的强化：权力规制与便宜行政

行政权作为一种由行政主体单方享有并向私主体表达公意的强制性权力，在传统以秩序维护为行政价值的指引下形成了"命令—服从"的权力行使作用机制，[1]然而倚仗单方强制的行政推行，在营造双方之间利益冲突的对抗关系导致行政受阻的同时，[2]也增加了行政公权滥用的风险。由此，旨在借助公众参与控制和优化行政的"参与行政"理念得以兴起，通过行政主体与相对人之间"协商—合作"的互信关系的重塑，[3]以交互式的意见交流替代单向式的意见传输，进而减少对抗、增加互信，并对单边主义的权力行使形成社会化规制。具体而言，在以促成行政关系主体间交流互信为核心的现代行政理念发展下，现代行政活动开始致力于通过强化相对人参与的程式化制度设置，以尽可能弱化威权行政的色彩，在双方交互中规制权力滥用的同时，实现便宜行政的目的。

然而，说明理由、听证、陈述申辩等传统的参与程序下所形成的参与关系，实质上仍在于为公众意见表达提供便利渠道，旨在辅助传统单向行政平稳运作，但并未实现行政活动中相对人被支配地位及双方等级化关系的根本改变。而通过仿照私法上平等的协商机制形塑的行政协议，[4]则体现为一种更为根本的行政权运行方式探索及行政行为属性变革[5]。二者虽同在形式上表现为提供参与客观交流机会的制度装置，但行政协议在强化行政主体与相对人意思交互的面向上却实现了质的飞跃。随着相对人在行政活动中主体地位的形塑，原本的等级化体系在行政协议中也得以消解。由此，作为试图结合行政公权与私人意志的产物，行政协议因由行政主体与相对人共同实现行政权的作用并同时向对方享有权利[6]，也被视为替代传统单向性行政管理模式的方案，如替代原执法行为的行政和解协议、影响行为完结的治安处罚担

---

[1] 参见章剑生：《现代行政法基本理论》（上卷），法律出版社 2014 年版，第 125 页。
[2] 倘若行政机关绝然地倚仗强制性支配的观念来实施行政，则难免会在若干面向上招致相对人的反感甚至抗拒。参见叶必丰：《行政法与行政诉讼法》，高等教育出版社 2015 年版，第 76 页。
[3] 参见叶必丰：《行政法与行政诉讼法》，高等教育出版社 2015 年版，第 76 页。
[4] 参见翁岳生编：《行政法》（上册），中国法制出版社 2009 年版，第 745 页。
[5] 参见林明锵：《行政契约法研究》，翰芦图书出版有限公司 2006 年版，第 58 页。
[6] 参见［葡］迪奥戈·弗雷塔斯·亚玛勒：《行政法教程》（第二卷），黄显辉等译，社会科学文献出版社 2020 年版，第 317 页。

保协议等，其初衷旨在将一种更能体现相对人主体性的意愿交流机制引入高权行政活动中，[1]通过行政关系当事人之间对抗关系的纾解，进而规避行政运作中的冲突并实现便宜行政的目的。

（二）公务的转移分担：资源配置与多元治理

面对公共事务的日益繁复与公共资源配置的僵化，[2]为提升行政效率、优化资源配置、舒缓财政压力，任务的部分转移已然成为治理选择上的改革趋势。但公务转移并非意味着行政主体从"执行职责与保障职责"中完全抽离，仅承担外部监管责任，而在于通过机制设置实现执行主体的转移成为任务执行的"协助者"[3]，行政主体则依旧保留作为任务执行的"保障责任人"[4]。据此，在以行政机制转移行政任务的形式中，仅有委托与特许满足行政任务向私人转移分担的行政机制。[5]委托模式下通过双方在法规范限度内就委托范围、内容与期限等事项的协商合意，由受委托组织以委托机关的名义独立承担行政任务的执行，并由委托机关承担相应法律后果。特许模式下则由私主体通过行政机制获得特别准许后直接从事特定行政任务的执行，但区别于国家垄断活动的特许经营，特许任务的执行并非体现为突破垄断实现完全的"去国家化"，仅在于借助社会力量协助完成任务的执行，并由此在公私主体之间形成责任共担的合作信赖关系。

在此意义上，为保障公务转移分担中双方合作信赖关系的维系，应容许双方在法规范限度内就分担事项进行充分协商。相较于仍以行政单方主导的程式化设置，行政协议已然衍生出合作面向的组织机制，除对双方意思交互

---

〔1〕 参见刘飞：《行政协议诉讼的制度构建》，载《法学研究》2019 年第 3 期。

〔2〕 参见吴明熠：《从听证走向协商：公众参与行政决策的实践反思与程序嬗变》，载《甘肃行政学院学报》2020 年第 2 期。

〔3〕 ［葡］迪奥戈·弗雷塔斯·亚玛勒：《行政法教程》（第二卷），黄显辉等译，社会科学文献出版社 2020 年版，第 314 页。

〔4〕 形式上表现为由私人分担任务执行的功能民营化，政府则保持对任务执行效果的保障责任。参见刘飞：《试论民营化对中国行政法制之挑战——民营化浪潮下的行政法思考》，载《中国法学》2009 年第 2 期。

〔5〕 在我国的行政执行分担模式中，可通过授权、委托、特许等模式向除行政机关之外的法律实体分配范围不同、程度不一的行政任务。然而，授权模式是立法形塑的产物，法律授权的组织因具有行政主体性而独立承担着执行责任与保障责任，并不会与行政机关在组织体系内形成相互关系。参见 ［日］盐野宏：《行政组织法》，杨建顺译，北京大学出版社 2008 年版，第 88 页；徐键：《功能主义视域下的行政协议》，载《法学研究》2020 年第 6 期。

予以强化外，在作用机制上还承载了公务转移的组织功能机制。因而，行政机关与私主体之间通过订立委托或特许协议则成为用以转移分担特定公务的具体举措之一，一方面表现在通过协议的订立，在内容上对涉及公务分担的行政法上的权利义务安排予以约定，协议本身成为私主体受让执行职能后对其指向对象直接产生行政作用力的依据，以此实现公共事务的多元治理，完成政府瘦身，例如已为行政法规范明示为行政协议的公用事业的特许经营协议；另一方面体现在通过缔结协议完成资源配置职能的转移，以替代原由政府直接分配公共资源的配置方式，私主体可基于协议参与行政资源、社会资源的利用，实现公共资源的高效化配置，避免行政分配的僵化。

二、基于功能分化的行政协议类化

作为功能面向的产物，行政协议的适用是对传统行政行为机制或组织机制现存困顿的纾解，或在保留行政机关与相对人之间从属关系的基础上，通过强化双方意思交互，改善威权行政中存在的执行对抗与权力滥用，或在塑造行政机关与相对人对等互信关系的基础上，通过"多中心"组织框架的设置，以整合公私力量完成原由行政机关独立承担的事务，进而实现公共事务的多元治理与公共资源的高效配置。[1]因此，对于行政协议的认识，不能简单地将其形塑为在要素构成上区别于传统行政的非典型行政模式并形成片面认识，而应基于功能分化的视角，在不同功能侧重的分析下，对"集行为与组织机制于一身"的行政协议进行科学的类化认识。

（一）替代或补充型协议

在高权行政的传统模式中，单方强制的行政权作用机理决定了行政相对人在行政活动中仅被视为权力作用的对象与程序运作的客体，[2]而行政协议通过对相对人主体地位的塑造，在原本等级化的行政模式中引入更具回应性的意思交互机制，使相对人在行政推进中可以自主意志分享决定权，并形塑

---

〔1〕　有学者将存在两种功能差异的行政协议类分为从属性协议与合作性协议。参见杨科雄：《试论行政协议的识别标准》，载《中国法律评论》2017年第1期。

〔2〕　行政强制性在行政主体一方表现为意思表示的法定性，在行政相对人一方则体现为对行政意志的服从与遵守。参见叶必丰：《行政法与行政诉讼法》，高等教育出版社2015年版，第117页以下。

成更具弹性的高权行政。在改造传统单方命令式行政的作用机理中，行政协议则作为旨在强化交流、便宜行政的程序装置介入，并以此影响乃至决定行政活动的推进或者完结，[1]最终替代具体行政行为的作出或补充完成具体行政行为，而体现此类作用机制的协议，则可基于功能表征将其归入替代或补充型行政协议。

替代型行政协议即以订立协议的方式替代单方具体行政行为的作出，并在履行完成行政目的后终结行政程序的协议。如强制执行和解协议即是在执行程序中用以替代行政强制执行行为，并在履约完毕后终结程序的行政协议。[2]在此概念维度下，现行法规范中诸如纳税担保协议、治安处罚担保协议、节约资源、削减污染物排放量协议、戒毒协议等，均可归为替代型的行政协议。补充型行政协议即在行政程序中介入，在具体行政行为的构成、内容或效力上发挥补充作用以更好推进行政活动展开的行政协议。该协议并非对具体行政行为的替代并终结行政程序，而在于帮助行政意志更为顺利地形成、完成行政目的。例如土地征收补偿安置协议即是介入行政征收程序用以补充行政征收行为构成要件的协议，[3]而政府性投资保障性住房的租赁、买卖等协议则是介入保障性给付程序对给付行为的内容发挥补充作用的协议。[4]

由于替代或补充型协议被定位为旨在以强化意思交互改造传统高权行政行为模式，并追求原行政行为欲达成之行政目标的程序装置，相较于具体行政行为，无非是以更具回应性的方式形成和表达行政意志，但并未实质改变意志作用的领域，因而其适用也始终未脱离"高权行政"领域的限定。[5]由

---

[1] 例如，意大利《行政程序与公文查阅法》第 11 条第 1 款规定："行政机关在依据本法第十条的规定收到意见和建议后，在确保实现公共利益最大化和不损害第三方利益的情况下，可以与有关各方达成协议，以确定最终之具体行政行为的裁量性内容，或者替代最终之具体行政行为。"

[2] 《行政强制法》第 42 条第 1 款规定："实施行政强制执行，行政机关可以在不损害公共利益和他人合法权益的情况下，与当事人达成执行协议。执行协议可以约定分阶段履行；当事人采取补救措施的，可以减免加处的罚款或者滞纳金。"

[3] 征收补偿协议是表现为对征收补偿决定的替代，但就整体的征收活动来看，补偿是作为中间环节而构成征收行为的要件。参见山西省安业集团有限公司与太原市人民政府收回国有土地使用权决定案，最高人民法院（2016）最高法行再 80 号行政判决书。

[4] 参见徐键：《功能主义视域下的行政协议》，载《法学研究》2020 年第 6 期。

[5] 有学者认为，若将一些未能透过标的或固有性质证立其特殊性的契约都纳入行政协议之中，不仅将造成行政协议观念的肥大，且会掏空或弱化行政协议观念的逻辑和融贯性，衍生理论层面的问题。参见王必芳：《论法国行政契约的特点》，载《台北大学法学论丛》2017 年总第 102 期。

此，行政机关对于行政协议的适用实质并未舍弃高权，而本质表现为私法关系的国库行政则排除了行政协议的适用，[1]从现行法规范来看，既包括行政机关通过交易获取履职所需物资或技术支持的领域、劳动人事的聘任领域（以私法方式辅助行政的行为），也包括行政机关对其不直接承担公共职能的国有资源的利用领域（行政营利行为），前者如未涉及公共服务转移的政府采购或委托合同、[2]公务人员、教师的聘任合同等，后者如土地使用权出让合同、[3]国有资产的投资建设、买卖租赁、转让承包等合同。尽管基于行政机关主体的公共性，对国库行政也有公法规制的必要，但这一需求可通过业已完备的招投标制度、政府采购与预算制度等统摄性制度得以满足，而无需再由行政协议这一机制加以规整。

（二）公务转移型协议

基于优化配置、提升效率、政府瘦身等现代化治理目标的考量，以订立协议的方式将本由行政机关承担的公共事务委托外包或特许给私主体直接承担或参与分担已愈发受到青睐。在作用机制上，该协议的引入旨在保障双方协商合作、维系信赖关系，以促成公私主体的协力履职，在功能上体现了改造传统组织结构的组织机制功能，进而弥补公共服务竞争不足、强化行政组织运行管理。[4]而这一具备组织公务转移、实现公私合作功能的协议则可归为公务转移型行政协议。

尽管在行政特许中公务转移型协议仍具有替代或补充单方行政的外观特征，但其核心特征仍在于公务受让方履职中"主体性"的塑造，使私主体成为公务执行的实际承担者，以利用其优势持续高效地协助达成履职目的。由此，对于该类行政协议的适用，本质并未脱离有关公务履行实际转移由私主

---

〔1〕　参见申艳红：《行政私法行为辨析》，载《新疆大学学报（哲学·人文社会科学版）》2010年第4期。

〔2〕　例如政务系统建设、维护合同、政务数据存储、加工合同、档案管理开发委托合同、疫苗采购合同、政府采购合同、军事订货合同、应急物资、装备的生成、供给协议、职业教育委托合同等。

〔3〕　与国有土地的利用不同，矿藏、水流等国家专属所有的自然资源在立法上采取了由行政权创设许可的模式，从而体现为为防止利用失序而发生风险的高权行政。参见《中华人民共和国宪法》第9条，《中华人民共和国水法》第7条，《中华人民共和国矿产资源法》第3条、第16条的规定。

〔4〕　参见余凌云主编：《全球时代下的行政契约》，清华大学出版社2010年版，第56页；吴明熠：《行政主体非基于优益权单方变更或解除行政协议的法定理由重述》，载沈岿主编：《行政法论丛》，法律出版社2021年版，第87-88页。

体承担，并与行政机关共担风险与责任的内容约定，且旨在创设一种由私主体代表政府针对社会第三人的特殊行政作用关系。因此，相较于行政机关自行履职的模式，公务转移型协议的适用并未使私主体在履职中脱离"直接服务于社会公益"的限定。一方面，若行政任务的转移分担仅触及不与社会第三人直接发生关系的附随任务或补充任务，在与行政机关分担任务的关系中，私主体将仅居于"行政助手"的地位，[1]而基于此行政辅助关系订立的合同仍为建立私法关系的契约[2]，[3]另一方面，若私主体对行政任务的承担仅发挥了工具性功能，而未形成执行主体地位并与公共事务本身形成足够的关联性，以此订立的协议也将难以作行政协议的定性。[4]据此，聚焦于公务转移型协议涉及公共职能的直接履行之特点，可以转移分担的任务执行是否具备"涉他性"，即任务执行中是否会与第三人发生权利义务关系作为认识这类行政协议的方法。于此，诸如医疗保险服务协议、政府购买义务教育服务合同等政府购买公共服务合同，以及公路收费权转让协议[5]、民用运载工具项目协议等政府特许经营合同，均可因公务执行与第三方使用人形成涉他性关系而归入行政协议。相反，诸如公务员培训委托合同、政务系统建设维护合同等政府因履职需要购买的辅助性服务，因未形成涉他关系而应属民事合同。

三、功能视角下行政类别与类化协议的对应

尽管在功能主义的宏观视阈下可以看出，行政协议的适用始终围绕着对传统行政机制的反思与改造，但基于行政本身在微观运作上的多样性与复杂

---

〔1〕 参见［德］哈特穆特·鲍尔：《民营化时代的行政法新趋势》，李建良译，载李建良主编：《2011 行政管制与行政争讼：民营化时代的行政法新趋势》，台北："法律学研究所"2012 年版，第 92 页。

〔2〕 参见陈敏：《行政法总论》，新学林出版股份有限公司 2013 年版，第 1145 页。

〔3〕 例如在道路交通监控设备的购买与维护合同中，合同标的仅涉及行政机关履行道路安全监管职责的辅助性业务，而未触及与第三人发生权利义务关系的主体任务，应属民事合同。

〔4〕 例如在公共工程承揽合同中，私人仅承担了完成建设任务的工具性功能，而与公共服务本身未形成足够的关联性，应属民事合同，而相较下，公共工程特许合同除将建设任务转移私人承担外，还延及运营服务的提供，应属行政协议。参见王必芳：《论法国行政契约的特点》，载《台北大学法学论丛》2017 年总第 102 期。

〔5〕 在"新陵公司合同纠纷案"中，案涉公路投建经营项目协议因在公路运营活动中会与公路使用者产生权利义务关系，而应属行政协议。参见河南新陵公路建设投资有限公司与辉县市人民政府合同纠纷管辖异议案，最高人民法院（2015）民一终字第 244 号民事裁定书。

性，仍有必要在统一的功能视角下对不同行政与类化协议之间建立的联系作进一步考察，深化行政协议在现实行政应用中的识别，从而具化协议认识并以此为基点探究协议适用的容许界限。依照功能上的差异，行政法通常将现代行政区分为干预行政与给付行政，前者旨在通过权利约束或课加义务实现维系秩序与安全目的，通常带有管制性，后者旨在通过给付福利与便利达到增进公共福祉的目的，往往具有服务性。[1]如表 2.6 所示，目的功能上各有侧重的两类行政协议，虽与不同类别的行政均可形成对应关系，但与此同时也呈现出不同面向的适用差异。

表 2.6　行政类别与类化协议的对应关系表

类化协议 行政类别	替代或补充型协议	公务转移型协议
干预行政	秩序行政：治安处罚担保协议、戒毒协议等。	治安、消防承包协议、行政处罚委托协议等。
	公课行政：强制执行和解协议、纳税担保协议、行政征收中的土地收储协议等。	
给付行政	执行补充型协议：对给付决定的单纯执行。	政府与社会资本合作协议（具有"涉他性"的任务执行）：DBO、TOT、（MC）、（ROT）、（O&M）。
	效力补充型协议：构成给付决定的附款或效力要件。	
	内容补充型协议：补充约定给付行政权利义务关系内容。	

（一）干预行政与类化协议的对应

根据行政任务的不同，干预行政可进一步区分为维持秩序与危害防治的秩序行政，及强制且无偿取得私人财产的公课行政，[2]因两种行政行为形式

---

〔1〕　参见台湾"研究发展考核委员会"编：《行政业务委托民间办理之可行性及其范围探讨》，台湾"研究发展考核委员会"1991 年版，第 12 页；章志远：《行政法学总论》，北京大学出版社 2014 年版，第 9 页。

〔2〕　参见徐键：《功能主义视域下的行政协议》，载《法学研究》2020 年第 6 期。

带有的管制性色彩均牵涉公权力的强制，将对相对人权利造成直接影响且与公民生存的基本权密切关联，从权力规约的法治原则出发，此类行政行为的法律形式选择自由也将受到法律的严格限制，[1]在公私法二元体系下仅能以公法形式履行行政任务，[2]由此在行政的作用过程中若容许采取契约式行政模式，也将归于公法属性的行政协议，并在类型上倾向于保留行政机关履职主导地位的替代或补充型协议，[3]协议的介入仅在于强化意愿交流，以提高行政可接受性。例如秩序行政中的治安处罚担保协议、戒毒协议等，公课行政中的强制执行和解协议、纳税担保协议、行政征收中的土地收储协议，[4]均因法律形式选择自由的限制而归为此类。

此外，干预行政中公务转移型协议的适用空间也并非被排除在外，诸如行政实践中治安、消防承包协议、行政处罚委托协议等均可归为此类。然而，尽管为达成行政目标，行政组织权的归属者被容许享有公法抑或私法形式的行政组织形式选择自由，但因管制性的干预权与相对人的生存权具有直接的密切关联性，在"法无明文规定不可为"的干预权制约下，[5]若将管制性权力转移由私主体分担，必将受到法律保留的严格限制，且对受托主体的资质、资格形成较高要求。[6]

---

〔1〕 为适当地履行公行政任务，达成公行政目的，行政机关被允许选取适当的行政行为，也可在法律容许的范围内选择不同法律属性的行为。参见程明修：《行政法之行为与法律关系理论》，新学林出版股份有限公司 2005 年版，第 290 页。

〔2〕 参见陈军：《行政形式选择自由理论探析——基于公私合作视角》，载《北方法学》2014 年第 6 期。

〔3〕 参见杨欣：《论政府职能民营化的边界》，载中国法学会行政法学研究会编：《行政管理体制改革的法律问题——中国法学会行政法学研究会 2006 年年会论文集》，中国政法大学出版社 2007 年版，第 341 页。

〔4〕 参见大英县永佳纸业有限公司与大英县人民政府、回马镇政府不履行行政协议纠纷案，最高人民法院（2017）最高法行申 195 号行政裁定书。

〔5〕 参见刘海年等主编：《依法治国建设社会主义法治国家》，中国法制出版社 1996 年版，第 269 页。

〔6〕 对此，《中华人民共和国行政处罚法》（以下简称《行政处罚法》）（2021 年修订）第 20 条第 1 款规定："行政机关依照法律、法规、规章的规定，可以在其法定权限内书面委托符合本法第二十一条规定条件的组织实施行政处罚。行政机关不得委托其他组织或者个人实施行政处罚。"同法第 21 条规定："受委托组织必须符合以下条件：（一）依法成立并具有管理公共事务职能；（二）有熟悉有关法律、法规、规章和业务并取得行政执法资格的工作人员；（三）需要进行技术检查或者技术鉴定的，应当有条件组织进行相应的技术检查或者技术鉴定。"

（二）给付行政与类化协议的对应

功能不同的两类行政协议在给付行政中均有其适用空间，并在对应关系中呈现出不同的形态表现。就给付行政旨在增进公共福祉的目的而言，除法律有明文禁止或事务性质不容许外，行政机关皆享有行政行为形式选择自由与行政组织形式选择自由，[1]而福利的给付无论是由行政机关单独履行，还是转由其他主体承担，本质上均属高权行政的范畴。

由此，在行为形式的选择上，行政机关既可采取单方行政的单一行为模式为之，也可结合契约的行为模式作为补充，但在后者的行为模式中，为使高权的运作得到应受的公法规约而避免"遁入私法"，行政法中的双阶理论为妥帖处理公私法的适用，通常将这一法律关系的构成区分为具体行政行为阶段与契约缔结阶段，并因第二阶段契约属性的差异，衍生出"具体行政行为+行政协议"的复合公法行为结构，与"具体行政行为+民事合同"的公私法混合行为结构[2]。[3]即当行政机关决定在给付行政程序中引入契约时，其具有选择复合公法行为模式或公私法混合行为模式的自由，而前者主要体现了给付行政中补充型行政协议的样态。

对于第二阶段"行政协议"的辨析，可立足于契约与给付决定之间的逻辑关系及其内容的权利义务属性展开。根据契约与给付决定间的逻辑关系，"行政协议"的形态主要表现为：（1）执行补充型协议。即协议的功能在于对给付决定的单纯执行，内容上构成对给付条件与相关给付规范的复述，表现为对给付决定中行政法权利义务内容的工具性承载，协议与给付决定之间的逻辑关系可连贯形成单一的公法法律关系。例如，行政机关在与相对人的合作关系中作出财政补助决定，并以此订立包含财政补助条款的合作协议，相应协议则应属行政协议。（2）效力补充型协议。即协议构成给付决定的附款或效力要件，并以此影响给付决定的效力，在功能上具有变动行政法权利义务的法效果。例如，包含在某种条件成就时便可终止给付决定效力条款的协议。（3）内容补充型协议。即在给付决定建立的给付关系基础上，协议具

---

〔1〕　参见陈敏：《行政法总论》，新学林出版股份有限公司 2013 年版，第 666 页。

〔2〕　例如在公共场地开始私营场所的公产占用活动中，行政机关针对相对人提出的占用申请进行的许可行政行为构成公法法律关系，而双方就价款、期限等内容订立的合同则构成私法法律关系。

〔3〕　参见严益州：《德国行政法上的双阶理论》，载《环球法律评论》2015 年第 1 期。

有补充约定行政法权利义务的内容，从而补充促成完整的给付行政活动。该协议主要体现为具有对价给付内容的给付关系，若协议仅就财产关系、给付进度等私法上的权利义务进行补充约定，则其本身仅属民事合同的私法法律关系，而对待给付请求权，协议在意定条款的形成上并非仅包括私法上的一般交易条款，则应归于公法法律关系的行政协议。例如，国有土地使用权出让合同作为土地出让活动的补充性协议，在意定条款上仅保留了"价格及其支付"等一般市场交易条款，而土地用途、开发程度等公法上的规划条件条款，业已转由外部在先的详细规划予以确定，[1]而非由双方意定或是对法定抽象义务的具化，合同在公法条款上仅具有提示功能而非新设义务，而应属民事合同。与之相较的矿业权出让协议作为补充性协议，因矿产资源规划等外部规制体系的完备性不足造成的公共落实欠缺，加之宪法层面对于矿产资源相对更高的公共性要求，使得矿业权出让协议本身并无法完全回避"矿产资源有序利用"这一公共目的实现的承担，其协议内容中部分监管性的条款，实质即是对一般规制性抽象义务的具象化，而应归入行政协议的范畴。[2]

在组织形式的选择上，对于公共福利的供给，行政机关亦可自行决定通过缔结公私合作契约，将给付任务的履行交由私法形式组织完成。而根据公务转移行政协议的功能特点，当契约关系具有"涉他性"特点时，则体现了给付行政中公务转移型行政协议的样态，与之对应的协议形态主要表现为相应的政府与社会资本合作协议（PPP协议）。

在引入私人参与完成行政给付任务的公私合作模式中，双方订立的PPP协议可通过行政协议或私法合同的形式体现出来，而其中协议性质的理解问题也一度成为理论研究的聚焦点，[3]在《行政协议解释》将特定的PPP协议例示为行政协议后，[4]如何科学认识该特定范畴也成为司法实践无法回避的问题。于此，在功能视角下协议是否具有"涉他性"的任务执行，即可作为

〔1〕 参见《中华人民共和国城乡规划法》第38条、第39条的规定。
〔2〕 参见吴明熠：《替代的公共性规制：矿业权出让协议定性的逻辑本位》，载刘云生主编：《中国不动产法研究》，社会科学文献出版社2021年版，第289—292页。
〔3〕 参见陈阵香、陈乃新：《PPP特许经营协议的法律性质》，载《法学》2015年第11期；江国华：《政府和社会资本合作项目合同性质及争端解决机制》，载《法商研究》2018年第2期；尹少成：《PPP协议的法律性质及其救济——以德国双阶理论为视角》，载《政法论坛》2019年第1期；刘飞：《PPP协议的法律性质及其争议解决途径的一体化》，载《国家检察官学院学报》2019年第4期。
〔4〕 参见《行政协议解释》第2条第5项的规定。

判断相应 PPP 协议是否归于给付行政中公务转移型行政协议的标准。例如，政府特许经营协议作为 PPP 协议的主要形式，社会资本方除了承担基础设施和公共服务项目的投资建设任务外，还将承担项目运营的给付行政任务的执行，[1]因涉及社会第三人的权益影响而具有"涉他性"特点，由此应属典型的公务转移型行政协议并为立法所确认。[2]循此逻辑，在政府与社会资本合作模式的具体协议形式中，基于设计—建设—经营（DBO）、转让—运营—移交（TOT）、管理外包（MC）、改扩建—运营—移交（ROT）、经营与维护（O&M）等模式订立的协议，因涉及对公共产品或服务等给付任务的履行安排而具有"涉他性"特点，应属行政协议。除此之外，基于诸如设计—建设（DB）、设计—建设—维护（DBM）、设计—建设—融资—维护（DBFM）、服务外包（SC）、私人主动融资（PFI）等模式订立的项目协议，以及工程承包合同、融资与担保合同、股权协议等合作项目中涉及的从合同，因仅涉及设计、建设、融资、维护、担保等辅助完成给付的附随任务而不具有"涉他性"，应排除在行政协议的范畴之外。[3]

---

〔1〕　参见《基础设施和公用事业特许经营管理办法》第 3 条的规定。

〔2〕　参见《行政诉讼法》第 12 条第 1 款第 11 项的规定、《行政协议解释》第 2 条第 1 项的规定。

〔3〕　参见徐键：《功能主义视域下的行政协议》，载《法学研究》2020 年第 6 期。

容许标准构造的考量要素归结

功能类化下的行政协议认识决定了其容许标准构造样态上的分化，然而容许标准的差异化构造并无法在概括性的宏观认识下形成，其具体构造仍需转化为相关影响要素的微观考量才能予以实现。因此，在行政协议容许适用标准的具象化构造上，如何对应予考量的要素进行合理归结，以适应不同类型协议在实践适用中的不同功能需要，则是问题的核心所在。

第一节　容许标准构造差异的内核：法律保留的不同解释

不同容许标准的构造差异，源于对法律保留适用范围的不同解释，在行政法发展的不同时期，适用法律保留原则的领域范围、依据范围均处于不断变化之中，并在干预行政与给付行政中形成了不同程度的调整密度标准。其法理体现为基于"事项重要程度""灵活治理需要""权利影响程度"等要素的考量，应在法律上对相应行政活动作出差异化的规范调整。[1] 由此，在行政类别与类化协议的对应关系下，即可对行政协议容许适用标准的影响要素进行类比归纳，并以此在区分内容标的与外部规范的考量维度下，形成"内部要素考量为主，外部要素考量为辅"的考量体系。

---

〔1〕　法律保留的建制精神体现在，行政行为必须对客观存在的法规范予以尊重并受其拘束，以充分保护私人权益并确保行政措施的公益性。法律保留适用范围的差异则大多体现在以何种程度适用于给付行政的考量。参见城仲模于 2000 年 12 月 26 日在东亚行政法学会闭幕式上发表的主题为《二十一世纪行政法学发展的新趋势》的演讲。

一、法律保留适用范围的嬗变

行政法层面上的法律保留原则要求行政机关实施某些特定的行为必须有法律的授权依据，[1]其适用范围即需要保留由法律规定或授权的事项或领域。与消极的不违反现行法律规定的法律优先原则相较，法律保留原则因法律积极地创设行政权运作的先决条件，显现出更为严格的权力控制。法律保留原则产生于君主立宪时期，并始于基本权利限制的法律保留观点，旨在防范人民的人身自由与财产所有权免受行政（君主）权力的侵犯，以致直到19世纪自由竞争资本主义时期，法律保留的适用范围仅限于高权行政领域中限制公民权利的干预行政领域，法律依据则限于议会制定的法律，[2]而以增进公共福祉为目的的给付行政领域则为行政自由形成之领域，原则上不属于法律保留的适用范围。随着公共行政的变迁、议会民主和人权保障的兴起与发展，依据社会国家原则，国家被赋予积极维护社会经济与文化生活保障的任务，宪法所保障的自由权内容不仅在于行政恣意侵犯的防范，还在于自由权利的国家保障。即公民自由权利的实现不再局限于规避行政干预，还有赖于行政给付的积极作为，而行政给付不作为或给付不规范给公民造成的损害可能并不亚于对其人身自由和财产所有权的侵害，[3]由此，法律保留原则的适用范围开始由传统的干预行政领域延伸至给付行政领域。[4]

给付行政领域适用法律保留原则跳脱出了基本权利限制的法律保留观点，其法理依据主要体现在民主原则与法治国家原则。依民主原则的要求，凡牵涉国家重大决定，特别是与公民权益密切相关的事项，均应由直接代表民意的议会制定规则予以规范，将行政活动置于以法律形式表达出来的公民意志

---

〔1〕 法律保留原则实际包含两个层面的要求：宪法层面的法律保留原则与行政法层面的法律保留原则。前者指特定的重大事项只能保留由国家最高立法机关以正式法律的形式规定，保留对象为立法机关的专属立法事项，以约束行政机关任意创制行政规范进行自我授权。例如《中华人民共和国立法法》第11条、第12条便规定了国家机关之间立法权的配置，其中有关犯罪和刑罚、对公民政治权利的剥夺和限制人身自由的强制措施和处罚、司法制度等事项只能由法律规定。参见章志远：《行政法学总论》，北京大学出版社2014年版，第96-97页。

〔2〕 参见冯莉：《论我国行政协议的容许性范围》，载《行政法学研究》2020年第1期。

〔3〕 参见［德］哈特穆特·毛雷尔：《行政法学总论》，高家伟译，法律出版社2000年版，第113页。

〔4〕 参见张树义主编：《行政法学》，北京大学出版社2012年版，第27页。

的约束之下，[1]强化法律对行政活动的控制作用。即行政活动无论表现为权利干预或福利给付，若处于相关事项范围内，皆应保留由立法机关通过制定法律的形式加以决定，并依据法律的授权实施。法治国家原则亦要求，应以一般法律对国家与公民间的法律关系加以规范，以排除权力恣意与滥用，使公民对行政活动有预见可能性与计划可能性，由此导出凡是作用于公民的行政活动均应由具有形式意义的法律加以规定的法律保留原则。

然而，对法律保留适用范围向给付行政拓展地强调，并非出于对行政自主性与能动性的有意抑制，而在于针对不同行政领域中行政权作用效果的不同，采取调整密度不同的法律保留适用标准，以使行政权的运作在合理的范围内均可得到法律的适度控制。总的来看，在法律保留的适用中承认存在低度保留的前提下，法律保留的调整密度与行政干涉权利的强度成正比，对权利干涉强度越高，法律保留的调整密度越大，反之亦然。[2]因此，在干预行政的传统侵害行政领域，法律保留原则的适用往往采取了较为严格的调整密度标准，而在给付行政等福利行政领域，法律保留原则的适用则采取相对灵活的弹性调整密度标准，除涉及特定的重要事项需要法律授权实施外，行政机关可自由作出相关行为。

二、不同解释观点的要素化分解

基于基本权利保障原则、民主原则、法治国家原则等不同理论观点，法律保留原则的适用呈现了由干预行政向给付行政延伸的样态，而法律保留原则的调整密度则历经了由"侵害保留"到"全部保留"再到"重要事项保留"等标准的演变。[3]尽管法律保留原则的具体适用与调整密度存在不同理解与分歧，但在不同学说观点形成的考量要素上，均可归结为"权利影响程度""灵活治理需要""事项重要程度"等要素的考量。

（一）权利影响程度

法律保留原则的最初确立并非旨在实现行政民主化，更多在于私人权利

---

〔1〕 参见［德］汉斯·J. 沃尔夫等：《行政法》（第 1 卷），高家伟译，商务印书馆 2002 年版，第 343 页。

〔2〕 参见吴庚：《行政法之理论与实用》，中国人民大学出版社 2005 年版，第 58 页。

〔3〕 参见翁岳生编：《行政法》（上册），中国法制出版社 2009 年版，第 191-196 页。

免受行政权非法侵害的保障，而作为一项先行确定的、具有可预测性与控制性的规定的保留，只有在涉及权利影响时才有其意义。[1]

君主立宪制下所产生的早期法律保留建基于君主与议会间对立关系的协调，在原则上承认行政权自由行使并服务于君主利益的前提下，划定特定范围将自由行政置于法律约束之下以服务于议会利益，诚如奥托·迈耶在彼时的背景下所指出的，行政活动并不具有以法律为依据的依附性，仅在一些特别重要的特定范围要求执行权应依据法律，以对行政的自行作用予以排除。[2]至于如何确定该特定范围，主张仅宪法各条规定的限制权利事项需法律依据的国权学派，与主张法律保留应及于所有侵害权利自由之领域的民权学派，[3]尽管在法律保留适用范围的解释论上具有不同侧面的表现，但法律保留原则的适用均始终围绕着国民自由与权利的限制与侵害展开，即在行政权侵害国民自由与权利或对国民课加负担义务等情形下应有法律依据，以在议会立法权与君主行政权对立的国家权力结构中，通过由国民代表组建具有独立性与决定自由的议会，克服君主主义、约束行政权。

国民主权背景下的法律保留则根源于"国家权力归属国民"的民主原则，在此民主制度下的行政权则产生了自由性与先验性均被否定的质变，并受到民主立法者的意思支配与引导。[4]于此，行政权的法律保留已不再限于侵害保留理论，开始及于包括给付行政在内的一切行政行为，给付对象与额度、要件与条件等重要事项均受到民主立法的规范，遵循社会、经济、文化政策所进行的财富分配亦由法律加以规定，以满足国民主权制下民主对公权的拘束力与预见可能性，形成"全部保留"的学术主张。[5]例如，奥地利行政法

---

〔1〕　参见［德］卡尔·施米特：《宪法学说》，刘锋译，上海人民出版社2005年版，第191页。

〔2〕　参见［德］奥托·迈耶：《德国行政法》，刘飞译，商务印书馆2002年版，第72页。

〔3〕　又称为立法事项说与侵害保留说的区分，在方法论上，前者从对宪法独立性的强调出发，立足更为根源性的基础对法律保留进行解释，后者则从自由法治的视角出发，旨在广泛地将权利与自由的侵害保留给法律。参见王贵松：《行政活动法律保留的结构变迁》，载《中国法学》2021年第1期，第131页。

〔4〕　参见翁岳生编：《行政法》（上册），中国法制出版社2009年版，第193页。

〔5〕　支持"全部保留"的理由在于：首先，为确保司法审查，有必要保证法的确定性；其次，社会国家背景下，公权行政拒绝给付产生的损害与侵害自由权利所生危害相当；再次，现代行政法的核心课题除了抑制公权恣意外，还在于保障国家给付活动的正当参与；最后，国会制约下的行政不具有完全不受法律支配的自由权力。参见杨建顺：《日本行政法通论》，中国法制出版社1998年版，第332页。

即奉行了"行政机关的行政合同应事先获取法律授权"的完全保留原则。[1]
1946 年颁布的《日本国宪法》确立了尊重基本人权、国民主权与和平主义等
三项原则，在国民主权制的变革下，民主立法对行政的控制也得以强化。立
法是宪法之下始源性的法的制定，行政则被视为法律的执行，因而行政权在
没有法律依据时便不被容许采取行动，这是由公权的民主性来源所决定的。
在国民主权模式的宪法规范下，除地方公共团体制定的条例外，承认由公民
组建国会所制定的法律具有行政法规范的创造力，公权性行政外的非权力性
行政也应有法律依据。[2]

尽管从君主立宪到国民主权背景的范式变迁，给法律保留的规范内涵带
来了由"确保自由权利免受君主王权的侵害"到"确保国家权力的民主正
当性"的转变，但法律保留原则的适用无论从权力侵害的"自由权限制"
视角，还是民主赋权的"受益权影响"角度，均始终未脱离权利影响面向的
考量。

（二）灵活治理需要

总体上，基于权利限制的考量生成的"侵害保留"相对有限，而在权利
影响考量下产生的"全部保留"则稍有脱离实际，倘若行政缺乏实定法上的
依据规范将不得作出任何行为，将势必无法满足繁杂多变的现代行政需要与
主动增进社会福祉的行政要求，且在基于"行政行为"理论建构的行政法中，
私经济行政也无法作"法律的执行"的解释。从立法角度来看，对"全部保
留"要求的遵行将可能导致概括授权立法的结果，甚至在立法效能不高时影
响行政正常的推行施政。于此，在寻求更为合理的法律保留界限的过程中，
"公权保留""符合机关功能结构"等学说标准得以显现。

前者认为，因民主授权的渊源性，行政公权以优越地位对国民权利施加
强制并不当然具有权威性，必须由国会制定的法律规定容许启动。因而无论
是侵害性行政行为还是授益性行政行为，当以权力性形式表现时，均应有作
为依据性规范的法律授权，在例外情形下也可考虑以程序性的规制规范替代

[1] See Harald Eberhard, *Der verwaltungsrechtliche Vertrag*, Springer Wien New York 1. Aufl 1, 2004,
p. 300. 转引自严益州：《论行政合同上的情势变更——基于控权论立场》，载《中外法学》2019 年第 6
期。
[2] 参见王贵松：《行政活动法律保留的结构变迁》，载《中国法学》2021 年第 1 期。

依据性的根据规范，而当行为以非权力形式表现时，则可基于相对人的自由意志与同意协作作出，以在保护私人权益的同时应对多元的行政治理需要。[1]后者则采取了"功能结构取向的解释方法"，国民主权下的立法与行政具有不同的功能定位，为作出"尽可能正确"的国家决定，应由在组成方式、内部结构、功能与决定程序等各方面均处最佳条件的机关负责作出，在个案中根据不同功能需要配置不同机关与权力。[2]相较而言，立法程序繁琐、谨慎、公开、中立等特点，使其在某些特定事项的决定作出适用中，较依行政程序所作的决定更具有实质正确性，即达到尽可能对基本权利实现有效保护的目的，而由此对该特定事务明确法律保留的适用。[3]例如，对于更具重要性和原则性的国家事务的决定，配置更具民意基础的立法程序作出更为适当，而对于无关政治上的整合与协调，毋须进行政治判断的行政专业业务则宜由行政系统依行政程序作出，并在未牵涉价值判断、合目的性考量时无须受法律保留的约束。

正如"全部保留"学说的反对观点所指出的，法律保留严格适用于所有行政类型，将势必影响行政的合目的性、机动性和灵活性等。[4]因而，在寻求法律保留适用界限的合理解释时，无论是排除非权力形式行为的法律保留适用以应对多元的行政治理，还是将部分行政专业业务剔除由立法程序作出以契合行政在权力结构中的功能定位，均涉及了行政"灵活治理需要"的考量，体现了行政效用上的功能主义关照。

（三）事项重要程度

以"事项重要程度"作为法律保留适用界限与调整密度的考量要素，是德国联邦宪法法院所采取的通说观点，[5]认为基于法治原则，法律保留的适

---

〔1〕　参见［日］原田尚彦：《行政法要论》，学阳书房 2005 年版，第 90 页；［日］藤田宙靖：《行政法总论》（上），青林书院 2020 年版，第 95-96 页。转引自王贵松：《行政活动法律保留的结构变迁》，载《中国法学》2021 年第 1 期。

〔2〕　德国联邦宪法法院曾指出，国家决定不仅以最高度的民主合法性为归依，还须要求尽可能正确。BVerfGE 68, 1, 86. 转引自翁岳生编：《行政法》（上册），中国法制出版社 2009 年版，第 195 页。

〔3〕　参见许宗力：《法与国家权力》，元照出版有限公司 2007 年版，第 117-214 页。

〔4〕　参见杨建顺：《日本行政法通论》，中国法制出版社 1998 年版，第 332 页。

〔5〕　参见张慰：《"重要性理论"之梳理与批判——基于德国公法学理论的检视》，载《行政法学研究》2011 年第 2 期。

用范围，除了维持"侵害保留"的观点及于干涉自由权利的行政领域外，[1] 还应基于民主原则，将影响基本权利与公共利益的重要给付决定纳入法律保留的适用范畴。例如，核电站的建设选址因牵涉国家能源与土地政策的执行并可能影响周边居民的基本生活，而应有具备民主基础的立法者参与，不得由行政自行为之。在特别权力关系中，"重要事项"的考量亦在法律保留的适用中得以体现，尽管法律无须对特别权力关系中的所有事项予以规范，并可将部分事项的决定权让渡由行政裁量，但就关乎相对人基本权利实现或变动的重要事项仍需保留法律规定，诸如改变特别权力关系中公务人员或学生的法律地位及给予惩戒处分等重要事项，均需有法律规定为依据而不论其功能上的干预或给付。[2] 近年来，重要事项应有法律明确依据或授权的保留观点亦为德国学界所倾向采纳。[3]

"重要事项保留"的观点权衡吸收了法治主义要素与民主主义要素，"侵害保留"的正当性即源于对权利的侵害在法治国家原则中被视为重要的本质性事项。更具民主正当性的立法机关，则因具有公开形成决议与利益冲突调整的能力，而负有维持重要生活领域秩序的责任，使重要事项的法律保留带有民主主义的属性。总的来看，"重要事项保留"着眼于法律制定程序在整合多元见解与议事公开透明上相较于行政主导程序的优势，导出仅有将重要事项保留在法律制定程序中进行审议决定，才能实现"尽可能正确"的结果。

三、行政协议容许标准影响要素的类比归纳

在行政形式选择自由理论的指导下，基于行政行为形式的革新与组织形式的转变，行政类别与行政协议类型得以形成对应，除了类型上的包含关系外，在容许性上这层对应关系还体现在，当个案中的行政形式选择自由受限时，即表现为适用其对应行政协议的容许限制。例如，干预行政因限制相对

---

[1] 对于未被理解为侵害的活动，还应基于其规制功能，拓宽侵害保留的解释。例如以公开身份进行的声誉惩戒应纳入法律保留的适用范围。参见王贵松：《行政活动法律保留的结构变迁》，载《中国法学》2021年第1期。

[2] 参见翁岳生编：《行政法》（上册），中国法制出版社2009年版，第194–195页。

[3] 参见黄默夫：《基础行政法25讲》，三民书局2006年版，第23页。

人权利或课加相对人义务而丧失行政形式选择自由，[1]即意味着行政主体在未获取法律授权准许时不得采取缔结协议的形式处理该类行政。同时，作为法律保留原则的衍生理论，行政形式选择自由是对传统法律保留过度强调形式法治导致行政自主地位的丧失，[2]尽管该理论在适用范围的保留上形成了个别事项说、特别权限说、核心范围说等学说观点，[3]但在行政保留的要素考量上实质并未脱离法律保留关于"权利影响程度""灵活治理需要""事项重要程度"等要素的考量，以使行政机关在法律保留的范围外准许享有一定的弹性自主权限保留空间。由此，在行政类别与行政协议的对应关系中，法律保留适用范围的考量要素亦可为行政协议容许标准影响要素的类比归纳提供参考。

　　如前所述，根据法律保留适用范围的一般观点，干预行政领域因行政权具有对私人权利的侵害可能性而严格受到公法规约，不具有行政形式的选择自由空间。在现代行政日趋服务供给、繁杂多元、专业灵活的背景下，为保障行政目的的顺利实现，在给付行政领域，行政主体被赋予了除法律明文禁止外在一定范围内享有选择行政形式的自由，在此范围内行政主体可选择以契约的行为形式，或通过缔结协议与私主体形成合作组织关系完成行政任务。[4]然而，尽管旨在增进公共福祉的给付行政是行政形式选择自由得以存在的领域前提，但行政形式的选择自由并非及于给付行政的全部领域，在选择契约行为形式或通过契约引入私法组织形式的容许性上，仍有诸多要素需予以考量。

　　正如对法律保留适用范围的考量，首先，在"权利影响程度"的考量维度，行政形式的选择自由应符合宪法和法律上的合法性标准及公益与权利保

---

　　〔1〕　干预行政行为形式选择自由的限制理由，从行政主体的视角出发，主要在于对协议缔结中因行政权对权利安排的裁量空间拓宽所产生的侵权风险进行有效防范。从相对人的视角出发，因协议的缔结是双方意思有效交互的结果，在行政主体有权干预的同时亦要求相对人有权进行"权利处分"，但囿于部分权利的属性特征，不得由权利人在未经法律容许的情况下进行抛弃或让与的"权利处分"，而未经法定容许缔结的相关行政协议，也将因相对人对自身权利的"无权处分"而归于无效。因此，干预行政中适用行政协议的形式作出行为，在职权法定下并不当然具有行为形式的自由，还应有额外法定依据的容许，一方面是对行政干预裁量空间拓宽的准许，另一方面则是对相对人有效进行"权利处分"的法定认可。

　　〔2〕　参见陈军：《行政形式选择自由理论探析——基于公私合作视角》，载《北方法学》2014年第6期。

　　〔3〕　参见吴庚：《行政法之理论与实用》，中国人民大学出版社2005年版，第90页。

　　〔4〕　参见詹镇荣：《民营化法与管制革新》，元照出版有限公司2005年版，第34页。

护。因行政形式的选择通常牵涉权力的行使，即便在法律未作明文禁止的情况下，仍无法免其应受公法规约的限制并符合民主法治国家关于人权保障的正当要求，[1]如若违背公益保护与人权保障的根本目的，行政形式选择自由的赋予也将丧失其本来意义。其次，在"灵活治理需要"的考量维度，行政形式的选择自由应符合公益维护与高效履职的目的。行政形式选择自由的赋予旨在实现行政效能的提升与更好地履行行政任务，行政机关可因应行政治理的需要对行政手段与组织形式作出选择，但仍须对其所选行为形式或组织形式作出符合事理的必要说明，不得对不相关因素予以考虑，亦即当行政机关在行政个案中选用契约形式时，应明确指出该契约形式将有助于更高效地实现公益维护与公务履行，且在通过契约引入私法组织形式时不得将国家与社会的分际完全泯没。最后，在"事项重要程度"的考量维度，行政形式的选择自由还应确保民主正当性控制的要求，对于立法交由行政主体亲自承担的主导国家重要方针的行政任务，应限缩行政主体在行为形式或组织形式选择上的自由，不得擅自将该行政任务转移由私人主体分担。[2]

在干预行政、给付行政与替代或补充型协议、公务转移型协议相互渗透的对应关系下，基于法律保留对行政形式选择自由的开放与限制的考量，即可转向行政形式选择适用行政协议的容许标准考量。同时，即便行政主体在部分给付行政领域享有行政形式的选择自由，但选择适用的公法形式的行政协议，因仍未脱离高权行政应用场域的限定，[3]在容许标准的构造上虽可摆脱依据性的根据规范约束，然而在权力规约的公法法治原则下，仍应在法律优先原则的指导下受程序性的规制规范调整。此外，从法律保留适用的考量要素上看，"权利影响程度""灵活治理需要""事项重要程度"等要素的归结，多立足于行政标的本身的分析视角展开，并均着眼于对行政标的本身公

---

〔1〕 行政形式选择自由是在法律仅对行政目标作出规定，而未对手段与途径作出明确的情况下，行政主体才享有的行政形式选择自由，并以人权保障作为检验这种选择是否正当的根本标准。参见龚向和、袁立：《人权保障语境下的行政行为选择自由——以公共行政民营化为例》，载《学术交流》2008年第7期。

〔2〕 参见李建良等：《行政法入门》，元照出版有限公司2004年版，第168页。

〔3〕 积极维护人性尊严、维持最低限度生活的生存照顾义务，以及据此展开的给付行政作为福利国家理念下政府治理形态转变的产物，亦是行政机关以高权地位实施的公权力活动。除了对社会性或经济性弱者给予的救助意义上的给付外，基础设施与公用事业作为行政给付的物的手段或人及物的手段的整体，也属高权行政的范畴。

共性强度的关照。尽管以行政标的的公共性考察为出发点，足以在内核上对行为容许标准的严格趋向形成良好的把控，但法律保留适用的具体分析若完全脱离外部规范的考量，恐难与实践适用形成适配性，故实践中容许标准构造的考量还应辅之外部规范性的考察。例如，对于程序性的规制规范已作出广泛调整的部分给付行政领域，行政主体亦可在明确的依据性规范缺位时推行该给付行政。[1]而在行政协议领域，无论是在联邦德国还是葡萄牙，适用行政协议之所以仅受法律优先原则拘束而排除法律保留原则限制的主要原因，除了认为其内含自由处分因素而弱化其公共支配之外，还在于该国家的程序性规制规范业已建立了诸如"禁止不当联结"、要式规范等防弊机制，以应对行政协议开放适用后可能出现的滥权和其他不当情形。[2]

　　据此，对于行政协议容许标准影响要素的归结，理应在分析视角上区分围绕标的本身所体现侵害性、功能性、重要性等内核特征的内在视角，与外部规范完备程度的外在视角，以此在要素归结上区分以协议标的本身公共性强度展开的内部考量要素，与以协议适用的外部规范性展开的外部考量要素。因在理论构建上，内部考量要素往往对法律保留的调整密度有着关键性的决定作用，若协议标的牵涉国家核心的公共职能、对公民基本权利形成干预、关涉社会公共利益，则行政协议适用的容许标准在民主宪制的要求下，理应对法律保留予以吸纳，而无关主体、程序、救济等外部规范机制的完备与否。由此，行政协议容许标准的构造考量，应建构"以内部要素考量为主，外部要素考量为辅"的考量体系，即结合内外部要素的考量对行政协议容许标准的大体面向作出判断，并立足内部要素的考量对容许标准的具体构设展开分析。

第二节　内部要素：基于标的本身公共性强度的展开

　　从法律保留适用的考量要素来看，"权利影响程度"的要素归结立足"将关涉公民权利事项交由法律保留规定"的立场，以保障权利实现与防范权力滥用，在考量取向上体现了"控权本位"的规范主义。而"灵活治理需要"

---

〔1〕　参见［德］哈特穆特·毛雷尔：《行政法学总论》，高家伟译，法律出版社2000年版，第37、40页。

〔2〕　参见冯莉：《论我国行政协议的容许性范围》，载《行政法学研究》2020年第1期。

"事项重要程度"的要素归结则多以"纾解法律保留对权力控制的张力"为立场，一定程度上确保行政的能动性与积极性以顺应现代治理需要，在考量取向上衍生出了"效用本位"的功能主义。

作为主导行政协议容许标准构造走向的影响要素，协议标的的"公共性强度"考量亦在两种差异化的考量取向下，结合行政协议适用的功能分化，在类化协议中得以细化展开。[1]具体而言，替代或补充型协议作为功能上强化意思交互的行为机制，系旨在实现便宜行政与权力规制的行政协议适用，但在赋予行政主体对权利施加影响的裁量空间的同时，还应警惕在意思交互过程中权力对权利的变相侵害，因而对其容许标准的构造应以"控权"的规范主义为基点，多聚焦于替代或补充行政中作为标的的事项对"权利影响程度"的考量。公务转移型协议作为功能上促成公务转移分担的组织机制，系旨在完成配置优化与多元治理的行政协议适用，因其致力于纾解行政机关独揽行政造成的传统行政组织模式僵化，[2]试图塑造一个多元分散的组织框架，在对强公共性事务的转移给予必要关注的同时，以公私力量的合作整合助力公务的高效履行，故而对其容许标准的构造应以"效用"的功能主义为基点，多聚焦于转移行政中事项本身的重要程度与效能影响的考量。

总体而言，基于行政协议标的本身"公共性强度"展开的容许标准考量要素，已然在类化协议的功能对应下，分化归结为替代或补充行政中的权利影响以及转移行政中的公共性与效率协调。

一、替代或补充行政中的权利影响

尽管替代或补充型行政协议的适用将行政的行为模式转变为由协议的方式执行，但在行政协议应用场域的限定下，行政高权对相对人权利直接产生作用力的特征并未改变。在权力规约的法治原则下，为有效防范协议缔结中因行政权对权利安排的裁量空间拓宽所产生的侵权风险，除协议内容上不得违背行政法上关于禁止不当联结原则的要求，对相对人权利施加影响的内容应与协议牵涉事项具有关联性之外，[3]还应根据作为标的的行政事项对权利

---

〔1〕 参见范奇：《行政协议制度创制的路径依赖与矫正》，载《行政法学研究》2021年第6期。

〔2〕 参见徐键：《功能主义视域下的行政协议》，载《法学研究》2020年第6期。

〔3〕 参见刘春：《行政协议中"权利处分"条款的合法性》，载《政治与法律》2018年第4期。

的不同影响，就协议适用的容许标准作出差异化的安排。

（一）权利影响效果及程度差异

从权利影响的效果来看，协议适用所替代或补充的行政行为对权利的影响既可能是负面的消极影响，也可能是正面的积极影响。在消极影响的面向上，行政行为的事项主要表现为权利拘束的秩序行政与课加义务的公课行政，而以此事项为标的旨在转变传统行为模式的替代或补充型协议的适用，将因作为标的的行政本身带有的侵害性与强制性而受制于法律的约束，该行政事项的行为形式选择自由的空间将受压缩，在容许构造上则表现为相关协议适用应有法规范依据的法定容许标准。同时，行政行为作用于权利所产生消极影响的程度，也将对以行为为标的的协议适用容许标准的构造形成影响。例如，根据权利位阶理论，在一定范围内权利体系的内部结构中存在着相对明确的价值秩序[1]，人身权、名誉权、财产权等权利在法益体系中一般处于不同位置[2]，且以立法设定权的视角观察，在法律价值的衡量上，一般认为，对于人身权利的价值评价往往高于财产权利，[3]而由此行政限制人身权利对相对人产生的负面影响，在程度上则往往被认为大于对其财产权利的限制。[4]反映到相应协议容许标准的构造影响上，以不同位阶权利限制的行政为标的的协议适用，则受制于其相应授权位阶的法律规范。例如，根据行政处罚设定权的不同，[5]以限制人身自由的行政处罚为标的的替代型协议适用，在行

---

[1]　参见林来梵、张卓明：《论权利冲突中的权利位阶——规范法学视角下的透析》，载《浙江大学学报（人文社会科学版）》2003年第6期。

[2]　参见陈志龙：《人性尊严与刑法体系入门》，台湾大学法学院图书馆1998年版，第45页。

[3]　拉伦茨基于德国基本法的价值秩序认为人的生命或尊严相较于其他法益，尤其是财产性法益有更高位阶。参见[德]卡尔·拉伦茨：《法学方法论》，陈爱娥译，商务印书馆2003年版，第285页。日本宪法上的"人权价值序列"学说则指出生命健康权、自由权、人格权一般相对于财产权优先。参见[日]藤井俊夫：《宪法和人权》，成文堂2008年版，第148-149页。转引自张亮：《论私人干预义务——网络时代的一种行政法学理更新》，上海三联书店2021年版，第45页。在阿列克西的"重力公式"中，生命身体的完整性被视为人性尊严最根本的基础，据此，生命健康权、人格名誉权、财产权则分属高阶、中阶、低阶法益。参见吴元曜：《Robert Alexy重力公式之理论与应用》，元照出版有限公司2013年版，第32-33页。

[4]　参见解晋伟：《以"权利位阶"为基础解决权利冲突优先保障问题试探》，载《上海政法学院学报（法治论丛）》2020年第5期。

[5]　根据《行政处罚法》的规定，限制人身自由的行政处罚，只能由法律设定，而行政规章以上的法律规范均被授予罚款行政处罚的设定权。参见《行政处罚法》第10条至第14条的规定。

政行为形式选择自由限缩的情况下为防止裁量中形成变相的额外限制，应有狭义法律上的容许依据，而以行政罚款为标的的替代型协议适用，则有行政规章以上的容许依据即可。

在积极影响的面向上，行政行为的事项主要集中于增进公共福祉的给付行政，因给付行政在行为表现上体现了"福利国家"理念下国家对公民的生存照顾义务的履行，为顺应行政积极为民谋取福利的治理需要，原则上赋予行政主体行为形式的选择自由，以满足更好履行给付义务的需要，而以此行为为标的的替代或补充型协议的适用，则原则上不受容许依据的规范限制，例如行政主体为执行依法作出的财政补贴决定，即可采取订立包含财政补贴条款的协议方式落实，而体现执行补充功能的补贴协议的适用，则在给付行政的行为形式选择自由下无须额外的容许依据，仅因属高权行政的范畴而受程序性规范的规制。但在权利影响程度的角度上看，对于牵涉重大行政决策、可能对社会公益产生影响的重要事项的行政给付，尽管在很大程度上对相对人权利的影响是正面且积极的，但同时在一定范围内也与社会公众的权益影响形成密切关联。为保证重要事项的执行达到"尽可能正确"的结果，由此导出对于形成较大权利影响之重要事项的行政给付，须经法律规范的授权而作出，在该事项范围内限缩行政主体执法的弹性自主权限，而以该事项的给付行政为标的的替代或补充型则应有相应法律规范上的容许依据。例如，矿业权出让协议作为自然资源管理部门依法向相关权利人出让探矿权采矿权的内容补充型协议，因矿产资源兼具经济属性与社会属性[1]，协议的订立在使探矿权采矿权人利用矿产实现其经济利益的同时，也将给区域内的公共自然资源配置造成一定影响。故针对矿业权出让的重要事项，在协议适用的风险防范上应建立起"禁止不当联结"与"限缩行为形式选择自由"的"双重枷锁"，后者即体现为出让协议的适用应受到法律依据规范的把控。在此理论架构下，《矿业权出让管理办法（征求意见稿）》对矿业权协议出让所作的规定[2]，

───────────

〔1〕 作为公共资源的自然资源，除了将市场机制引入其配置过程以实现其经济属性，满足国库财政需要外，还因其本身的稀缺性而具有一定的社会属性。参见吴次熠：《替代的公共性规制：矿业权出让协议定性的逻辑本位》，载刘云生主编：《中国不动产法研究》2021 年第 2 辑，社会科学文献出版社 2021 年版，第 284 页。

〔2〕 参见自然资源部于 2019 年 3 月 15 日公布的《矿业权出让管理办法（征求意见稿）》第 4 条、第 10 条、第 21 条的规定。

也一定程度上反映了矿业权出让在协议适用上的容许构造。

（二）所影响权利的类型差异

尽管因权利体系本身的复杂性及其因应社会发展呈现出的动态性〔1〕，权利类型之间并不存在整体明确的优先位阶，但却在权利所体现的客观法秩序下有着不同的法律价值评判，因而为维系基本的客观价值秩序，对不同类型的权利处分与限制，法律在规范调整上往往形成了不同面向。由此，反映到行政协议适用的容许标准构造上，对于不同类型权利的影响，在相关协议的容许适用上也将有所差异。总体上，除权利限制与牵涉公益的重要给付，因行政行为形式选择自由限缩，而在协议适用上应受容许依据的约束外，对于其他在权利影响上具有积极作用，免受容许依据制约的协议适用则不在此赘述。

此外，在权利影响形式上，传统行政行为所表现的由行政主体行使权力径直对权利施加影响的形式，在协议化的行为形式中，还在另一个面向上体现了权利人允诺作出"权利处分"的意思表示。〔2〕然而，相对人对自身权利所作的"权利处分"并不意味着在没有法律依据的情况下为行政主体扩张相关权力或创设新的权力，对权力来源的考察仍应转向隐藏其背后的法律依据。在行政职权法定原则的理论架构下，任何行政职权的来源均应具有明确法定依据的授权，〔3〕即行政协议中行政主体的权力来源仅在于法律授权，相对人"权利处分"的允诺并无法为行政主体的权力活动提供合法性依据。着眼于行政协议的"契约"属性，尽管相对人"权利处分"允诺的法律效果并不体现在当事人权力的创设功能，但仍具有通过意思交互在协议当事人之间创设权利义务的效果，〔4〕即"权利处分"允诺在约束相对人权利的同时，也使行政主体获取了相应权利，这一权利主要体现为协议上的请求权或抗辩权。由于

---

〔1〕　参见张平华：《权利位阶论——关于权利冲突化解机制的初步探讨》，载《清华法学》2008年第1期。

〔2〕　譬如，在郭邦友与襄阳市襄州区人民政府强制拆迁纠纷案中，郭邦友在与襄州区政府达成的协议中明确承诺："于2015年1月8日前拆除自建房屋，如逾期未自行拆除，则房屋交给指挥部全权处理。"参见湖北省襄阳市中级人民法院（2015）鄂襄阳中行终字第00074号行政判决书、湖北省高级人民法院（2016）鄂行申554号行政裁定书。

〔3〕　参见周佑勇：《行政法基本原则研究》，武汉大学出版社2005年版，第167页。

〔4〕　参见江必新：《中国行政合同法律制度：体系、内容及其构建》，载《中外法学》2012年第6期。

该权利来源于相对人的允诺，是协商缔结协议时的产物，而非从双方间命令与服从关系中延伸出来的结果，[1] 行政主体获取的"权利优势"并不具有如同权力般的直接强制力，仅具有经契约"内化"形成的约束相对人的强制，[2] 权利的实现仍需以请求相关国家权力的保护救济为中介。[3] 据此，立足权利影响要素对行政协议适用容许标准构造的考量，则形成两个面向的视角：不仅应观察行政权径直对权利施加影响的合法性来源，还应对权利人"权利处分"的容许性表现予以关照。易言之，行政协议的有效性包含了行政主体权力的有权行使与相对人权利的有权处分[4]，通过二者的结合以对协议适用的容许标准构造作出准确判断。

从替代或补充型协议的适用可能对权利造成影响的类别来看，主要包括人身权利、财产权利、社会权利、救济权利与政治权利。

其一，宪法意义上的人身权利囊括了生命健康权、人身自由、人格尊严、名誉权等与相对人人身不可分离的权利[5]，该权利类型除了具有赋予权利人行动自由并排除他人妨害的主观权利面向上的功能，还具有维系人类基本生存活动秩序的客观价值功能面向，故在诸种权利中该权利通常被视为人最不可或缺的基本核心权利。而限制人身权利的行政行为作出应受到法律规范的严格约束，且在权力规约的框架下不具有行为形式的选择自由，即限制人身权利的行政协议适用应有高位阶狭义法律的容许依据。同时，由于人身权利的人身专属性，在没有法律依据的情况下权利人不得进行自主放弃、转让或继承的"权利处分"，即便权利人在行政协议中未基于法定依据作出该项"权

---

〔1〕 See Mahendra P. Singh, *German Administrative Law*：*in Common Law Perspective*，Springer-Verlag Berlin Heidelberg，1985，pp. 51-52.

〔2〕 参见杨解君：《中国行政法的变革之道——契约理念的确立及其展开》，清华大学出版社2011年版，第37页。

〔3〕 参见郭道晖：《法理学精义》，湖南人民出版社2005年版，第155页。

〔4〕 从反向逻辑来看，当法律授权行政主体在法定职权内可采取缔结协议的形式实现限制相对人权利的行政目的，亦代表对相对人可自主处分权利的承认。因此，当法律对行政主体是否能以协议形式作出行为进行考量时，亦是对相对人是否有权进行"权利处分"予以考量。由此也说明了，行政主体在依法获取相应限制权利的职权后，在行使上并不当然具有行为形式的选择自由，行为形式的选择仍需法律作出额外容许。

〔5〕 《中华人民共和国宪法》（以下简称《宪法》）有关人身权利的规定主要体现在公民人身自由不受侵犯、公民人格尊严不受侵犯、公民的住宅不受侵犯、公民的通信自由和通信秘密受法律的保护。参见《宪法》第37条至第40条的规定。

利处分"，也将因该行为的非权力创设性，不得作为相关权力的合法性来源，而无法弥补行政协议适用作为高权活动的合法性依据空缺的缺陷，并将因违反法律上的公序良俗原则导致法律行为无效[1]。

其二，对于财产权利，权利人一般不具有如同人身权利般的专属性，在自主进行放弃、转让或继承的"权利处分"上一般不存在理论或制度上的障碍，原则上权利人具有自由处分其所享财产的权利，行政协议中相对人"财产权处分"的允诺一般不受容许依据的限制。但相对人的同意虽能一定程度缓解协议容许适用的约束强度，却并不足以为限制财产权的权力行为提供合法性证成，对于牵涉财产权利限制的行政协议适用，在原财产权干预行为形式受限的情况下，仍需寻求容许上的法定依据。在主观权利的功能面向上，以财产利益为主要内容的财产权利，主要表现为排除财产侵害与经济利益实现，客观价值上则主要体现在维系社会经济活动的秩序功能。因而，对于在法律价值评判上具有较高支配度的财产权干预，其相应协议容许适用的严格程度则无须等同于人身权利的限制，主要受制于原财产权干预行为的法定容许依据。此外，不可忽视的是，财产权利中还存在着具有授益性的财产权，其往往与行政主体的给付对应并具有人身性质，宪法上具体体现为退休人员的生活保障权利，年老、疾病或者丧失劳动能力时从国家和社会获得物质帮助的权利等[2]，例如丧失劳动力的经济困难人群所享有的最低生活经济保障，客观价值上还具有保障公民基本生存条件的秩序功能，在行政协议的"权利处分"中不仅涉及权利能否处分的问题，还应基于比例原则对权利处分的适当性、必要性与均衡性予以考量，在相关权利限制与行政目的的达成之间应保持适当均衡，不可过度对相对人权利予以限制。[3]由此，以该种财产权利限制为主要内容的行政协议适用，因有悖于国家基本生存照顾与给付义务的履行[4]，应受法律保留原则的严格拘束且通常不应被准许。

---

[1]　《民法典》第153条第2款规定："违背公序良俗的民事法律行为无效。"

[2]　体现了国家对特定人群的经济生活保障与给付义务。参见《宪法》第44条、第45条的规定。

[3]　参见刘春：《行政协议中"权利处分"条款的合法性》，载《政治与法律》2018年第4期。

[4]　我国其他现行法律中亦有类似表述，例如《中华人民共和国民事诉讼法》在法院强制执行被执行人财产的事项上，即有关于"执行被执行人财产应当保留被执行人及其所扶养家属的生活必需费用"的相关规定。参见《中华人民共和国民事诉讼法》第254条、第255条的规定。

其三，宪法上的社会权利既包括公民参与劳动的权利、劳动者休息的权利，也包括公民受教育的权利以及进行科学研究、文学艺术创作和其他文化活动的自由，[1]作为社会成员从国家和社会中获取帮助的权利，[2]其在法律价值的评判上类同于人身权利，社会权利的客观价值主要体现在其保障公民参与社会活动、维持公民正常生活的秩序功能，因而无论是行政权对相对人社会权利的径直限制，还是权利人对自身社会权利作出"权利处分"，均应受到法律保留原则的严格限制，因而关涉社会权利限制的行政协议适用应有高位阶狭义法律的容许依据。同理，表现为社会物质保障的财产权，如前所述也将与一般财产权"权利处分"的容许有所区别。

其四，作为"无救济则无权利"理念下保障权利实效的救济权利，[3]其不仅具有防御性与受益性的主观权利功能面向，还具有约束国家公权行使的客观价值秩序功能。[4]纵观法治的发展进程，权利救济的完善程度通常被视为考量一国法治发展水平与法律体系健全程度的重要指标，[5]权利的享有若无法配以行之有效的法律救济，其法律实效性也将付诸阙如，仅停留在法律宣言的形式层面。正因如此，权利受侵害时的及时救济，对权利人而言则是不可或缺的，由此决定了在以行政权限制救济权利的行政协议适用中，势必将受到法定容许依据的保留拘束。与此同时，为避免行政主体利用协议中相对人的同意而架空其权利，[6]或规制相对人以"相关救济权的放弃"为筹码以换取不正当利益的行为，行政协议相对人在其救济权处分中的自由度也必然有所限制。[7]

---

〔1〕 参见《宪法》第 46 条、第 47 条的规定。

〔2〕 参见周永坤：《法理学——全球视野》，法律出版社 2016 年版，第 206 页。

〔3〕 就所赋权利来看，无法诉诸法律保护的权利，在权利的法律效果实现上并无实际意义。参见程燎原、王人博：《权利论》，广西师范大学出版社 2014 年版，第 362 页。

〔4〕 参见朱敏艳：《息诉协议的"诉讼权放弃条款"研究——基于宪法基本权利视角的分析》，载章剑生主编：《公法研究》（第 20 卷），浙江大学出版社 2020 年版，第 92 页。

〔5〕 有学者认为，权利救济制度不仅是检测权利宣言是否只是一张"空头支票"的试金石，也是评判国家的法律体系是否健全、法治是否得以落实的重要标志，欠缺权利救济制度的法律体系不是健全的法律体系，不能为权利提供有效救济的法治不是真正意义的法治。参见柳经纬：《从权利救济看我国法律体系的缺陷》，载《比较法研究》2014 年第 5 期。

〔6〕 参见刘春：《行政协议中"权利处分"条款的合法性》，载《政治与法律》2018 年第 4 期。

〔7〕 司法实践中牵涉相对人救济权处分的代表性行政协议，主要表现为息诉罢访协议。参见韩甲文与黑龙江省肇源县人民政府息诉罢访行政协议案，最高人民法院（2016）最高法行申 45 号行政裁定书。

其五，宪法上的政治权利主要体现在选举权与被选举权，公民在言论、出版、集会、结社、游行、示威上的自由权，以及对国家机关及其工作人员提出批评和建议、申诉、控告或检举的监督权。[1]主观权利的功能面向上，公民可通过政治权利的行使参与国家意志的形成与个人意见的表达，以实现自身其他权利的保障，在权利体系中具有一定的基础性。而在客观价值层面，政治权利的保障既体现了人民主权原理及其各类民主制度的必然要求，也构成了实现该原理及其制度不可或缺的前提条件。[2]概言之，政治权利所内含的主观与客观上的功能价值，不仅显现了对其他权力的根源性保障，且对国家治理与民主政治的形成与完善具有重要的制度性价值。由此，政治权利的享有作为一国公民政治身份的体现，决定了权利人对其的自由处分必将受到严格限制，且作为一种宪法层面的基础性权利和关乎国家政体结构的权利制度安排，在行政法层面并非行政权所及的应用领域，而作为替代或补充传统行政的行政协议适用，亦不得对政治权利进行处分性的安排。

二、转移行政中的公共性与效率协调

公务转移型行政协议的适用作为将本由行政主体一己承担的行政任务转移由私主体履行，以回应任务分担治理需要的组织机制，在适用实效上主要牵涉公共服务执行本身的问题，并由此将在法律效力上间接对社会公众或协议第三人的权益构成影响。因此，在公务转移型协议的容许适用考量上，一方面，除了立足"灵活治理需要"的考量面向，通过弱化协议适用的容许约束以确保行政任务转移的效率，进而对现代行政治理中多元治理的迫切需要予以积极回应，最终实现借用公私合力更好达成行政目标的目的之外。另一方面，在"事项重要程度"的考量面向上，为规避重要行政任务的转移履行对社会公益或第三方利益造成较大的影响冲击，在协议适用的容许构造上还不得不对作为标的的行政任务本身所体现的公共性强度予以考量，即在强公共性行政事务的转移分担上，原则上排除或以规范依据限制相关转移协议的

---

〔1〕　参见《宪法》第 34 条、第 35 条、第 41 条的规定。

〔2〕　参见林来梵：《从宪法规范到规范宪法——规范宪法学的一种前言》，商务印书馆 2017 年版，第 131 页。

适用。据此，公务转移型协议适用的容许标准考量，实质即是对转移行政中公共性与效率的权衡协调的考量。

(一) 公共性：影响容许标准构造的决定性要素

如前所述，行政任务的转移分担形式上一般以由私人分担任务执行的功能民营化表现，而这一在行政机关与私人主体之间对行政任务进行的重新分配，也将不可避免地触及原有模式下利益格局的调整，尽管具有"全面管辖权"的国家可根据社会治理需要与行政能力水平对行政职能范围进行必要调整，[1]但行政任务的民营化转移仍需基于公共性的保障展开。[2]作为国家任务的下位概念的行政任务，其具体承担体现为对特定公共职能的履行，"公共性"则是其基本特征，行政任务的部分转移也应以避免公共性的破坏为限。据此，在公共性与效率的权衡中，公共性应是选择公务转移手段时应予考量的前置要素，为保证行政任务民营化的公共性基调，任务的公共性强度理应作为决定公务转移型协议容许构造的主导要素。

作为政治哲学、法学、经济学等领域上的学理概念，有关"公共性"的分析最早源于政治哲学上对城邦正义精神的论述，[3]柏拉图在《理想国》中将城邦的正义视为一种维系公共利益的正义，而与个体的正义相区别，[4]尔后，在政治学的发展中，政府公共性的论述在学理上被解释为一种政府所代表的公共契约精神。[5]哈贝马斯则认为因公共性是对理性立法的贯彻，故而是国家机构本身的组织原则。[6]从行政法学的视角来看，行政公共性的分析发端于"现代国家的公共性分析"的行政法学方法论。一般认为，政府行政

---

〔1〕 根据一般见解，国家的"全面管辖权"主要指国家享有自我定义活动领域以及进而将该特定活动纳入自己权限之下的权限。据此，国家可自行决定拥有国家任务的数量，亦可决定将某一现存国家任务予以私人化。参见詹镇荣：《国家任务》，载《月旦法学教室》2003 年第 3 期。

〔2〕 参见杨欣：《论政府职能民营化的边界》，载中国法学会行政法学研究会编：《行政管理体制改革的法律问题——中国法学会行政法学研究会 2006 年年会论文集》，中国政法大学出版社 2007 年版，第 339 页。

〔3〕 参见章志远：《行政行为效力论》，中国人事出版社 2003 年版，第 29 页。

〔4〕 参见 [古希腊] 柏拉图：《理想国》，张竹明译，译林出版社 2009 年版。

〔5〕 代表性学者包括卢梭、边沁、洛克、密尔等政治学家，相关论述详见 [法] 卢梭：《社会契约论》，李平沤译，商务印书馆 2011 年版；[英] 边沁：《政府片论》，沈叔平等译，商务印书馆 1995 年版；[英] 洛克：《政府论》(下册)，叶启芳、瞿菊农译，商务印书馆 2009 年版；[英] 约翰·密尔：《论自由》，许宝骙译，商务印书馆 1959 年版。

〔6〕 参见 [德] 哈贝马斯：《公共领域的结构转型》，学林出版社 1999 年版，第 120-128 页。

活动的公共性主要体现在其以公共利益的实现为目的，但因"公共性"或"公共利益"概念本身抽象性，为避免"公共性"的泛化认定对个体权益的侵蚀，有必要对"公共性"的真实涵摄范围予以甄别，以排除虚假的公共利益。在基于实体法与程序法基准展开的国家公共性法律标准的分析中，国家的现实组织与活动所普遍牵涉的公共性，既包括"特权的、超市民的公共性"，也包括"生存权的、市民的公共性"。[1]在室井力教授看来，前者体现了将支配阶级特殊的部分私利伪装、转化为公益的虚假公共性，后者则体现了主体的真实且积极的公共性，即在民主宪制的价值基准下，真实的公共性应以公民基本权利的保障为目的，并以民主主义为实现手段，也是行政组织与活动得以存在的基础与理由。[2]相较于立法与司法，行政体现的公共性因以公务管理为内容且顺应社会治理的需要而更具主动性与直接性，因此，"公共性"也被视为政府行政的基本特征，现代行政中的诸多其他特征均由其衍生而来。[3]

尽管在行政公共性的认识基调下，旨在将行政任务转移由私人履行的行政协议适用，其容许标准构造的考量应首先对任务的公共性给予充分关照，但并不意味着转移协议若牵涉公共性便纳入排除适用的范畴，而尚需进一步区分所涉公共性的强度，学界大体将其类分为以行政干预权等纯公共物品为主的纯公共性领域，[4]以及以自然垄断产业为主的准公共物品供给的准公共性领域。[5]对于纯公共性领域，因关涉国家物理上强制力与国家统一事务等核心职能的执行，与公民基本权利保障具有密切关联性而显现出较强的公共性，原则上应限制私人的介入履行并排除相关公务转移型协议的适用。对于准公共性领域，因其较弱的公共性，可在适当的条件下规范地适用行

〔1〕　江利红教授认为，基于国家公共性的法律标准，在对各国家行为的组织与活动进行个别的具体分析的同时，也应当普遍地论及共通于其中的性质与特征。参见江利红：《论日本行政法解释学的形成与发展》，载陈金钊、谢晖主编：《法律方法》（第17卷），山东人民出版社2015年版，第372页。

〔2〕　参见蔡秀卿：《现代国家与行政法》，学林文化事业有限公司2003年版，第16-17页。

〔3〕　杨海坤教授认为，公共性是行政的生命力与存在价值所在，没有公共性便没有行政。参见杨海坤：《现代行政公共性理论初探》，载《法学论坛》2001年第2期。

〔4〕　参见杨欣：《民营化的行政法研究》，知识产权出版社2008年版，第91页。

〔5〕　参见冯莉：《论我国行政协议的容许性范围》，载《行政法学研究》2020年第1期；杨欣：《论政府职能民营化的边界》，载中国法学会行政法学研究会编：《行政管理体制改革的法律问题——中国法学会行政法学研究会2006年年会论文集》，中国政法大学出版社2007年版，第344页。

政协议转移相关事务，但事务的转移并不意味着行政机关可从国家保障责任中逃逸，在公务转移的公私合作关系中，私人主体仅获取了一种"实际履行协助者"的地位，[1]行政机关仍应根据权利影响的远近承担程度不同的监管责任。

然而，笼统抽象的公共性强弱分析，尚不足以对相关协议适用的容许标准判断形成有效指引，在公共性的强度划分上仍需进一步的深入解释。基于社会契约理论，政府通过获取公众授权进行的社会公共服务供给，应在公共精神的指导与公共性理论的规制下运作。据此，行政活动的公共性强弱主要与政府职权的强弱及其介入社会活动的深度与广度相关联，行政公共性的弱化即意味着将部分本由政府承担的正义秩序维系与公共产品供给职能转移由社会承担。[2]经济学上亦以公共物品（Public Goods）与私人物品（Private Goods）的划分，对牵涉不同属性的物品配置所体现的事务公共性强弱进行说明。作为公共财政研究中的学理概念，历来诸多经济学家均尝试对"公共物品"作出界定，相较具有概括意义的定义将其描述为"任何人对其消费均不会减少其他人对其消费的物品"，与之相对的"私人物品"则被定义为"能进行分割并按相应部分的竞争价格出售，且不对第三人产生外部效果的物品"。[3]而以此为基础，对公共物品界定的拓展仍不断涌现，例如有观点更直截了当地将"集团或社团在任何理由下决定由集体组织提供的服务或商品"均界定为公共物品。[4]尽管各定义在不同视角下的观点略有差异，[5]但在本质特征的归结上已有一定共识，即均指向了"消费的非竞争性"与"受益的

---

〔1〕 参见［葡］迪奥戈·弗雷塔斯·亚玛勒：《行政法教程》（第二卷），黄显辉等译，社会科学文献出版社 2020 年版，第 303 页。

〔2〕 参见祝灵君、聂进：《公共性与自利性：一种政府分析视角的再思考》，载《社会科学研究》2002 年第 2 期。

〔3〕 See Paul A. Samuelson, "The Pure Theory of Public Expenditure", *Review of Economics and Statistics*, Vol. 36, No. 4. , 1954, pp. 387-398.

〔4〕 参见［美］詹姆斯·M. 布坎南：《民主财政论——财政制度和个人选择》，穆怀朋译，商务印书馆 1993 年版，第 20 页。

〔5〕 See John G. Head, "Public Goods and Public Policy", *Public Finance*, No. 3, 1962, pp. 197-219; Richard A. Musgrave, *The Theory of Public Finance*, McGraw-Hill, 1959; Julius Margolis, "A Comment on the Pure Theory of Public Expenditure", *Review of Economics and Statistics*, Vol. 37, No. 4. , 1955, pp. 347-349; Gerhard Colm, "Theory of Public Expenditures", *Annals of the American Academy of Political and Social Science*, Vol. 183, No. 1. , 1936, pp. 1-11.

非排他性"。消费的非竞争性体现在，增加公共物品的消费人数，并不会减少其他人对其消费的机会与数量或增加消费的成本。[1]受益的非排他性则体现在，增加更多消费公共物品的人并不会对其他人从中获益构成妨碍，而排除他人对公共物品的消费则需要耗费巨大的成本。[2]由此，在公共物品与私人物品的划分下，私人物品的分配因具有相对清晰的效用边界，且具有竞争性与排他性，由市场主导配置可实现供需分配的效益最大化，无需行政手段的过多介入。而公共物品供给的非排他性决定了无法将受益者中的任意一人排除在对该物品的消费之外，且容易产生"搭便车"的消费行为，[3]为保障公共物品的充分供给，并兼顾其初始投资量大、规模效益大的特点，一般应由政府等公共部门负责提供。[4]

（二）效率：影响容许标准构造的次级要素

相较于公共性作为价值层面的考量，效率则是在操作层面影响公务转移型协议适用的容许标准构造的要素，对其的考量初始于纾解财政困境、提高生产效率的经济动因[5]。对于旨在整合公私力量提高履职效能的公务转移型协议的适用，功能主义视角上民营化所带来的效能提升，使作为可以直接带来收益的效率要素，不得不在相关协议适用的容许构造中予以考量。也正是基于公私合作在行政效能提升、减缓财政压力等面向上具有的诸多益处，为顺应公私合作的领域扩张并渐入主流的趋势，世界诸多国家或地区在行政协议的适用上，则更倾向基于效率的考量采取更为开放的反向排除容许标准，以避免转移合作的组织机制受阻而无法对现实需要作出及时回应。

〔1〕　参见［美］斯蒂格利茨：《经济学》，姚开建等译，中国人民大学出版社 1997 年版，第 147 页。

〔2〕　美国经济学家曼瑟尔·奥尔森认为，若集团中的任何一人能消费公共物品，就不能排除集团中的其他人对其的消费。参见［美］曼瑟尔·奥尔森：《集体行动的逻辑》，陈郁等译，格致出版社、上海三联书店、上海人民出版社 2011 年版，第 11 页。

〔3〕　参见［美］斯蒂文·萨维尔：《法律的经济分析》，柯华庆译，中国政法大学出版社 2009 年版，第 34 页。

〔4〕　公共物品的供给作为政府的基本职能之一，已基本成为当代西方经济学界的共识。参见陈振明主编：《公共管理学——一种不同于传统行政学的研究途径》，中国人民大学出版社 2003 年版，第 29 页。

〔5〕　在民营化视角上，世界各国的民营化多始于政府经营国有企业通过发售股票、直接出卖产权等手段的民营化，使其与私人企业一样受市场调节，以竞争促效率。

作为功利主义视角上影响协议适用容许标准构造的要素，在公共选择理论与所有权理论等理论支持下，效率要素则被片面地视为决定是否容许适用转移型协议的准则。[1]这种将效率作为协议适用首要考量要素的片面做法所产生的负面效应，则是使公民权利的保障在效率指引下的协议适用中沦为牺牲品，而政府在无法完成权利保障的同时，也将大大损害其公信力。尽管在"片面追求效率可能背离权利保障的行政公共性要求"的维度，公共性与效率的考量存在一定的对立性，但二者仍具有可协调的同一性，即转移型协议的适用在提升行政效率的同时也为公众提供了更多价廉质优的服务，从而更易于达到增进公共福祉的公共性目的。因此，为兼顾公共性与效率要素在转移型协议容许适用上的影响，在确保公共性的同时发挥出协议适用在效率提升上的有益价值，对二者要素考量上的协调则实有必要。总体上，在行政的公共性本质要求下，基于公共性与效率对转移型协议适用容许标准的考量，实则蕴含着先后位阶的考量次序，即公共性作为在价值层面影响容许标准构造的决定要素应被首要考量，而效率作为在操作层面的影响要素则主要作次要考量。

立足公共性与效率协调的实践来看，如前所述，在公共性的优先考量下，对于公共物品的供给原则上应限制向私人主体转移，但现实中兼具消费非竞争性与受益非排他性的公共物品数量毕竟有限，在公共物品与私人物品的划分之间仍有较大的解释空间。实践中公共物品的供给与需求并非提前预设，一些物品在需求端常常具有拥挤性，且需受益者支付一定的对价以获取相应物品，倘若单由政府等公共部门供给将导致财政负担过重并造成供给效率低下。由此，在公共物品供给效率的考量下，公共物品被进一步分解为兼具非竞争性与非排他性的纯公共物品（Pure Public Goods），以及仅满足前述特征之一的准公共物品（Quasi Public Goods）。前者包括国防、外交、强制执行、治安等国家职能的履行，因牵涉公民"生存权的公共性"，且主要通过纳税购买与被动消费，若转移由私人承担将使公民基本权益面临被抛弃的风险，而以公民基本权益保障为正当性基础的政府也将失去其设立的意义与价值，因而

---

〔1〕 参见张晋芬：《台湾公营事业民营化——经济迷思的批判》，台湾"社会学研究所"2001年版，第204、231页。

原则上应归于不可转移的核心任务，并排除公务转移型协议的适用。[1]后者则包括教育、医疗卫生、交通运输、能源、基础设施等内容的供给[2]，因不具有完全的非竞争性与非排他性[3]，且拥有一定的效率要求和市场价值，基于供给效率的考量，在供给主体上具有借助私人主体的资源及效率进行办理的可行性，而不必完全由政府承担，故具有通过协议转移由私人供给的可行性。

　　然而，准公共物品的转移供给虽不存在理论或机制上的可行性障碍，但仍属涉及公民基本民生保障的公用事业范畴，并因将现实影响公民的基本权利与日常生活而具有相当的重要性，因而即便基于效率要素的考量而具有转移供给的可行性与正当性，在重要给付的组织形式选择自由限制下，仍应受法律保留的必要支配。[4]与此同时，因转移供给的适用还应着眼于保障其过程的规范，为确保公共性与效率的兼顾考量，在法律保留对容许启用的支配程度上，公务转移型协议的适用不必强制性地要求等同于原本直接供给的行政行为，具体体现为可由高位阶依据的法定容许降为低位阶依据的法定容许。此外，容许性的规范亦可作为包含保障普及服务等条款的规制性规范，在形成公共性保障的同时确保协议的适用不会受到过多制度上的阻碍而损害供给效率。据此，在转移行政的公共性与效率的协调考量下，公务转移型协议适用的容许标准既包含了原则上禁止适用的排除性容许标准，以及受制于低位阶法律规范的法定容许标准。

---

　　[1]　有观点认为，本质上必须运用物理上强制力的国家任务，不容许民营化。参见许宗力：《论行政任务的民营化》，载翁岳生教授祝寿论文编辑委员会编：《当代公法新论（中）——翁岳生教授七秩诞辰祝寿论文集》，元照出版有限公司 2002 年版，第 598 页。

　　[2]　参见董礼胜等：《中国公共物品供给》，中国社会出版社 2007 年版，第 17 页。

　　[3]　例如公有资源的供给便具有竞争性而不具有排他性，部分付费资源的供给则具有排他性而不具有竞争性。参见冯莉：《论我国行政协议的容许性范围》，载《行政法学研究》2020 年第 1 期。

　　[4]　参见杨建顺：《日本行政法通论》，中国法制出版社 1998 年版，第 332-333 页；于安编著：《德国行政法》，清华大学出版社 1999 年版，第 27-28 页。我国台湾学者许宗力认为，公用事业的民营化因其内容关涉最基本的民生给养，又多具独占或寡占性质，故根据"功能最适"理论下的"公共事务重要性"标准，本应有法律保留原则之适用。参见许宗力：《论行政任务的民营化》，载翁岳生教授祝寿论文编辑委员会编：《当代公法新论（中）——翁岳生教授七秩诞辰祝寿论文集》，元照出版有限公司 2002 年版，第 597 页。

第三节 外部要素：围绕协议适用规范程度的判断

立足于行政协议适用的全过程规范视角，针对协议适用容许标准的研究仅在于行政协议"前缔约阶段"有关"缔约启动"的规范分析，除了对协议标的本身内含的公共性特性予以充分考量外，行政协议容许适用标准的保守或开放，实则体现了在其他外部规范尚未完善或趋于完备时，协议适用的容许规范所采取的审慎或宽容的态度。易言之，除行政协议的适用因其本质属性不得脱离法律保留的容许限制外，容许性的规范作为协议适用的前端规范环节，因规范各环的内在关联性，使容许标准的结论得出还应对其他外部规范环节予以必要性的关注与辅助性的考量，即容许适用标准虽主要基于公共性强度的内部要素考量予以确定，但亦可能因协议适用的外部规范机制的日趋完备而趋向开放调整。[1]这一辅助性的考量维度主要包括事前的缔约规范、事中的履约规范、事后的救济规范，内容上则主要涵盖了主体、程序、救济等多个方面的考量以全面陈述外部要素的构成，即在缔结主体资格、程序防弊机制、权利救济体系等方面对行政协议的适用均已形成完备规范时，一定程度上应在不背离法律保留的基本要求下，尽可能开放容许以发挥其作为功能机制上的优势并顺应现代治理的需要。

一、行政协议主体资格的规范程度

行政协议主体资格的规范程度对协议适用的容许影响，主要体现在当主体资格的规范相对完善时，在部分协议的适用上即可形成相对开放的容许。例如，以一般给付为标的的行政协议适用，当缔约双方的权利能力与行为能力均有相对明确的规范时，基于行政形式的选择自由，则无需额外的容许依据对协议主体的适格与否作出确认，反之，为避免行政协议主体特别是行政机关一方因欠缺相应职权而不具有缔约主体资格，导致相关协议的订立丧失应有的法律效力，则仍需通过容许约束的强化对协议适用予以把控。

大体上看，对行政协议主体资格规范程度的考量，亦可谓对缔约主体订

---

〔1〕 容许标准构造与外部规范性之间"此消彼长"的因果关系，实质上体现了行政滥权风险的转移控制，即由前端的容许控制转向其他外部规范的控制。

立行政协议的权利能力与行为能力规范程度的考量，既包括行政机关资格维度的考量，也包括相对人资格维度的考量。具体而言，尽管行政协议的主体形式要求协议缔约双方必有一方是行政机关，另一方则是作为相对人的公民、法人或其他组织，但形式的满足并不意味着双方具备缔结有效行政协议的主体资格，协议当事人还应当具有作出相应意思表示的能力与对自己行为负责的能力，[1]因此，主体资格的规范程度可概括地体现在对当事人权利能力与行为能力的规范程度上。作为后发的行政法，以民法体系为参照，通过借用民法原理或准用民法规则解释并消解行政法问题的方式并不鲜见，[2]因而对于行政法上权利能力与行为能力的探讨，亦可尝试沿用民事合同主体资格关于"权利能力与行为能力"的话语体系。毛雷尔认为，当事人权利能力无论在公法或私法，均体现在能够独立地享有权利、承担义务、进行财产处分、起诉或被诉，[3]两者关于"主体权利能力"的学理概念虽无法平移适用，但却具有一定的逻辑贯通性。亦有观点指出，权利能力即权利主体在法律上享有权利并承担义务的资格，而行政法上的行为能力与权利能力一样皆是源自民法的概念，但因公私法上价值取向的差异，为符合实际需要，行政法上的权利能力与行为理论仍需在民法理论的基础上予以修正。[4]寻根溯源，私法领域中权利能力与行为能力的赋予，是对当事人法律上主体地位的承认，并赋予其行为相应的法律效力，但在不同范围、领域也存在着规范性的限制[5]。而公法领域中主体资格的规范，则体现了在不同于私法的法律原则和制度要求下对私法上主体资格内涵的修正[6]，并在具体的公法语境下沿用"权利能力与行为能力"的话语体系形成特殊的规范限定。

---

〔1〕　参见郑秀丽：《行政合同过程研究》，法律出版社 2016 年版，第 58 页。

〔2〕　行政协议案件的审理可以参照适用民事法律规范的相关规定，已在行政协议司法解释中得以明确。参见《行政协议解释》第 27 条第 2 款的规定。相关理论证成亦可参见王春蕾：《行政协议准用民法的逻辑证成》，载《行政法学研究》2021 年第 4 期。

〔3〕　参见［德］哈特穆特·毛雷尔：《行政法学总论》，高家伟译，法律出版社 2000 年版，第498-499 页。

〔4〕　参见吴庚：《行政法之理论与实用》，三民书局 2015 年版，第 151-154 页。

〔5〕　例如，私企对经营合同的订立不得超出其营业执照所示范围，未达一定年龄的自然人依法不具有选举权与被选举权。

〔6〕　例如，未达一定年龄条件的自然人依法不具有选举权与被选举权，即是基于选举法对主体资格作出的修正规范。参见陈敏：《行政法总论》，新学林出版股份有限公司 2007 年版，第 240 页。

(一) 行政机关的主体资格规范维度

行政法上行政机关的"权利能力与行为能力"体现为其独立行使行政权的资格，以及享有行政权并凭权作出行政行为、独立承担行为后果的能力。[1]与民事法律活动中行政机关以自己的财政经费承担民事责任，而作为适格民事法律主体得以规范不同，在行政法律活动中，行政权的天然扩张性决定了行政权的行使应有不可逾越的界限和范围，否则行政机关将丧失作出行政行为的正当性，而不具有行政法上的主体资格。故基于职权法定原则，行政法上行政机关的主体资格即对外行使职权的资格与能力，权利能力与行为能力取决于是否依法享有行政权能与行政权限，[2]其规范程度主要体现在行政职权范围的清晰程度。由此，作为高权行政范畴的行政协议适用，单纯倚靠民事合同的主体资格标准，对行政协议中行政机关主体资格加以判断显然不足，行政协议的适格行政机关主体应享有协议所属领域的行政职权。[3]具有完备民事主体资格的行政机关，也仅在其职权范围内容许适用行政协议，[4]而当职权范围的划定更为明晰时，行政机关在行政法上的权利能力与行为能力也更为明确，对行政协议的适用也将获得更为开放的容许，即在职权范围内对部分给付性协议的适用享有自主权。因此，移至行政协议容许标准的构造考量，对行政机关主体资格的规范程度考量，在行政法"权利能力与行为能力"的话语体系下，则转为对其职权范围及界限划定的完备程度的考量，所关涉的职权类型，既应涵盖由宪法、组织法等直接赋权行政机关的固有职权，以及行政机关依法律、法规、规章授权获得的特定职权，也包含行政机关受托代行其他有权机关的部分职权。此外，若牵涉其他行政机关的

---

〔1〕 参见余凌云：《行政主体理论之变革》，载《法学杂志》2010 年第 8 期。

〔2〕 有观点亦认为，行政机关的主体资格体现在能否作出行政行为和能在多大范围内对外作行政行为。参见章剑生：《现代行政法总论》，法律出版社 2014 年版，第 284 页。

〔3〕 参见陈无风：《司法审查图景中行政协议主体的适格》，载《中国法学》2018 年第 2 期。

〔4〕 即行政机关对行政协议的适用应以相应的行政管理职权为基础，行政协议，包括相应的事务管辖权、级别管辖权和地域管辖权。参见步兵：《行政契约履行研究》，法律出版社 2011 年版，第 39 页；郑秀丽：《行政合同过程研究》，法律出版社 2016 年版，第 58 页。亦有文献将则这种缔约的行政管理职权以"签约权利"或"订约权"称之。参见陈无风：《司法审查图景中行政协议主体的适格》，载《中国法学》2018 年第 2 期；See Jean-Bernard Auby, "Comparative Approaches to the Rise of Contract in the Public Sphere", *Public law*, No. 1., 2007, pp. 40-57.

职权，则还应对该机关的权力处分界限的规范予以关照。[1]

（二）行政协议相对人的主体资格规范维度

对于替代或补充型协议的适用，因协议的效果一般仅在行政机关与相对人之间产生作用力，行政协议相对人的主体资格主要体现在，享有行政作用的对应权利及其对自身权利进行处分的行为能力，其规范程度则表现为法律对协议相对人"权利处分"的规范程度，即基于"权利处分"的限制对相对人主体资格予以规范，进而影响协议适用的容许构造。例如，当行政协议的适用牵涉对生命健康权、政治权利等限制相对人自主处分的权利时，协议相对人将因行为能力的限制而无法独立作出相应意思表示，则需要严格的容许标准对协议的适用予以拘束。而对于公务转移型协议的适用，因协议的适用结果将可能对第三人利益或社会公众利益形成客观影响，实际承担公务的相对人的主体资格，基于公法要求应有行政法上的特别规范，且应对民法上的"权利能力与行为能力"进行适度调整，其主体资质的规范程度主要体现在对其特殊资质要求的明确上。例如，政府特许经营协议的订立因与公共利益密切相关，协议的履行应保持一定的连续性，而协议相对人作为保障公益实现的协议主体，则意味着所承担的责任将大于一般民事合同主体，[2] 基于就高原则，行政法一般对协议相对人设置了更为严苛的资质条件，包括但不限于企业注册资本、法人资格、项目履行能力等多个方面，以此构成明确的协议相对人资质要求。在行政机关主体资格的同等规范下，更为明确的协议相对人资质规范，也将使行政协议的适用更趋向开放宽容的容许标准。

据此，涵盖行政机关与协议相对人的主体资格的规范程度考量，在行政协议的适用中，具体体现在行政职权范围划定的清晰程度、相对人"权利处分"的规范程度，以及特殊资质要求的明确程度等方面考量。

---

[1] 实践中为使行政协议的履行达成既定的公法目的，除协议双方的履约之外还需其他行政机关的联动配合，它们也将作为隐性签约方依据行政协议产生作为义务。例如，很多场合下在行政协议订立前，政府会召集相关部门讨论并形成会议纪要。参见余凌云：《论行政协议无效》，载《政治与法律》2020 年第 11 期。

[2] 参见王敬波：《司法认定无效行政协议的标准》，载《中国法学》2019 年第 3 期。

二、程序防弊机制的完备程度

作为径直体现协议适用规范程度或行政权受控制程度的程序性机制，其对协议适用容许标准的影响则更为直接，即在协议的缔约与履行均有良好的规范的情况下，在启动缔约的"源头"采取审慎的保守容许，则将因对协议灵活适用效率的过度限制而失去正当性。换言之，随着行政协议适用的程序防弊机制日趋完备，在不违反法律保留基本要求下，行政协议的适用也将更为顺应开放的容许趋势。具体而言，对于程序防弊机制完备程度的考量，既包括协议缔结阶段的程序考量，也包括协议履行阶段的程序考量。

(一) 缔约阶段的程序机制

主要体现在对行政协议成立之前双方"要约与承诺"的程序规范。尽管行政协议的缔结可采取招标[1]、拍卖[2]、邀请发价[3]、竞争性谈判[4]、直接磋商[5]等具体的缔约方式[6]，但在一般原理上仍与民事合同类似，双方就协议内容相互协商并达成合意，民法中有关要约与承诺的达到、生效或变更等规定原则上亦可援用至行政协议[7]，即行政协议的缔结同样包括了要

---

〔1〕 行政机关根据公务需要确定行政协议的标底与主要条款，以招标公告等方式公布，参加投标者根据公告条件作出承诺，行政机关经过评标和议标程序，从符合标底的参与者中选择最优者订立协议。参见〔日〕松村亨：《契约事务手册》，第一法规2014年版，第154-159页。转引自田林：《日本行政契约的立法统制》，中国人民大学2016年博士学位论文。

〔2〕 行政机关或其委托机构以公开竞价的方式，将特定的物品或财产权利转让给最高应价或条件最优的相对人并与其订立行政协议的方式。

〔3〕 行政机关为实现某公务提出一定的条件邀请相对人发价，后由行政机关综合各方面因素，选择自己认为最恰当的相对人订立协议。参见张树义：《行政合同》，中国政法大学出版社1994年版，第114页。

〔4〕 行政机关对不能或不宜采取招标方式缔约的事项，通过与多个相对人分别谈判，从中选择最合适的人选缔结协议。参见应松年主编：《当代中国行政法》（下卷），中国方正出版社2005年版，第1022页。

〔5〕 在某些特殊情况下，行政机关先有一定意向，直接与特定相对人协商，并在协商一致的基础上订立行政协议。

〔6〕 参见王名扬：《王名扬全集②：法国行政法》，北京大学出版社2016年版，第148-150页；郑秀丽：《行政合同过程研究》，法律出版社2016年版，第74-80页；马怀德主编：《行政法学》，中国政法大学出版社2007年版，第296-297页；江利红：《行政法学》，中国政法大学出版社2014年版，第331页。

〔7〕 参见余凌云：《行政契约论》，中国人民大学出版社2006年版，第82页。

约人发出要求与受约人作出承诺两个基本环节。但与民事合同主体均可发出
要约不同的是，基于行政协议旨在实现行政管理与公共服务目标的公共性目
的，行政协议的缔约实践中往往由行政机关发出要求或要约邀请，而由相对
人作出承诺或在相对人接受邀请发出要约后将承诺权保留在己方〔1〕。由此，
在行政协议的缔约程序中行政机关往往处于拥有"启动特权"的优越地位，
为保护相对人及利害关系人的权益免受"行政特权"侵害，程序防弊机制则
成了权力控制的必要屏障，亦是将这种特权控制由容许约束转向程序规制。

为此，在实现对行政协议缔结全过程的法治化监管的面向上，程序防弊
的完备性主要体现在以下几个方面：

一是缔约形式的要式性。区别于民事合同原则上的非要式形式，行政协
议的缔结通常要求应以书面的要式形式订立，其益处主要可归结为以下几点：
首先，有利于区分缔约前的协商行为与协议的成立以实现缔约的确定性；其
次，便宜监督机关对协议合法性的审查；再次，有益于当事人对缔约条款予
以认真检视而避免因仓促缔约使权益受损；最后，对内容形成有形记载的书
面协议，有益于当事人举证分清责任并化解纠纷。〔2〕当下，行政协议原则上
的书面要式性已成为世界各国家或地区对行政协议缔结规范的趋势〔3〕，在联
邦德国《行政程序法》中作出了"行政契约原则应以书面形式订立"的相关
规范〔4〕，英美法系国家亦认为书面的政府合同是预防和化解纠纷的较好方
式，并出现鼓励适用要式合同的倾向。〔5〕对此，我国地方行政程序规范中也
对行政协议的书面形式作出了相关规范〔6〕，以使缔约双方免受因仓促缔约产

---

〔1〕　例如，在美国，行政机关通常处于受要约人的地位而不主动向潜在缔约者发出要约，或在
竞争性投标采购中邀请投标，或在谈判采购中提出意向，以保留确定缔约时机的权力。参见［美］
Daniel J. Mitterhoff 等：《建构政府合同制度——以美国模式为例》，载《行政法学研究》2000 年第 4
期。

〔2〕　参见施建辉：《论行政契约的形式与缔结方式》，载《东南大学学报（哲学社会科学版）》
2008 年第 1 期。

〔3〕　尽管在法国，行政协议的缔结可采取书面形式或口头形式，但一般而言，口头行政协议是
比较次要的协议，重要的行政协议均应采取书面的缔结形式。参见王名扬：《王名扬全集②：法国行
政法》，北京大学出版社 2016 年版，第 150 页。

〔4〕　联邦德国《行政程序法》第 57 条规定："公法合同以书面形式订立，但以法规未规定其他
形式为限。"

〔5〕　参见皮纯协主编：《行政程序法比较研究》，中国人民公安大学出版社 2000 年版，第 430 页。

〔6〕　《湖南省行政程序规定》第 95 条规定："行政合同应当以书面形式签订。"

生的不利影响。

二是缔约内容上的"禁止不当联结"。在行政协议的缔约阶段，为避免行政机关为追求行政目标的便利实现，而要求相对人承担与完成行政任务不具有实质关联性的义务，通常禁止行政机关滥用行政协议进行这一不当联结以扩大对相对人权益的限制。因为若任由行政机关在协议缔约的主导中要求相对人履行与协议目的不相关的义务，将使行政机关与相对人的关系陷入失衡状态，行政机关就此运用联结自由，恣意行使权力对相对人权益造成侵害。对此，德国已然将该原则纳入行政程序立法[1]，以调整规制公法合同及行政行为附款中存在的不当联结，[2]在我国，禁止不当联结原则的理论研究已得到广泛关注[3]。

三是信息公开与公平竞争的保障。作为关涉公权力行使与社会公益实现的行政协议，若缔约过程中的要约与承诺均在特定主体间私下进行，将有悖于社会监督的权力规约要求，因而协议的缔结应采取一种公开化的模式，以在公众知情权的维度下保障社会公众对缔约公共信息的无障碍获取，并满足其参与监督的要求。[4]同时，缔约的公开延伸出的益处还包括对利害第三人缔约机会的平等保障，且有利于行政机关选择最优的相对人缔约。为满足公开的要求，程序机制的完备上主要涉及以下两个方面：一方面表现为协议缔结的事先告知，即在行政协议缔结之前，行政机关应将协议的标的事务与主要内容、协议目的、相对人的资质要求等内容向社会公开，在接受社会监督的同时，以便潜在缔约者在对协议信息全盘知晓的情况下作出理性判断，并使可能受协议影响的第三人对自身权益予以适时维护。另一方面体现在协议缔结的信息公开，即为防范协议缔结的"暗箱操作"，在缔约过程中行政机关

---

〔1〕 从德国的行政程序立法来看，与禁止不当联结原则相关的法律制度有两个：一是联邦德国《行政程序法》第 36 条第 3 款规定的附款不得有悖于行政行为的目的；二是联邦德国《行政程序法》第 56 条第 1 款规定的公法合同中的对待给付按整体情况判断须为适当，并须与行政机关履行合同给付有实质联系。

〔2〕 参见［德］平特纳：《德国普通行政法》，朱林译，中国政法大学出版社 1999 年版，第 231 页。

〔3〕 参见杜宏伟：《行政合同的基础理论与行政程序法的最新发展——第十五届海峡两岸行政法学学术研究会综述》，载《行政法学研究》2014 年第 1 期。

〔4〕 参见刘赫喆：《论行政合同缔结阶段信息权的平衡保护》，载《山东大学学报（哲学社会科学版）》2021 年第 3 期。

应将除因公益需保密外的所有关涉协议的情况向相对人公开，且应采取适当的途径向社会公开缔约过程。在协议缔结后，行政机关还应将缔约完成后的协议内容、缔约主体予以公示，以供社会监督。此外，在社会公平的价值引导下，与公共活动相关的所有机会均应向社会公众平等开放[1]，因而为避免行政机关对相对人选择时的徇私舞弊，相关行政协议的缔结还应体现公平竞争的原则。[2]即在符合法律规定的前提下，行政机关应无差别地为潜在缔约者提供"优胜劣汰"的公平竞争平台，让参与各方说明各自优势，以便行政机关选择最宜于实现行政目的的相对人并与之订立协议。[3]为满足公平竞争的原则要求，在相关行政协议的缔结方式选择上应以公开招标为原则，严格规范其他方式的适用条件，并通过说明理由制度[4]、听证制度[5]、回避和不单方接触制度[6]、审核制度[7]等制度机制确保缔约的公平竞争性[8]。

（二）履约阶段的程序机制

为确保行政协议的履行符合预设的期待，双方在协议履行中应自觉恪守诚实信用原则，以维护双方利益的平衡。对此在履约阶段的程序规范上，对

---

〔1〕　参见马怀德主编：《行政程序立法研究——〈行政程序法〉草案建议稿及理由说明书》，法律出版社 2005 年版，第 423 页。

〔2〕　参见应松年主编：《当代中国行政法》（下卷），中国方正出版社 2005 年版，第 1021 页。

〔3〕　参见姜明安主编：《行政法与行政诉讼法》，北京大学出版社、高等教育出版社 2005 年版，第 352-353 页。

〔4〕　行政机关在多名适格的竞争者中进行利益分配时，对最终决定的依据应作出解释。

〔5〕　行政机关在作出影响相对人及利害关系人合法权益的决定前，相对人及利害关系人有权为自己辩护并要求行政机关听取其意见的程序制度。

〔6〕　行政机关工作人员如与协议内容或与参与竞争的相对人、受缔约影响的第三人有利害关系、或有可能影响公正处理的其他关系等，应在行政协议缔结程序中予以回避，否则将影响程序的公正性进而对缔约行为的法律效力造成影响。参见马英娟：《论行政合同的程序控制》，载《河北大学学报（哲学社会科学版）》2001 年第 4 期。同时，当行政协议的缔结涉及多个潜在缔结竞争者时，行政机关不得在其他竞争者不在场的情况下单独与某一竞争者接触，以防出现恶意串通的现象。参见王学辉：《行政程序法精要》，群众出版社 2001 年版，第 254 页。

〔7〕　依法应经有关机关批准生效的行政协议缔结，还必须征得有关机关的核准、同意。

〔8〕　有学者将上述相关制度解释为"公开和竞争原则"的子规则，包括公告规则、竞争规则、回避规则、不单方接触规则、说明理由规则、听证规则、代理规则等。参见施建辉：《行政契约缔结论》，法律出版社 2011 年版，第 33-43 页。亦有观点将其归结为公告制度、顺序制度、时效制度、说明理由制度等。参见杨解君主编：《中国行政合同的理论与实践探索》，法律出版社 2009 年版，第 67-68 页。

行政机关而言，应建立起完善的协议审查报备与履约监管制度〔1〕、法治化水平考核评价制度〔2〕等制度机制确保协议的规范履行。对行政相对人而言，则应构建完备的相对人违约责任追究机制，具体而言，在相对人不履行协议约定的内容时，对于替代或补充型的等级关系协议，便宜实现行政目的的功能落空，行政机关可回转至原具体行政的行为模式以实现行政目的；对于公务转移型的对等关系协议，则应根据相对人不履约所导致的关联后果分别予以处理。〔3〕

与此同时，满足某种公共利益需求而订立的行政协议，行政机关作为组织实施者与公益维护者，在公共利益所需范围内对协议履行享有一定特权，且基于信赖保护原则，因公益需要行使特权，还应维持对方当事人的经济利益平衡，这两点也是行政协议履行时区别于民事合同的特征。〔4〕在行政协议的履行过程中行政机关的特权主要体现在单方变更或解除权、制裁权〔5〕，为避免权力滥用导致的履约失序，确保协议的规范履行，还应建立起行政特权行使的规范限制机制。在基于优益权形成的单方变更或解除权的行使规范上，首先，行使理由应严格限定在"公益需要"〔6〕，且只能在"公益需要"的限度内行使，并在行使时尽到说明理由、听取意见与先行告知的义务〔7〕；其

〔1〕 地方行政实践中，行政协议的备案审查与履约监管已得到广泛运用，且在《广州市政府合同管理规定》《兰州市政府合同管理规定》等地方规范中均对协议的审查、备案作出了明确规定，在规范和提高政府履约水平的同时，预防和减少政府以协议形式推进地方建设的法律风险。示例参见湖南省人民政府网：《长沙市政府法制办创新政府合同审查管理工作》，载 http://www. hunan. gov. cn/zhuanti/fzzf/rdjj/zxdt/201510/t20151013_ 1894390. html，最后访问日期：2021 年 12 月 28 日。

〔2〕 为规范行政机关履约，在构建法治政府指标体系的背景下，应将行政机关对协议的履行情况作为评判法治政府建设水平的重要指标。

〔3〕 在相对人不履行对等关系协议时，理论上应谋求通过对等的诉讼机制或者以相对人的同意为前提的非诉执行程序加以解决。然而，对等关系协议的目的是通过引入私人的力量，以助力公务的高效履行。在相对人不履行协议危及公共服务的持续有效提供时，行政机关得通过行使监督指挥权，确保协议目的的实现。参见徐键：《相对人不履行行政协议的解决路径》，载《政治与法律》2020 年第 11 期。

〔4〕 参见王名扬：《王名扬全集②：法国行政法》，北京大学出版社 2016 年版，第 151 页。

〔5〕 行政机关在协议履行中的制裁权表现形式主要有三种：（1）相对人一般违约时的违约金、损害赔偿和罚款等金钱制裁；（2）相对人严重违约时的解除合同；（3）相对人不履行时的强制履行或代履行。

〔6〕 联邦德国《行政程序法》第 60 条第 1 款规定，因预防和消除公共利益遭受重大损失的，可以解除合同。

〔7〕 参见戚建刚、李学尧：《行政合同的特权与法律控制》，载《法商研究》1998 年第 2 期。

次，必须给予行政相对人合理的补偿，以恢复正常履约时的经济平衡；再次，基于对双方合意的尊重，单方变更权的行使应以双方协商变更不成为前提；最后，单方变更权的行使不能从根本上改变协议中原有的权利义务关系，否则将等同于变相订立新的协议〔1〕。在制裁权的行使规范上，因将对相对人权益产生直接影响，故除紧急情况或协议另有约定的情况下，行政机关只有在履行催告义务后才能行使相应的制裁权。

三、行政协议救济的实现效果

行政协议救济效果之所以能对容许标准的构造产生影响，是因为救济机制作为当事人权利的保护屏障，当其完备到足以承担协议适用带来的权益侵害风险时，或足以弥补因权利侵害给当事人带来的损失时，作为"前端权力控制"的容许则应适当向"适用的效率需要"让步，行政协议的适用则可更趋向开放的容许标准。

由于在适用行政协议与缔约的启动上，行政机关通常占据了较强的主动性，〔2〕因而行政协议救济实现效果的理想与否，对容许标准的构造影响实际仅限于私人的权利救济层面，因为即便在针对行政机关一方的权利救济上尚不完备，作为启动决定方的行政机关，大可经自主裁量决定减少行政协议的适用，而容许标准的严格与否在此并无实际意义。〔3〕于此，行政协议救济的实现效果考量主要以私人权利救济的视角展开，并主要体现在行政诉讼、行政复议、调解、国家赔偿等现行私人权利救济渠道的完善程度上。因私人主体申请国家赔偿的救济一般体现在行政诉讼活动中，故在行政诉讼的救济渠道中一并讨论。此外，因行政协议仍属高权行政的范畴，而国家权力之外的机构并无权解决行政权的行使问题，一般而言，行政协议不能约定通过仲裁

---

〔1〕　当单方变更超出一定限度而接近一个全新义务时，行政机关应与相对人另行订立新的协议。参见张树义：《行政合同》，中国政法大学出版社1994年版，第129页。

〔2〕　参见王敬波：《司法认定无效行政协议的标准》，载《中国法学》2019年第3期。

〔3〕　当然，为顺应行政协议适用实践的广泛推广趋势，仍应积极追求行政协议中行政机关一方权利救济的完善，以保证双方权利的平衡救济。参见吴明熠：《行政主体非基于优益权单方变更或解除行政协议的法定理由重述》，载沈岿主编：《行政法论丛》（第27卷），法律出版社2021年版，第93页。

的方式解决协议纠纷。[1]

（一）行政诉讼的救济渠道

立足于私人权利救济的维度，提起行政诉讼的司法救济渠道的完善[2]，主要体现在原告资格、起诉理由、受案范围、审查原则、举证责任、法律适用、诉讼时效、归责原则等问题的完备上，以下讨论均基于相关问题应然状态的分析展开，而实然状态越接近应然状态则一般体现了越高的完备性。

其一，对于原告资格与起诉理由，行政协议的适用作为革新传统行政模式的高权行政活动，在行政诉讼"民告官"的单向诉讼模式下，行政协议相对人在合法权益受侵害时具有提起诉讼的原告资格，而与行政协议具有利害关系的第三人，如协议缔结中的竞争权人、协议履行中的相邻权人等非行政协议当事人，因其受法律保护的合法权益与行政协议存在密切的内在关联性，亦应具有行政协议上的请求权而作为行政诉讼的原告，否则在其合法权益受侵害时将无法通过诉讼获得救济。同时，为确保相对人及其利害关系人在行政协议活动中的合法权益得到全面保障，在起诉理由上应涵盖包括行政机关不依法履行、未按约定履行、违法变更或解除行政协议等所有因行政协议的订立、履行、变更、终止等行为损害私人合法权益的事由。

其二，对于受案范围，为保证行政协议司法救济渠道的通畅，应基于行政协议的认识与识别，将所有因行政协议的订立、履行、变更、终止等行为产生的纠纷，均纳入行政诉讼的受案范围，而排除功能识别上不属于行政协议的合同产生的纠纷，如国库行政领域中的行政私法性合同产生的纠纷应归入民事诉讼的救济渠道。同时，在受案标准上，首先应确立权益受损标准，即原则上相对人及利害关系人只要认为行政机关行为造成其与行政协议相关的合法权益受损，而提起的行政诉讼均应受理，包括但不限于认为行政机关

---

[1] 仲裁设置的本意是为了解决民事经济合同纠纷，范围仅限于平等主体之间发生的财产权益性合同纠纷，不完全适合解决行政协议纠纷。参见王旭军：《行政合同司法审查》，法律出版社2013年版，第46-47页。我国现存的农村土地承包纠纷行政仲裁制度主要依据《经济合同仲裁条例》（已失效）模式单独设立，实质上是特殊时期妥协的产物，并非理性的选择。参见冯乐坤：《农村承包纠纷仲裁的悖理分析》，载《西部法学评论》2009年第6期。此外，在行政协议的科学认识下，尚可申请仲裁的土地承包经营协议纠纷、聘用公务人员的劳动人事合同纠纷均已排除在行政协议纠纷范畴外。

[2] 2014年11月《行政诉讼法》第12条第11项规定的修订增加、2019年11月《行政协议解释》的出台，使行政协议纠纷应全面纳入行政诉讼的受案范围已无争议。

在行政协议的履约过程中，违法或违约行使法定或约定的权利（权力）；或对
行政机关行使协议制裁权、单方变更或解除权、监督指挥权的行为不服；或
认为行政机关不依法依约履行或不适当履行法律规定或协议约定的义务。其
次应明确诉求标准，即相对人及利害关系人的诉求应具有正当性，如要求对
行政机关的违约行为、缔约过失行为进行裁决；请求确认行政协议（或行政
机关行为，包括行使优益权的行为、与他人缔结协议的行为等）违法、无效；
请求停止侵权、撤销协议、赔偿损失等均应纳入行政诉讼受理的范围。[1]

　　其三，对于审查原则，因行政协议的双重属性特征，立足私人权益保护
的维度，在行政诉讼模式下应建立起合法性、合理性、合约性等三方面的全
面审查体系。[2]在合法性审查上，应主要围绕以下几个方面展开：（1）对行
政协议缔结与履行是否合法进行审查。包括缔结权限、程序、方式、形式、
内容等是否符合法律规定，履约过程中行政协议主体行为是否有违反法律禁
止性规范等多个方面。（2）对行政机关监督指挥权、单方变更或解除权、制
裁权等行政优益权行使的合法性予以审查。[3]行政优益权的行使应以"公共
利益需要"为限，超出此限度行使权力给相对人权益造成损害则应作违法认
定。[4]（3）对行政不作为的合法性进行审查。行政机关在履约过程中，出于
自身原因未履行或未全面履行主导性职责，则应作违法认定。[5]在合理性审
查上，因行政裁量权的存在，为防止行政机关以自身判断在"合法"形式下
滥用优益权，应主要围绕行政机关的行为是否符合客观适度、公平正义的法
律理性展开审查[6]，主要包括以下几个方面：（1）审查行政机关在裁量权
行使上的合理性。包括对相对人的选择是否适当、协议的缔结是否符合常理
等多个方面。（2）审查行政机关的监督指挥行为、单方变更或解除协议行为、
制裁行为是否基于"公共利益"的合理考量。对此应根据成文法规则、行政

---

〔1〕参见李红霞：《关于行政合同司法救济制度的思考》，载《中共四川省委党校学报》2005 年
第 3 期。

〔2〕参见杨解君主编：《中国行政合同的理论与实践探索》，法律出版社 2009 年版，第 174 页。

〔3〕参见毕可志：《论对行政合同纠纷的司法救济》，载《长白学刊》2004 年第 4 期。

〔4〕参见姜明安：《行政法与行政诉讼法》，北京大学出版社、高等教育出版社 1999 年版，第
256 页。

〔5〕参见王旭军：《行政合同司法审查》，法律出版社 2013 年版，第 168 页。

〔6〕《行政诉讼法》第 70 条有关"行政行为明显不当，法院可判决撤销并重作行为"的规定，
即是对合理性审查可归入司法审查原则的回应。

管理目的、公平正义的价值观等严格审查其考量的合理性，[1]避免"公共利益"在裁量空间下的泛化认定。（3）审查行政机关因优益权行使给相对人权益造成损失的赔偿或补偿的适当性与合理性。对此应参照相关规定或相关标准，对赔偿或补偿额度的合理性予以审查。在合约性审查上，则建基于行政协议"契约性"的考量，在行政诉讼模式中特别准用私法上的审查原则与规制，主要聚焦于以下几个方面：（1）审查行政协议双方主体意思表示的真实性。违背一方真实意思的合约订立将导致无效，包括缔约过程是否存在重大误解或显失公平，是否存在欺诈、胁迫或乘人之危等违背真实意思的情况。（2）对协议双方是否依承诺与对方缔结协议进行审查。若一方无正当理由反悔而拒绝缔约，则应承担相应的缔约过失责任。（3）对协议双方是否严格履约进行审查，否则将承担相应的违约责任。（4）对协议双方变更或解除协议是否具有如情势变更、不可抗力等不可归责于双方的正当理由进行审查。

其四，对于举证责任，因行政协议是权力因素与契约精神有机结合的产物，行政机关既有独立行使行政公权的权力性，又有对等行使约定权利的合意性，前者体现了权力上的主导性，后者则构成权利上的平等性。由此，若照搬基于"职权主义"形成的"行政机关负主要举证责任"的传统模式，将与行政协议呈现的特点不相匹配。因此，为兼顾权力监督与权利保障，应根据协议中权利（权力）行使的特征合理分配双方的举证责任[2]，即在主导性权力的行使上仍应适用"行政机关负主要举证责任"的传统行政诉讼举证责任分配形式，由行政机关对协议缔结的合法性与合理性[3]、程序的合法性[4]、优益权行使的合法性与合理性[5]承担主要举证责任，而在对等性权

---

〔1〕 参见毕可志：《论对行政合同纠纷的司法救济》，载《长白学刊》2004年第4期。

〔2〕 对此，学界已基本形成共识，或主张以"谁主张，谁举证"为原则，以行政机关行使主导性权力时负主要责任为例外。参见余凌云：《行政契约论》，中国人民大学出版社2006年版，第128页。或主张在合法性与合理性问题上实行"被告负举证责任"原则，在合约性问题上实行"谁主张，谁举证"原则。参见杨解君主编：《中国行政合同的理论与实践探索》，法律出版社2009年版，第175页。

〔3〕 包括是否具有缔约的法定职权、是否具有相应的缔约资格、是否有缔约的法律依据、选择相对人的合理性等多个方面。

〔4〕 如缔约时是否保障了第三人的公平竞争权、解除前是否尽到了先行告知义务、制裁中是否给予了相对人听证的机会等。

〔5〕 包括变更或解除协议理由的合法性、制裁权行使的法定依据、裁量权行使的合理正当性等方面。

利的行使上则可准用民法上"谁主张，谁举证"的原则[1]，在履约行为的合理性与适当性、违约责任及其赔偿或补偿、协议效力等问题上，协议双方应负同等的举证责任。

其五，对于法律适用与诉讼时效，行政协议的双重属性使其理应接受行政法与民法的双重调整，不应简单地停留在仅适用行政法律规范或民事法律规范的讨论，而将两种规范的混合适用剥离开来，应根据诉求的不同对行政法律规范与民事法律规范的适用主次加以区分。[2]概而言之，诉讼中请求对行政机关主导性权力的行使（行政优益权的行使）予以评价应主要适用行政法律规范进行合法性与合理性审查，而因协议中对等性权利义务产生的纠纷（如赔偿或补偿等问题）则主要应适用民事法律规范予以平等裁判。同理，在诉讼时效的确定上，也应根据诉求类别的差异，在行政诉讼规则与民事诉讼规则的适用上予以区分讨论。

其六，对于归责原则，基于私法合同双方地位平等、权利义务对等的特点，许多合同违约行为不论其过错均应承担一定的民事责任，由此形成"严格责任为主[3]，过错责任为辅"的归责原则[4]。然而，作为行政管理与公共服务目的实现的手段，行政机关在协议履行中具有一定的行政优益权，使行政协议本质上具有很强的公法特性，因此，基于信赖保护与相对人经济利益平衡原则，因行政机关的行为给相对人造成不可预见的经济损失时，均应采取相应补救措施以恢复协议履行时的经济平衡。[5]而在国家赔偿责任以

---

　[1]　参见李栗燕：《论行政契约司法救济制度的定位与整合》，载《中国行政管理》2007 年第 6 期。

　[2]　域外国家大体上确立了"行政法优先，民事法补充"的行政协议司法审查的法律适用原则，即在行政法规范未规定的情况下，准用民法的规定。如联邦德国《行政程序法》第 62 条规定："本章未另有规定的，适应本法其余规定。补充适用民法典的有关规定。"意大利《行政程序和公文查阅法》第 11 条第 2 款规定："除法律另有规定外，行政协议准用民法典关于债与合同的规定。"

　[3]　我国亦有称无过错责任，即在违约责任的判断上，不考虑违约方的主观态度是故意还是过失，而主要看违约结果是否因违约行为造成。参见梁慧星：《从过错责任到严格责任——关于合同法草案征求意见稿第 76 条第 1 款》，载梁慧星主编：《民商法论丛》（第 8 卷），法律出版社 1997 年版，第 4-5 页。

　[4]　参见崔建远主编：《合同法》（修订本），法律出版社 2000 年版，第 252 页。

　[5]　参见王名扬：《王名扬全集②：法国行政法》，北京大学出版社 2016 年版，第 151 页。

"违法、过错"为归责原则的背景下[1]，这一补救措施则可进一步区分为"违法或过错的赔偿"与"无过错的合理补偿"。据此，结合行政协议兼具公权力的主导性与私权利的平等性特点，应形成"违法责任或过错责任为主，公平责任为辅"的归责原则，即在行政协议履行中，当行政机关因行为违法或存在过错造成相对人权益损害的，应承担相应的赔偿责任，而当行政机关对损害事实发生不存在过错时，则应基于公平价值的考量，由行政机关合理补偿相对人的损失。[2]

（二）行政复议的救济渠道

作为兼具内部纠错监督机制与公民权利救济机制特点的行政复议机制，其在纠纷化解上的效率性使其在效用层面被视为以非讼形式解决行政协议纠纷的重要出路[3][4]在学理层面，行政协议的适用并非脱离高权行政的应用场域而具有非典型行政的性质[5]，纳入行政复议的行政救济渠道便是应然之义。然而，行政复议通常由政府内部负责法制工作的机构负责，在体系构造上缺乏完全独立于行政系统之外的独立性，而在其结论的公正性上难免受到质疑。由此，行政协议适用中行政复议救济渠道的完备性，主要围绕行政协议复议过程独立性与公正性的完善展开。一方面体现在，复议工作人员回避机制的建立与完善。即若行政复议机关或行政复议机构的工作人员与行政协议纠纷存在任何利害关联的应主动申请回避或由相对人申请其回避，例如复议人员曾参与行政协议的审查与批准的，即符合申请回避的要件，若行政复议机关或机构的工作人员均与协议存在利益关联，则应对相对人的越级复议予以准许。另一方面体现在，独立行政复议机构的组织建立。即应在条件允许的情况下组织建立具有独立法人资格且财政独立的行政复议委员会，统

---

[1] 参见周汉华：《论国家赔偿的过错责任原则》，载《法学研究》1996 年第 3 期。《中华人民共和国国家赔偿法》（以下简称《国家赔偿法》）第 2 条第 1 款规定："国家机关和国家机关工作人员行使职权，有本法规定的侵犯公民、法人和其他组织合法权益的情形，造成损害的，受害人有依照本法取得国家赔偿的权利。"

[2] 参见杨立新：《侵权法论》（上册），吉林人民出版社 2000 年版，第 159 页。

[3] 其效率性体现在，在复议过程中，上级行政机关对行政协议争议的处理方案往往很容易得到作为缔约行政协议的下级机关的遵从，从而为解决行政协议争议奠定了良好的基础。

[4] 参见应松年主编：《行政行为法 中国行政法制建设的理论与实践》，人民出版社 1993 年版，第 628 页。

[5] 参见王学辉：《行政何以协议：一个概念的检讨与澄清》，载《求索》2018 年第 2 期。

一对行政协议缔结、履行等过程中产生的行政纠纷作出裁决，且除公务人员外，在复议过程中还应适当吸纳相对人代表、法学专家、社会人员的参与[1]，以在回应复议机构独立性需求的同时，增强其公益性。

为发挥行政复议在公正高效、便捷为民等方面上的制度优势，以及实质化解行政纠纷、监督依法行政的主渠道作用[2]，行政复议的救济渠道还应有明确的受理审查范围并确立周全统一的审查模式。在审查范围上，鉴于功能视角下行政协议与行政类型在识别中的对应关系，应按照确定性与最大化覆盖的原则，通过"概括式+负面清单"的形式明确将所有行政协议纠纷类型均纳入行政复议的审查范围。[3]具言之，一方面，宜采取概括式的界定方式替代列举式的界定，确定行政协议纠纷的行政复议范围，以避免因挂一漏万、列举不全而导致审查范围的不确定性；另一方面，可采取"负面清单"的形式，在行政复议的受案审查范围上排除行政机关订立的私经济合同、机关之间的协助协定、行政机关与工作人员订立的内部协议等非行政协议。在审查模式上，通常可区分为以客观法秩序维系为导向的客观审查模式，以及以纠纷化解、相对人主观权益维系为导向的主观审查模式，前者着重聚焦行政行为的合法性展开静态单向的审查，不受相对人诉请的限制，而后者则着重围绕相对人诉讼请求展开动态多方的审查，实为多方冲突利益的衡平审视。[4]行政协议作为介于行政行为与民事合同之间的新型行政活动，并非单纯限于行政行为的法律关系与行为体系，若仅在复议中采取客观审查模式，将难以兼顾在契约行为中双方法律关系的审查。同时，行政机关的优益权行为除了可视为权力性的行政行为而归于客观审查模式外，亦可放入协议法律关系的整体框架中予以审查，因为作为导致行政协议法律关系变更或消灭的重要因素，行政优益权的行使可视为行政机关在协议履行中的行为表现，是行政协议整体、动态法律关系变化的部分与环节，相关争议亦可作为履约争议一并解

---

[1] 参见郑秀丽：《行政合同过程研究》，法律出版社 2016 年版，第 162 页。

[2] 参见曹鎏：《作为化解行政争议主渠道的行政复议：功能反思及路径优化》，载《中国法学》2020 年第 2 期。

[3] 参见赵德关：《行政协议纳入行政复议审查问题研究》，载《行政法学研究》2021 年第 4 期。

[4] 有关行政救济法上的客观审查与主观审查的区分，可参见薛刚凌、杨欣：《论我国行政诉讼构造："主观诉讼"抑或"客观诉讼"？》，载《行政法学研究》2013 年第 4 期。

决，而不宜再还原为行政行为予以割裂审查。[1]因此，在行政协议的纠纷化解中，行政复议的审查模式应整体定性为主观审查模式，即在统一的法律关系审查下，结合相对人的复议请求与实质争议，在缔约阶段与履约阶段原则上分别进行合法性审查与合约性审查，并兼顾合理性审查，审查内容应与相应司法审查保持一致以确保两种救济渠道的有效衔接。

（三）调解的救济渠道

作为非讼的可替代纠纷解决方式的调解主要包括人民调解与行政调解，两者均是在双方自愿的基础上依法进行的调解活动，尽管法律未赋予调解协议强制执行的效力，但对双方均有拘束力。从制度实效性的角度出发，在行政协议纠纷中要发挥出调解应有的救济功能，主要应聚焦于两个范畴的问题解决：一是明确行政协议纠纷调解的组织者资质要求。面对纷繁复杂且牵涉公益的行政协议纠纷，为确保有效、公正调解，调解组织者应有足够的权威性及中立性作居中调解。对于人民调解，法律上应赋予人民调解委员会相对独立且较高级别的法律地位，对于行政调解，则应基于"任何人不得做自己案件法官"的法理要求，由独立于或级别高于缔约行政机关的具体职能部门或行政机关[2]，利用其专业知识及实践经验组织调解，在合理限度内实现双方权益的均衡保障。二是确立行政协议纠纷调解功能发挥的保障机制。为保障调解在高效性、便利性、经济性、彻底性等优势的发挥[3]，行政协议纠纷调解除了遵循自愿原则外，还应保障调解主体适格、程序合法及内容合法。其一，调解主体应符合相应的权威性、中立性资质要求，且仅作为调解的组织者，不得在当事人拒绝调解时强制调解，不得刻意偏袒一方而损害另一方权益；其二，调解应具有规范的运作程序[4]，应确保最低限度的程序正义，

---

〔1〕 参见耿宝建、殷勤：《行政协议的判定与协议类行政案件的审理理念》，载《法律适用》2018 年第 17 期。

〔2〕 有观点认为，行政协议的行政调解应由缔约行政机关的上级行政机关所属工商行政管理部门负责，一方面在于工商行政管理部门主管合同事务，相对于其他职能部门在专业知识和实践经验方面具有优势，可以权威高效地进行调解工作；另一方面在于上级行政机关所属工商行政管理部门相对于缔约行政机关具有相对独立的地位，较容易获得相对人的信任和理解。参见郑秀丽：《行政合同过程研究》，法律出版社 2016 年版，第 150 页。

〔3〕 参见张海燕：《大调解视野下的我国行政调解制度再思考》，载《中国行政管理》2012 年第1 期。

〔4〕 主要包括当事人申请、受理、当面协商、达成协议、调解协议制作等方面。

充分保障双方进行平等意愿交流的自由，[1]否则将难有合法公正的调解结果，并可能出现"合意的贫困化"现象[2]；其三，应严格把控调解协议的内容，不得形成违反法律、法规强制性规定的内容，并明确调解协议的效力。

---

〔1〕 参见江国华、胡玉桃：《论行政调解——以社会纠纷解决方式的多元化为视角》，载《江汉大学学报（社会科学版）》2011年第3期。

〔2〕 理想的谈判在于实现真正的合意，但由于谈判主体易受目的理性和竞争思维的操控，在压迫、妥协和博弈的相互作用下，合意丧失了真诚、正当、真实的有效条件，异化为"同意""好意""恣意"，引发"合意贫困化"危机。参见〔日〕棚濑孝雄：《纠纷的解决与审判制度》，王亚新译，中国政法大学出版社1994年版，第69-73页。

法定容许标准重塑的合理证成

法定容许标准成因于社会公众对行政协议适用在结果主义上的顾虑、公法保障可持续性的担忧以及对公共职能转移的本能怀疑，无论从其内在需求还是外在规范表现来看，法定的容许标准具有其存续的客观依据及现实基础，但其构造需加以重塑。具体而言，从其内在动能来看，类化后的行政协议，无论是替代或补充型协议还是公务转移型协议，因内含对权利的影响或公共性的规范，均仍有受法律保留规范的需要。同时，法定容许标准的构设并非意味着行政协议的适用只能采取概括式的笼统法规范模式，法定容许依据的位阶分化，使得可根据不同协议类型表现出的要素考量差异，匹配不同位阶的法规范进行层级化改造。此外，容许标准可随着各要素影响变化而变化的动态调整性，也助推了法定容许标准的重塑。就其外在驱动来看，行政协议主体资格的泛化规范、协议适用的程序防弊机制的运作存在壁垒、行政协议救济的适用尚有局限，均为法定容许标准的重塑提供了合理证成。据此亦可概括得出，在法定容许标准的澄清上，实质包含了两种样态，即因协议本质需要的法定容许及因规范机制失灵的法定容许。

第一节　因协议市质需要的法定容许标准设定

传统行政治理模式在备受诟病的同时，亦在潜移默化中使社会公众形成了习惯性的信赖，行政协议作为在高权行政领域革新传统行政行为形式或组织形式的功能性机制，因其在结果实现、权利保障、可行性怀疑等方面面临的质疑与顾虑，形成了行政协议适用法定容许标准生成的原始动因。就类化认识下的行政协议适用而言，法定容许标准生成的内在动能则主要源于部分协议适用仍需法律保留的必要性支撑，即经由行政协议的类化分析与内部要素的对应考量，仍有干预行政领域下的行政协议适用，因不具有行政形式的选择自由而尚有法律保留的需要。

一、法定容许标准生成的内在动因

（一）结果主义的顾虑

大体上看，公众对行政协议适用的担忧首先体现为"结果主义"式的适用效果顾虑[1]，即在很大程度上出于对行政协议适用能否达到"保证行政质量又降低相应成本"预设结果的担忧，而非质疑协议适用是否符合在先的正当性要求。

以公务转移型的行政协议适用为例，因基于协议工具性而非意识形态的维度，通过协议适用的公务转移的正当性主要在于能够节约成本、减缓财政压力并将在一定程度上提高效能，这些功能面向上的收益亦成为相关支持适用的理由。而对于通过协议适用将公务转移由私人分担，能否达到既提高服务效能又保证服务质量的预期效果，相关质疑倾向指出有关经济、地理、统计等一系列可能阻碍公务转移效率收益的因素，包括缺少降低成本的机会、缺乏竞争、市场规模狭小等问题[2]，且若转移的公务事项未能在协议缔结中得以完全明确，政府的监督工作也难以行之有效。事实上，尽管可通过更细化的缔约程序、更彻底地界定责任来更清晰地明确协议中的权利义务，但协议内容的明确仍存在一定的限度，无论缔约过程如何细致，有些事项也难以通过协议的方式予以确定。[3]就许多重要事项或职能而言，协议内容的不完

---

[1]　结果主义即以行为产生结果的利弊判断行为正确与否的道德理论。参见［美］劳伦斯·索伦：《法理词汇 法学院学生的工具箱》，王凌皞译，中国政法大学出版社 2010 年版，第 38 页。

[2]　See Steven C. Deller, "Local Government Structure, Devolution, and Privatization", *Review of Agricultural Economics*, Vol. 20, No. 1., 1998, pp. 135–143.

[3]　美国总审计署发布的有关部分政府民营化经验的报告显示，由于诸多原因，政府对协议内容的履行监督具有较高难度，政府职员需通过培训应对复杂的分析与监督。协议目标是否易于界定及监督是否易于衡量，是部分政府是否决定采取民营化的考量要素。See Government Accountability Office, Privatization: Lessons Learned by State and Local Governments, at http://www.access.gpo.gov/su_docs/aces/aces160.shtml, 最后访问日期：2022 年 1 月 12 日。

整性则是不可避免的，[1]且在部分情况下，作为内容补充型的协议，其功能仅在于权利义务规范内容的拾遗补阙，任何协议的缔结均无法精准地预见缔约后可能遇见的所有情况。即便对于更易于明确的协议内容，若行政机关对协议监管不熟悉或不充分，也将难以展开有效监督，进而使协议适用预期效果的实现面临诸多困顿。

此外，有学者基于经验性的观察，认为福利给付的民营化不仅难以降低成本，而且将可能导致因对福利受益者的层层筛选而削减主张者的数量。[2]同时，对于美国的监狱民营化实践，亦有观点认为，尽管将监狱转由私人运营旨在实现提高机构效能、节约运营成本、优化改造羁押人员等方面的预期结果，但实际仍存在监狱条件恶化、囚犯权利侵害威胁增加等风险，甚至私人运营者在羁押人数的激励下，出现羁押人员过度饱和的弊端。

据此可以看出，理论研究或经验观察中对行政协议适用的"结果主义"质疑，既源于因规范的缺失影响协议适用效果的实现，也源于相关事项本质上并不适合采取协议方式实现而无法达到既定效果，而基于两者的顾虑，则均指向了应加强法制规约以起到控制行政协议缔结适用的需要。

（二）公法保障可持续性的担忧

对于行政协议的缔结适用，经济学及公共管理学通常有着与行政法学不同的关注视角。前者往往以结果为导向，研究在何种条件下行政协议的适用能有效提升行政活动开展的效率。以公务转移型协议适用为例，其关注焦点便旨在确定阻碍行政机关有效向私人转移分担公务的限制屏障[3]，如责任性问题的确定，在经济学者与管理学者的观点下，即可通过更加细致的协议设计与起草，以及行政机关满足责任性要求的正常监督予以合力化解。[4]

然而，在行政法的视野下，行政协议的适用还有着公法保障可否持续的

[1] See F. Trowbridge vom Baur, "Differences Between Commercial Contracts and Government Contracts", *American Bar Association Journal-American Bar Association*, Vol. 53, No. 3., 1967, pp. 247-250.

[2] See David J. Kennedy, "Due Process in a Privatized Welfare System", *Brooklyn Law Review*, Vol. 64, No. 1., 1998, pp. 241-247.

[3] See Oliver Hart, Andrei Shleifer, et al., "The Proper Scope of Government: Theory and an Application to Prisons", *The Quarterly Journal of Economics*, Vol. 112, No. 4., 1997, p. 1129.

[4] See Ira P. Robbins, "Impact of the Delegation Doctrine on Prison Privatization", *UCLA Law Review*, Vol. 35, No. 5., 1988, p. 911.

担忧，包括如何规范行政机关与私人主体协商缔约的方式、如何保护相对人及利害关系人在协议中的正当程序权利、如何保障第三方受益者或社会公众在行政协议适用中的受益权、如何防范行政机关在缔约适用与履行管理中作出专断恣意的决定等多个方面。以公务转移型的行政协议适用为例，在公众参与、信息公开、责任分担、公共服务的理性供给等方面均将面临复杂的公法保障问题，[1]即从公法的视角出发，将涉及是否以公平公正的方式缔结公务转移型协议并对公众参与予以了充分保障、是否为第三方受益者或社会公众提供了程序性的保障措施等诸多不同问题。同时，公务转移型协议的适用还可能牵涉政府保障责任的逃逸问题，即依靠公务向私人的转移承担使自身从公共责任中抽离，进而导致社会公众面向行政机关的直接监督难以富有成效。例如在美国，诸如决策发布之前的通告和评论等通过宪法性及程序性限制规范政府决策的规则，便极少适用于私人主体根据公私契约作出的决定，以致受决定影响的公众在参与入口闭塞的情况下，很少有程序性权利对影响其合法权益的决定提出挑战，尽管在协议内容中大多都会涉及第三方受益者的权利，但却很少对第三方受益者的起诉权予以明确，且在行政机关监管不力的情况下公共参与度或第三方监督权的缺乏表现得更为明显。[2]

此外，作为传统行政行为形式与组织形式的革新手段，行政协议的适用还存在着行政活动"遁入私法"的风险，将达成合意的重要性凌驾于诸如健康安全保障、公务施行效能等社会公众普遍关注的价值之上，使促成协议当事人的满意优于"公共利益"的维系，并由此迎合私法规范而忽视公法的相关要求，甚至在有关重要公共事项上的争议亦基于协议私下解决，而规避国家司法权在相关事项上的阐释规范功能。因此，基于各项行政协议适用可能导致公法保障的可持续性被削弱的担忧与顾虑，在源头通过更为审慎的法定控制，则成为协议适用容许标准构造的青睐选项。

（三）公众对公共职能转移的本能怀疑

从深层的伦理视角出发，通过缔结协议将部分公共职能转移由私人主体

---

〔1〕　See John D. Donahue, *The Privatization Decision*: *Public Ends*, *Private Means*, Basic Books, 1989, p. 83.

〔2〕　美国关于提供保健的公私契约通常将条例和法律规定的要求纳入契约当中作为可执行的条款，但外包民营过程仍缺少类似传统通告与评论规则作出决定所具有的程序保障措施。参见［美］朱迪·弗里曼：《合作治理与新行政法》，毕洪海、陈标冲译，商务印书馆 2010 年版，第 520 页。

履行，尽管可能会产生更优的效果，但公众多抱有本能的消极反应，其观点多聚焦于政府应保留对社会核心管制权的实施[1]，因而限制进行协议转移，特别是对于某些具有本质或象征意义的公共职能委外[2]。

基于此，在美国试行监狱民营化之始便产生了诸多反对意见，认为惩戒犯罪作为政府的核心职能是民主社会道德谴责的表现，应由政府直接作出评判，而监禁职能因其根本上的公共属性，应是政府不可转让的"统治责任"的一部分，将其民营化本身缺乏正当性。[3]这些异议无论是基于伦理或道义的，还是传统主义或象征意义的观点，其背后均蕴含着公共职能的转移将会对民主价值产生威胁的基本观念。然而，在欠缺相关理论基础的有力支撑下，与公务转移协议适用的支持者关注效能与质量的"结果主义"观点相比，前述异议观点显然具有模糊性和非经验性，因为尽管对如外交、国防等少数职能应由政府保留履行已形成广泛共识，但如何将所谓"本质上"的政府职能与其他边缘性的或非本质的职能加以区分，仍是一个存在争议且尚需论证的问题，对于哪些应属政府固有的主权职能范围，不同的人也有着不同的认识。

即便如此，公众对通过协议转移公共职能产生的本能怀疑却是真实且普遍的[4]，许多人仍仅凭主观感受区分哪些公共职能可通过协议转移由私人主体分担，哪些公共职能则只能由政府保留履行。公众或许对某项公用事业是由行政机关还是私人主体履行并不在意，但对治安处罚、惩戒犯罪等职能的履行则会有不同的感受[5]，而这种本能质疑的主观观念的存在也在一定程度上强化了相关行政协议的适用尚应由法律加以控制的正当性。

---

〔1〕 核心职能在传统上被视为国家责任，在国家保留的激励下亦激发了对政府保留核心管制权的期望，对该类职能只能由政府自行实施而不得进行决策外包。

〔2〕 有观点认为，政府主权核心职能的界限主要体现在外交、课税、国防和治安等公共职能上。See Oliver E. Williamson, "Public and Private Bureaucracies: A Transaction Cost Economics Perspective", *Journal of Law, Economics and Organization*, Vol. 15, No. 1., 1999, pp. 322-324.

〔3〕 See John Dilulio, "The Responsibility of Domination: A Critical Perspective on Privately Managed Prisons", in Douglas C. McDonald, *Private Prisons and Public Interest*, Rutgers University Press, 1990, p. 155, 173, 176.

〔4〕 See John Dilulio, "What's Wrong With Private Prisons", *Public Interest*, Vol. 92, No. 92., 1988, pp. 70-71.

〔5〕 See David A. Sklansky, "The Private Police", *UCLA Law Review*, Vol. 46, No. 4., 1999, p. 1165.

二、行政形式选择自由理论的限制

行政形式选择自由理论的缘起可追溯至现代社会法治国的发展，国家行政除保证公民基本自由权之外，还强调应向公民提供必要给付以保障其基本的生存条件，[1]以实现社会正义与分配正义。然而，随着积极福利给付行政的推进，行政任务也随之膨胀，为避免行政机关因手段匮乏而无法完成既定任务，不得不赋予行政机关在行政施行上的更多自由。[2]因此，依德国学界的通说观点，只要客观法秩序未对任务实现手段的法律形式予以限制，行政机关即可选择以私法的行为形式或组织形式完成行政任务。[3]在法国，行政机关在任务实现中亦被准许在原则上选择不同手段达成行政目标，包括授权私人介入或委托私人参与相关行政任务。[4]于此，行政形式的选择自由在形式上也被进一步区分为"行政行为形式选择自由"与"行政组织形式选择自由"，[5]以回应两者在行政履职关注层面上的差异。

然而，如前所述，在权力分立的组织架构下，立法权与行政权在民主基础、决定程序、专业领域、运作效率等方面存在的差异，使两者在得出"尽可能正确"结果的方面有着不同的面向[6]，即对于技术性及专业性较强的现代行政事务，行政权的快速灵活、专业弹性等特点有助于其在该类事务处理上达到最优结果，对此，受制于程序与会期的立法权将难以胜任，为保证个案正义与行政效能的实现，赋予行政执法一定的自主弹性空间以作出更合乎目的的决定具备一定的正当性。而对于关乎民生的重要事项及可能造成权利侵害的权力事项，则需经由更具民主基础、严谨公开的立法程序作出，以此

---

〔1〕　参见许育典：《社会国》，载《月旦法学教室》2003 年第 12 期。

〔2〕　参见林明锵：《论型式化之行政行为与未型式化之行政行为》，载翁岳生教授祝寿论文集编辑委员会编：《当代公法理论——翁岳生教授六秩诞辰祝寿论文集》，元照出版有限公司 2002 年版，第 356 页。

〔3〕　参见陈爱娥：《行政上所运用契约之法律归属——实务对理论的挑战》，载台湾"行政法学会"主编：《行政契约与新行政法》，元照出版有限公司 2004 年版，第 56 页。

〔4〕　参见陈淳文：《公法契约与私法契约之划分——法国法制概述》，载台湾"行政法学会"主编：《行政契约与新行政法》，元照出版有限公司 2004 年版，第 139 页。

〔5〕　参见陈军：《行政形式选择自由理论探析——基于公私合作视角》，载《北方法学》2014 年第 6 期。

〔6〕　参见许宗力：《法与国家权力》，元照出版有限公司 2006 年版，第 117–214 页。

在该类事项的处理上证成法律保留的需要并限制行政形式的自由选择。

反映在具体实践的行政类型上，干预行政因其单方强制性所体现的权利侵害性，应受制于法律保留的规范，而作为革新其行为形式或组织形式的行政协议，其实践适用亦因行政形式的选择自由限制而仍应有法律保留的规范需要。其中对于干预行政的行为形式选择自由限制，从行政机关的规范角度出发，其缘由主要在于，应对行政协议缔结中因行政权对权利安排的裁量空间拓宽所产生的侵权风险进行有效防范，而立足相对人的规范视角，因行政协议的缔结是双方意思有效交互的结果，在行政机关有权干预的同时亦要求相对人有权进行"权利处分"，但囿于部分权利的属性特征，不得由权利人在未经法律容许的情况下进行抛弃或让与的"权利处分"，而未经法定容许缔结的相关行政协议，也将因相对人对自身权利的"无权处分"而归于无效。因此，干预行政中适用行政协议的形式作出行为，在职权法定下并不当然具有行为形式的自由，还应有额外法定依据的容许，一方面是对行政干预裁量空间拓宽的法定准许；另一方面则是对相对人有效进行"权利处分"的法定认可。而对于干预行政的组织形式选择自由限制，主要在于通过缔结行政协议的形式将政府干预职能转移由私人供给，难免将引起社会公众对权利保障可持续性担忧，而作为职能受让者的相对人也将面临是否具有相应资质、是否具有权力行使的正当性等诸多质疑。因此，干预行政领域中作为组织机制的行政协议适用，亦仍有法律保留的规范需要，一方面，通过额外的法定容许，以法定的形式对干预职能的协议转移予以确认，并赋予其组织法上的依据；另一方面，则是对相对人相应资质、权力来源与行使的正当性在法律层面予以确认。

此外，对于重要事项的给付行政，因关涉公民基本权利的影响与民生公共利益的实现，亦在"重要事项保留"的观点下应有法律保留的规范，而在其行政形式的选择上，无论是替代或补充给付行政活动的行为形式转变，还是给付内容转移供给的组织形式革新，均应确保民主正当性控制的要求，在具有民主基础的立法上限缩重要给付行政的形式选择自由，即通过相关行政协议法定容许适用的约束，以在重要给付的契约化形式变更下，基于法律的保留规定获得影响公民权利与重要事项供给的民主正当性，并维持民生给养等重要供给领域的基本秩序，以此保障相关公益目的实现的需要。

据此，在干预行政、重要事项给付行政领域内行政形式选择自由受限的情况下，其相对应的行政协议适用亦应有法律保留的规范需要，并以此根据权利影响的不同程度、标的事项公共性的不同强度等方面的考量，形成层级化的法定容许协议适用的构塑形态。

第二节　因规范机制失灵的法定容许标准需要

如前所述，在一定逻辑前提下，行政协议容许适用标准的"前端"开放，建基于其他外部措施的"后端"补强规范，在行政协议适用的整体规范维度内，两者构成了良性有效的互补关系，且在不同面向形成对行政恣意的防范。具体而言，行政协议的容许规范与其他制度规范的防弊机制，共同组建了行政协议实践适用的整体规范架构，当某行政协议的适用非因本质特性而应受法律保留的基础性限制，且程序、救济等相关协议活动规范机制的完备程度足以补强满足法律保留所需的规范效果时，基于保障整体规范强度适中以兼顾给付行政效率与灵活性的考虑，其容许适用受法律保留的调整密度亦可适度放宽。[1]

反之，当其他外部规范性机制对协议适用的补强规范作用"失灵"而无法达到预期规范效果时，尽管协议适用的容许规范可能因立法的滞后性存在缺陷，但基于整体规范性的考量，避免在协议的开放适用中因其他外部规范的缺陷产生权力滥用的行政恣意，进而导致行政协议的适用之"腐"，对协议适用的启动则应采取更为审慎的态度。由此，立足我国当下行政协议适用的其他外部机制的规范性考察，现行规范机制在协议主体资格的泛化规范、程序防弊机制的运作壁垒、行政协议救济的适用局限等方面呈现出的完备性缺憾，则均为更具规范性的法定容许标准的回归与重塑提供了正当性基础。

一、协议主体资格的泛化规范

作为行政协议有效缔约的必要条件，主体资格的完备规范对协议灵活适用的补强规范作用，主要体现在当行政机关具有相对清晰的订约职权范围划定、相对人具有较为明确资质要求与权利处分规范时，行政机关在部分给付性协议的适用上便享有了较高的自主权，并由此形成更为开放的容许适用。然而，从我国行政协议主体资格的现行规范来看，相关立法规范与实务操作在主体资格的规范问题上仍较为泛化，缺乏清晰明确的指引，并集中体现在

---

〔1〕　参见林明锵：《行政法讲义》，新学林出版股份有限公司 2014 年版，第 344 页。

行政机关主体资格的规范疏漏上，因而为确保相对人权益（社会公众利益）的保护与协议效力的持续稳定，尚有必要采取更为审慎的法定容许标准，对行政协议的启动适用予以规范把控。

（一）现行立法的泛化规范

从现行立法规范来看，除土地征收补偿等个别领域，出台有《国有土地上房屋征收与补偿条例》对协议订立部门及包含事项予以了明确规定外[1]，在众多的行政管理领域中，地方行政程序规范、政府合同管理规范及国务院规范性文件等实在法规范，仍缺乏对哪些行政机关或部门在何种领域享有缔约权的明确指引。在规范内容上或仅对缔约主体作出泛化规范而未涉及其职权范围的划定，如《益阳市政府合同管理规定》相关规定将协议缔约机关确认为一级政府及其所属部门、国有企事业单位、人民团体和法律法规规章授权实施公共管理的组织，[2]《广州市政府合同管理规定》第7条则排除了行政机关内设机构和临时机构作为协议订立一方当事人的主体资格，[3]但两者均未对相关主体的权限范围予以明确。又如《国务院关于印发全面推进依法行政实施纲要的通知》《国务院关于促进市场公平竞争维护市场正常秩序的若干意见》等规范文件的相关规定，仅通过泛化的内容规范，宣示性地鼓励以协议缔结的形式完成行政管理活动，[4]而未在规范意义上构成对缔约相关权限的规定。

此外，立法规范关于缔约权限的规定不明，也使行政协议缔约的适格主体产生了较大歧义。如前所述，一级政府及其所属部门、国有企事业单位等主体均有缔结行政协议的可能，但在具体个例中是否具有主体适格性却形成

---

〔1〕《国有土地上房屋征收与补偿条例》第25条第1款规定："房屋征收部门与被征收人依照本条例的规定，就补偿方式、补偿金额和支付期限、用于产权调换房屋的地点和面积、搬迁费、临时安置费或者周转用房、停产停业损失、搬迁期限、过渡方式和过渡期限等事项，订立补偿协议。"

〔2〕《益阳市政府合同管理规定》第19条第2款规定："合同正式文本由市人民政府、市直部门的法定代表人或者经法定代表人授权的负责人签字并加盖行政公章或者合同专用章。"第30条规定："人民团体、国有企事业单位、法律法规规章授权实施公共管理的组织作为一方当事人订立合同，参照本规定执行。"

〔3〕《广州市政府合同管理规定》第7条规定："市政府及其工作部门订立政府合同，禁止下列行为：……（二）临时机构和内设机构作为一方当事人订立合同；……"

〔4〕《国务院关于印发全面推进依法行政实施纲要的通知》第4点第9项规定："改革行政管理方式。……充分发挥行政规划、行政指导、行政合同等方式的作用；……"《国务院关于促进市场公平竞争维护市场正常秩序的若干意见》第5点第18项规定："……积极推行行政指导、行政合同、行政奖励及行政和解等非强制手段，维护当事人的合法权益。……"

了各异的观点。以公用事业的特许经营为例，政府特许经营协议的订立一般应有在先以批复、决定形式作出的特许经营授权行为，《市政公用事业特许经营管理办法》规定应由相关主管部门负责市政公用事业特许经营的具体实施，并经一级政府批准后与相对人订立特许经营协议。[1]《基础设施和公用事业特许经营管理办法》则规定由经一级政府授权的有关部门或单位作为实施机构，在授权范围内负责特许经营项目的实施工作，并与依法选定的经营者订立协议。[2]上述规定使公用事业主管部门、政府授权的有关部门或单位等多元主体的缔约主体资格得以确认，但同时因未明确规定一级政府的直接缔约权，也带来了一级政府是否被排斥具有直接缔约主体资格的疑问。在地方关于缔约主体资格的规范上，不同地方规定亦有所出入。《杭州市市政公用事业特许经营条例》规定市政府与市政公用事业主管部门分别为特许经营的授权主体与组织实施主体，而市政府与市政府授权部门则为政府特许经营协议缔约适格主体。[3]《青海省市政公用事业特许经营管理条例》的规定则将与特许经营者订立特许经营协议的适格主体确定为市政公用事业主管部门。[4]据此，在缔约主体资格的规范上，有关一级政府、公用事业主管部门、政府授权部门的主体适格性规定，部门规章与地方性法规及地方性法规之间均有所差异，由此也导致了政府特许经营协议的缔约适格主体在规范层面尚未形成明确定论。

（二）实践操作的规范疏漏

从缔约主体的规范实务来看，因行政协议缔约主体不具有主体适格性而导致的协议效力问题、诉讼程序问题屡见不鲜，如在雅邦集团有限公司诉龙

---

〔1〕《市政公用事业特许经营管理办法》第 4 条第 3 款规定："直辖市、市、县人民政府市政公用事业主管部门依据人民政府的授权（以下简称主管部门），负责本行政区域内的市政公用事业特许经营的具体实施。"第 8 条规定："主管部门……经直辖市、市、县人民政府批准，与中标者（以下简称"获得特许经营权的企业"）签订特许经营协议。"

〔2〕《基础设施和公用事业特许经营管理办法》第 10 条规定，地方各级人民政府应当规范推进本级政府事权范围内的特许经营项目，依法依规授权有关行业主管部门、事业单位等作为基础设施和公用事业特许经营项目实施机构（以下简称"实施机构"），负责特许经济项目筹备、实施及监管，并明确其授权内容和范围。

〔3〕《杭州市市政公用事业特许经营条例》第 7 条规定："特许经营权的授权主体是市政府。"第 8 条第 1 款规定："市市政公用事业行政主管部门负责组织实施本条例。"第 11 条规定："……由市政府或者市政府授权的部门与项目公司签订特许经营协议，明确双方的权利和义务。"

〔4〕《青海省市政公用事业特许经营管理条例》第 16 条第 1 款规定："特许经营者确定后，市政公用事业主管部门应当与特许经营者签订特许经营协议，授予其特许经营权，颁发特许经营权证。"

岩市环境卫生管理处特许经营协议纠纷案中，针对双方作为缔约主体的适格性问题，法院经审理认为，龙岩市环境卫生管理处并非行政机关，不是适格被告，而应替换为龙岩市住房和城乡建设局。[1]于此也反映出行政实践在行政协议缔约主体安排上的规范疏漏仍是颇为明显的现实问题。囿于行政协议统一规范的缺失，在土地征收、特许经营、经济开发等项目实施过程中，行政机关通常不注重以"职权法定"确定缔约主体，而多以会议纪要、批复批准、公告决定等方式解决协议缔结涉及的内容权限问题，并考虑负责行政协议具体实施的机构。[2]

与此同时，在司法实践的裁判说理中，对缔约主体的适格性判断亦未形成清晰的规范指引。再以公用事业的特许经营协议为例，不同司法判例对协议主体的缔约权审查有着不同的观点：其一，认为直接负管理职责的公用事业主管部门与一级政府之间构成"代表与被代表"的关系，二者均应为协议缔约的适格主体。如在重庆玉祥实业（集团）有限公司诉兴平市住建局行政协议效力确认纠纷案中，法院认为双方缔结的《合作开发天然气合同书》虽约定由兴平市住建局代表兴平市政府签订，但兴平市住建局本身作为当地燃气行业的主管部门，具有独立的机关法人资格和相应的权利能力与行为能力，亦可独立对外作出缔结协议的行为。[3]其二，认为公用事业主管部门是协议缔约的适格主体，而一级政府无缔约权。在张家界白龙天梯旅游公司等诉赤水市政府经营协议纠纷案中，法院认为根据《风景名胜区管理暂行条例》的相关规定，景区的规划建设、维护利用等职责应由景区管理机构直接负责，当然包括景区类经营协议的缔结，而赤水市政府作为宏观管理的领导机构，在景区设有直接管理机构的前提下，不具备签订案涉《赤水市"三区一湖一河"旅游区委托经营合同书》的主体资格，一级政府作为当事人直接参与案涉协议的缔约，违反职责法定原则。[4]其三，认为仅一级政府是协议缔结的适格主体，相对人若明知对方当事人不具有主体资格而缔约存在主观过错。在田阳新山新能燃气有限公司等诉平果华商清洁能源有限公司等侵权责任纠纷案中，法院认为只有一级政府才有签订案涉《管道燃气特许经营协议》的

---

〔1〕 参见福建省龙岩市中级人民法院（2016）闽08行终103号行政裁定书。
〔2〕 参见余凌云：《论行政协议无效》，载《政治与法律》2020年第11期。
〔3〕 参见重庆市高级人民法院（2014）渝高法民申字第00029号民事裁定书。
〔4〕 参见贵州省高级人民法院（2013）黔高民商初字第6号民事判决书。

主体资格，相对人明知仅为事业单位的授权主体新山管委会不具有政府特许经营权的情况下，主观上仍与其缔结案涉协议而存在明显过错。[1]实践运作下的各异观点与畸化操作，致使协议缔约的主体资格仍未形成清晰规范，也正基于此，在我国地方行政程序立法关于行政协议适用的规范中，尽管一刀切式的概括与列举立法模式在合理性上仍有待商榷，但采取更为严谨的法定容许适用标准仍是新近立法的倾向选择[2]。

二、程序防弊机制的运作壁垒

行政协议程序防弊机制及其运作的完备与否，作为协议适用规范程度与行政权受控制程度的直接表征，亦是考量协议灵活适用下其补强规范效能发挥成效的重要指标，并以此影响行政协议容许适用标准的规范走向。从当下行政协议相关的程序规范与实践运作来看，囿于我国尚处于行政协议理论建构的初筑期，行政协议缔约与履行的程序构筑和制度实践仍具有诸多纰漏。由此，出于整体规范性的考虑，将倒逼行政协议在启动适用上更趋向规范性的法定容许标准，通过法规范的先行控制以保障协议适用的有序性，避免因贸然开放导致行政协议的适用乱象。

（一）现行规范的程序疏漏

当下，我国尽管尚未出台统一的行政程序法典，亦未制定专门的行政协议法，但有关行政协议程序的地方立法已大量存在，并多体现在地方行政程序规范与政府合同管理办法中。经前文梳理，我国现行如《浙江省行政程序办法》等地方政府行政程序规章共计10部，《嘉峪关市行政程序规定》等地方行政程序规范性文件共计6部，并共有《广州市政府合同管理规定》《兰州市政府合同管理规定》《岳阳市政府合同管理办法》《汕头市行政机关合同管理规定》《珠海市政府合同管理办法》5部地方政府合同管理规章及87部针对行政机关合同及政府合同的地方管理性规范。

在现行地方行政程序规范中，行政协议的相关内容主要涉及"行政协议

---

[1] 参见广西壮族自治区高级人民法院（2013）桂民提字第130号民事裁定书。
[2] 如2021年7月修正的《汕头市行政程序规定》在行政协议适用事项的规定中，仍保留了"法律、法规、规章规定适用"的法定容许适用标准。参见《汕头市行政程序规定》第85条的规定。

的概括界定与事项列举""行政协议的订立规范""行政协议的生效要件""行政机关的指导与监督""行政协议的变更与解除"等几个方面,但从程序规范的具体规定来看,其中涉及程序规范的内容仍十分有限。在"行政协议的订立规范"方面通常仅规定"行政协议的订立应遵循竞争和公开原则,一般采用公开招标、拍卖等方式,并应以书面形式订立"[1];在"行政协议的生效要件"方面则一般涉及三种程序规定:经批准或会同办理程序生效[2]、前置特别行政许可程序[3]、经利害第三人同意程序生效[4];在"行政机关的指导与监督"方面规定有"行政机关有权对行政协议的履行进行指导和监督,但不得妨碍对方当事人履行协议"[5];"行政协议的变更与解除"方面则规定了"行政协议受法律保护,当事人不得擅自变更、中止或者解除协议"[6]。上述规定大致可归结为以下几个程序规范要点:(1)协议订立的公开原则、竞争原则及要式原则的确立;(2)部分协议的生效应经批准或会同办理;(3)协议履行中行政机关的指导与监督;(4)协议履行不得随意变更或解除。然而,这些规范内容均未渗透到"如何确保协议订立的公开与竞争""如何进行批准或会同办理""行政机关进行指导与监督、变更或解除的程序如何"等具体的行政程序规范中。

其一,针对"协议订立的公开与竞争",现行程序规范在保障相对人在相关协议订立中实现"竞争性参与稀缺资源利用的过程"上[7],虽已有原则性的规定,但仍过于简单,[8]未对行政机关事先公告等程序性义务、相对人及利害关系人意见表达等程序性权利予以明列。其二,从"协议生效的程序规范"来看,现行程序规范中有且仅有《西安市行政程序规定》同时对"批准或会同办理生效"及"利害第三人同意生效"予以规定,以顺应行政协议生

---

〔1〕 参见《湖南省行政程序规定》第94条、第95条的规定。

〔2〕 如《山东省行政程序规定》第103条规定:"行政合同依照法律、法规规定应当经其他行政机关批准或者会同办理的,经批准或者会同办理后,行政合同方能生效。"

〔3〕 如《海口市行政程序规定》第83条第2款规定:"采用招标、拍卖等公开竞争方式订立行政合同,合同事项涉及行政许可的,行政机关应当依法作出准予行政许可的决定,并颁发行政许可证件。"

〔4〕 如《西安市行政程序规定》第90条第2款规定:"行政合同的履行将损害第三人权益的,应该征得第三人的书面同意后方能生效。"

〔5〕 参见《浙江省行政程序办法》第81条第1款的规定。

〔6〕 参见《江苏省行政程序规定》第82条第1款的规定。

〔7〕 参见章剑生:《现代行政法基本理论》,法律出版社2014年版,第371页。

〔8〕 《海口市行政程序规定》第81条第2款规定:"订立涉及有限自然资源开发利用、公共资源配置以及直接关系公共利益的特定行业的市场准入等行政合同,应当采用招标、拍卖等公开竞争方式。"

效规范的立法趋势。[1]其三，对于"协议履行的指导与监督"，尽管现行 16 部地方行政程序规范均以"但书"的形式，规定行政机关对协议履行的监督指导不得妨碍对方当事人对协议的履行，以在原则上防范行政机关恣意行使指导监督的特权影响协议履行而侵犯相对人权益，但所有规范均未提及且均未形成明确的条文指引"协议履行的指导与监督"应具体依照何种行政程序进行。其四，同理在"行政协议变更或解除权行使"的规范考察中，相关规范亦未形成有效可循的具体程序规则。现行地方程序规范中仅《西安市行政程序规定》在相关条款中，规定了行政机关行使单方变更或解除权应遵循说明理由、及时通知等程序规范，并明确因情势变更更改或终止协议给当事人造成的损失应当补偿，因违法或过错造成的损害应当赔偿。[2]其他规范或仅原则性地规定了"行政机关不得擅自变更或者解除行政协议"[3]，或在此之外还规定了变更或解除行政协议的法定事由与协定事由，并对损失补偿作出了原则性的规定。[4]由此可见，我国现行的地方程序规范关于行政协议变更

---

　　[1]　联邦德国《行政程序法》第 58 条明确了公法合同或行政契约生效的"第三人同意"及"其他行政当局同意或会同办理"程序。我国学界草拟的《行政程序法（专家建议稿）》（北大版本）第 172 条、《行政程序法试拟稿》（应松年教授主持起草版本）第 166 条第 1 款及第 3 款的规定，亦对上述两种同意生效条款予以了明确。

　　[2]　《西安市行政程序规定》第 92 条规定："行政合同受法律保护，行政机关不得擅自变更或者解除。为避免对公共利益造成重大损害，行政机关有权在必要范围内单方变更、终止行政合同，但应当书面说明：（一）变更、终止行政合同的事由；（二）对公共利益的影响；（三）是否给予当事人补偿及理由。"第 93 条规定："行政合同的双方应当严格履行各自的合同义务。一方违约造成对方损失的，应当依法承担违约责任。公民、法人或者其他组织违约，没有必要由其继续履行行政合同的，行政机关可以单方解除行政合同，但应当及时通知当事人，并说明理由。"第 94 条规定："行政机关签订和履行行政合同，应当严格遵行诚实信用原则、信赖保护原则。因客观情势变更，需要更改或者终止行政合同，因此给当事人和利害关系人造成损失的，行政机关应当补偿。因行政机关的违法或者过错给当事人或者利害关系人造成损害的，应当赔偿。"

　　[3]　如《宁夏回族自治区行政程序规定》第 67 条规定："行政合同受法律保护，行政机关不得擅自变更或者解除。"相关规范亦可参见《湖南省行政程序规定》《汕头市行政程序规定》《白山市行政程序规则》的相关条款。

　　[4]　如《兰州市行政程序规定》第 81 条规定："行政合同受法律保护，行政机关不得擅自变更或者解除。行政合同在履行过程中，因国家利益、公共利益或者其他法定事由，行政机关有权变更或者解除行政合同，由此给对方当事人造成损失的，应当予以补偿。行政合同在履行过程中，出现影响合同当事人重大利益、导致合同不能履行或者难以履行的情形，合同当事人可以协商变更或者解除合同。"相关规范亦可参见《江苏省行政程序规定》《山东省行政程序规定》《嘉峪关市行政程序规定》《蚌埠市行政程序规定》《海口市行政程序规定》《凉山州行政程序规则》《邢台市行政程序规定》《酒泉市行政程序规定（试行）》《兴安盟行政程序规定（试行）》的相关条款。

或解除的规定，多只关照了变更或解除的条件，而忽视了协议变更或解除过程中应有的行政程序，实则尚未构建起行政协议履约的程序制度，偏离了其作为行政程序规范应作出具体程序规定的核心要义。此外，违反行政协议程序的法律责任亦未在现行地方程序立法中得以明确，而通常将行政协议相关行为的程序责任统一在一般程序违法的责任后果规范中[1]，但这一模式仍存在"一般违反程序的后果规制是否直接适用于行政协议相关行为"的疑问。

在现行地方政府合同管理规范中，尽管主要体现了包含行政协议在内的所有行政机关合同的程序规范内容，但基于两者的包容关系，相关程序规定亦适用于行政协议的规范，其中既涉及行政机关内部缔约规范的程序规定，也牵涉行政机关与相对人在缔约、履约上的外部程序规范。前者旨在通过行政系统的自我规制以防范缔约行为的行政恣意[2]，内容上大体包括协议的磋商与起草、协议的审查与报批、协议的签署与备案等方面[3]，后者则体现为双方当事人在行政协议活动中应遵循的方式、步骤等所构成的过程[4]，主要包括相对人的选择或对其资信的调查、协议内容的磋商与文本的起草、协议的审查与批准、协议的风险控制等程序内容[5]。而内外部程序并非呈现"非此即彼"的清晰划分，在协议磋商、签署等环节中两种程序均有所体现。

然而，就现行政府合同管理规范呈现的具体内容来看，其多为协议缔结内部程序的强调，而少有双方进行协议缔结、履行上的外部程序的关注，且多集中于协议缔结阶段，而鲜少涉及协议履行阶段或仅牵涉协议的风险控制与纠纷协调。因而，对于协议履行过程中广泛存在的行政优益权的行使实践，

---

〔1〕 以《湖南省行政程序规定》为例，关于行政行为程序违法的责任后果以"行政监督"专章予以明确，主要包括自我纠正、撤销相应行政行为、确认相应行政行为违法。参见《湖南省行政程序规定》第158条、第162条、第165条的规定。

〔2〕 如《浙江省人民政府办公厅关于规范行政机关行为合同管理工作的意见》（浙政办发〔2013〕37号）提到的："规范行政机关合同签订行为，确保合同全面履行，对于避免法律和经济风险、增强政府公信力和执行力，优化发展环境、维护社会和谐稳定等都具有重要意义。"

〔3〕 如《珠海市政府合同管理办法》第9条规定，订立政府合同，应遵循磋商、合同文本的拟定、风险论证、合同的报批与合同的签署程序。

〔4〕 参见姜明安主编：《行政法与行政诉讼法》，北京大学出版社、高等教育出版社2015年版，第317页。

〔5〕 相关条款可参见《汕头市行政机关合同管理规定》第16条、第17条、第19条、第23条，《珠海市政府合同管理办法》第7条、第9条，《惠州市政府合同管理规定》第14条，《洛阳市政府合同监督管理办法》第5条，《合肥市政府合同管理暂行办法》第33条的规定。

现行管理规范基于个别条款的规定并未形成完备的履约程序规范，仅作了相关行为应依照法定程序履行的笼统规定，而这种缺乏履约指引的程序规范，其规范行政的立法用意将无法得以强化。此外，囿于我国尚未制定统一的上位程序法，作为执行性的地方规章或其他规范的制定，因缺少明确的协议程序基础性规范的指引，而多由地方政策推动探索。在立法层级上，除 5 部管理规范属市级政府规章外，其余 87 部规范均仅为行政规定，立法的规范层级相对较低，且尽管规范中多有"依照法定程序办理""不得违反法定程序"等原则性规定[1]，但具象化的程序规定不多并难以体系化，显然难以与现代行政程序法旨在规范行政权、更好衡平双方权利义务的立法目的相契合[2]。

（二）实践程序的运作瑕疵

行政协议的广泛适用在提升国家治理能力的同时，由于缺少制度引导与学理支持，在其实践缔结与履行过程中也暴露出了诸多乱象。如在长期"命令–服从"单向性权力运作模式的影响下，相对人"被迫"签订房屋征收补偿协议而致使房屋被"强拆"的案例已是屡见不鲜的现象[3]。又如在自然资源使用权出让纠纷中，个别地方则通过暗箱操纵的形式使缔约成为形式[4]，或无正当理由拒不履行协议内容[5]，严重侵犯相对人合法权益。在广东廉江供水合营项目、沈阳第八水厂产权转让与回购等事件中，政府特许经营协议的缔结与履行中信息公开的要求被忽视，公产价格的听证程序亦只是形式上的完成任务。

从行政协议的当下适用来看，行政程序在运作实践中被忽视仍是较为普遍的现象，而程序的缺失也成为行政恣意与腐败的主要原因之一。其中较为常见的是，行政机关在协议审批、招投标及公告等程序环节，以合法形式掩

<hr>

[1]　参见《广州市政府合同管理规定》第 27 条第 3 款、《北海市政府合同管理规定（试行）》第 10 条第 2 项的规定。

[2]　参见张淑芳：《论行政立法的价值选择》，载《中国法学》2003 年第 4 期。

[3]　在李建华、李建民诉菏泽市牡丹区人民政府房屋征收决定案中，因涉案地块中绝大多数被征收人均已签订补偿协议，房屋已被拆除，本案当事人担心不签协议，补偿问题处理便遥遥无期，在压力之下被迫签订协议。参见山东省高级人民法院（2019）鲁终 1928 号行政判决书。

[4]　参见徐肖东：《行政合同程序论》，华东政法大学 2017 年博士学位论文。

[5]　在萍乡市亚鹏房地产开发有限公司诉萍乡市国土资源局不履行行政协议案中，法院认为行政机关无正当理由不在协议中更正土地用途的行为违法。参见江西省萍乡市中级人民法院（2014）萍行终字第 10 号行政判决书。

盖"内幕交易",如公告内容模糊难以展开有效监督、相对人选择程序中为缔约参与人私订标准等。在道斯环保科技（香港）有限公司诉深圳市南山区人民政府和财政局一案中,协议有关相对人选择的缔结程序是否违反法定招投标程序,便成为案件审判的焦点。[1]而在北京现代沃尔经贸有限公司诉财政部一案中,案件审理的核心焦点则在于行政机关组织实施的招投标程序是否违法的认定。[2]在益民公司诉周口市人民政府特许经营协议纠纷案中,行政机关不顾彼时仍具效力的周地建城［2000］10号文而径行发布招标方案开展的招标行为,亦被认定为违反了相关法定程序。[3]

同时,在行政协议的实践缔结中还存在以平等协商形式掩盖显失公平约定的现象,在福建省卡朱米时装有限公司诉福建省莆田市荔城区人民政府请求撤销征收补偿安置协议案中,征收补偿安置协议的订立虽在形式上符合平等协商的要求,但因行政机关利用其强势地位将相对人获得拆迁补偿的权利与其是否完成投资额等义务相关联,而为相对人设定明显不对等的条件和义务,协议缔结实质不具有真实的合意基础,行政机关的行为被认定违反了"禁止不当联结"的原则。[4]尽管"禁止不当联结"原则在理论研究与司法实践中已受到广泛重视,然而遗憾的是,面对行政协议适用实践中仍大量存在的不当联结现象,我国行政法仍尚未正式引入该项原则。[5]

此外,在行政协议的履行阶段,违反法定程序的情形同样时有发生,在浙江广天房地产公司诉金华市国土资源局一案中,行政机关未依法告知相对人享有陈述申辩权而单方作出协议无效的决定,被认定为程序违法。[6]不胜枚举的行政协议程序违法案例,不仅体现了行政机关在协议缔结、履行活动中的程序法治意识仍有不足,亦反映出行政协议程序的实际运作,在阻断行

---

〔1〕 参见王跃春、孔献之：《深圳市开庭审理中国政府采购第一案》,载 http://www.chinanews.com/2001-01-12/26/66127.html,最后访问日期：2022年1月7日。

〔2〕 参见《"政府采购第一案"再开庭投标公司不满财政部处理意见：财政部认定采购程序违法》,载《京华时报》2013年12月13日,第23版。

〔3〕 参见《益民公司诉河南省周口市政府等行政行为违法等》,载《最高人民法院公报》2005年第8期。

〔4〕 参见福建省宁德市中级人民法院（2017）闽09行初103号行政判决书。

〔5〕 参见王留一：《禁止不当联结原则：内涵界定与司法适用》,载《福建行政学院学报》2017年第4期。

〔6〕 参见陈东升、王春：《新行政诉讼法实施3个月浙江首起行政合同纠纷案开庭》,载《法制日报》2015年8月6日,第8版。

政恣意、规范权力行使的作用发挥上仍有诸多壁垒，还有待加强。

三、行政协议救济的适用局限

当作为"后端"的行政救济机制不足以承担因行政协议的开放容许适用所可能带来的行政机关侵权风险时，在"前端"控制上更具公共规范性的法定容许标准的构设则具有其正当性基础。从当下的行政诉讼、行政复议、调解等相对人权利救济机制的现实实践来看，各救济机制在适用及实现效果上仍体现了一定的局限性。

（一）诉讼救济的适用局限

行政协议司法解释的出台，使协议利害关系人原告资格〔1〕、起诉理由不统一〔2〕、审查标准与举证责任不明确〔3〕等传统行政协议司法审查上的难点与问题业已得到初步明确，并在司法实践中日益趋向完备。但立足相对人权益救济的维度，当下的行政协议诉讼的救济效果仍呈现出一定的局限性，并主要体现在受案范围的外延模糊、融合审查模式下的错裂问题、法律适用的位次与位阶问题、诉讼时效的明确性问题、责任归责中的竞合问题等多个方面。

其一，在受案范围上，《行政协议解释》第 2 条对可诉行政协议类型的列

---

〔1〕 《行政协议解释》第 5 条有关"与行政协议有利害关系的公民、法人或者其他组织提起行政诉讼的，人民法院应当依法受理"的规定，已然明确了协议利害关系人在诉讼中的原告资格。

〔2〕 2014 年《行政诉讼法》修正前，行政协议诉讼的起诉理由包括依据《行政诉讼法》第 2 条有关"认为具体行政行为侵犯其合法权益"的规定起诉、依据第 12 条第 6 项有关"认为行政机关侵犯其他人身权、财产权"的兜底条款起诉、因相对人选择争议而依据第 12 条第 9 项有关"认为行政机关违法要求履行义务"的规定起诉、因对监督指挥不服而依据第 12 条第 7 项有关"认为行政机关侵犯其经营自主权"的规定起诉、因对协议制裁行为不服而依据第 12 条第 1、2 项有关"对行政处罚或行政强制措施不服"的规定起诉。《行政协议解释》第 4 条、第 5 条的规定业在大体范畴上统一了相对人的起诉理由，将提起行政协议诉讼的理由概括为，相对人认为行政协议的订立、履行、变更、终止等行为损害其合法权益。

〔3〕 《行政协议解释》在审查标准上大体明确了对被诉行政行为进行合法性审查，对政府违约行为进行合约性审查，后者主要体现在第 19 条至第 22 条有关"违约责任"追究的规定上。在举证责任分配上，则根据当事人的不同诉求，结合行政机关在行政协议中的地位，在不同诉讼类型中明确当事人的举证责任。《行政协议解释》第 10 条规定："被告对于自己具有法定职权、履行法定程序、履行相应法定职责以及订立、履行、变更、解除行政协议等行为的合法性承担举证责任。原告主张撤销、解除行政协议的，对撤销、解除行政协议的事由承担举证责任。对行政协议是否履行发生争议的，由负有履行义务的当事人承担举证责任。"

举性规定，在保留《行政诉讼法》第 12 条明确规定的两种协议类型的基础上[1]，进一步拓展增加了几类行政协议纳入受案范围[2]。很显然，经由《行政协议解释》对行政协议类型的增加列举，已在客观上促使行政协议受案范围的拓宽，但对于其受案范围"是否可涵盖所有行政协议类型"的议题，也有观点持否定性态度[3]。根据《行政协议解释》第 1 条关于行政协议的界定，行政协议并非局限于第 2 条规定的几类，其逻辑在于由概括规定再到特别指出再回到概括，从而达到拓宽其受案范围的效果，从这个角度上看，受案范围应及于所有行政协议类型。然而问题在于，司法解释基于"要素识别"展开的行政协议识别思路，在要素指向与归纳、要素与事实的联结等方面面临的现实困顿，均使其对行政协议的识别无法达到准确甄别的效果，进而导致行政协议诉讼的受案范围尽管已拓宽至所有的行政协议类型，但在实际适用中仍面临着因外延模糊带来的协议纠纷进入诉讼救济渠道上的不通畅性。

其二，在审查模式上，尽管《行政协议解释》体现了客观审查模式与主观审查模式的"融合"，既确立了对行政机关订约权、优益权行使等行政行为的合法性审查，亦明确了行政机关在协议履行行为上的合约性审查，[4]旨在强化权力监督的同时回应相对人诉求。然而，现行的制度安排却忽视了客观审查模式与主观审查模式的异质性，导致行政诉讼司法审查的内部失衡。一方面，在行政行为诉讼中，法院在合法性审查上还应结合《行政协议解释》第 9 条、第 14 条、第 16 条、第 17 条有关原告诉讼请求的规定作出相应裁判，但客观审查模式决定了行政协议的司法审查并不受相对人诉讼请求的限制，两者的结合事实上加剧了我国行政诉讼固有的"司法审查客观性与诉讼请求主观性呈现的内错裂状态"[5]。另一方面，在部分协议诉讼中存在着两种审

---

〔1〕 包括政府特许经营协议及土地与房屋等征收征用补偿协议。

〔2〕 包括矿业权等国有自然资源使用权出让协议、政府投资的保障性住房的租赁、买卖等协议、政府与社会资本合作协议及其他行政协议。

〔3〕 有观点认为，"其他行政协议"作为兜底性条款，并不能认为所有行政协议类型均属行政诉讼受案范围。参见秦伟：《行政诉讼中行政协议案件的受案范围及审判规则》，载 http://cqfy.china-court.gov.cn/，最后访问日期：2022 年 1 月 1 日。

〔4〕 既包括行政机关行使订约权、行政优益权的行政行为诉讼，又包括其未依法依约履行协议义务的违约诉讼。参见最高人民法院行政审判庭：《最高人民法院关于审理行政协议案件若干问题的规定理解与适用》，人民法院出版社 2020 年版，第 14—16 页。

〔5〕 参见薛刚凌、杨欣：《论我国行政诉讼构造："主观诉讼"抑或"客观诉讼"?》，载《行政法学研究》2013 年第 4 期。

查模式的混同，当相对人主张缔约存在欺诈、胁迫、重大误解、显失公平等情形而请求撤销协议时，应归入订约权行使行为合法性审查的客观审查范畴，但法院既要在合法性层面审查行政机关的缔约行为，也要在合约性层面审查协议双方的意思表示，显然已超出客观审查的范围而具有主观审查的性质，仅聚焦行为合法性的客观审查难免顾此失彼，在割裂式的审查模式下并无法确保司法审查的周全性。当相对人就优益权行使行为主张行政机关违约时，法院同时要对优益权行使行为的合法性及不履行协议义务行为的合约性进行审查，[1]并面临选择适用违约诉讼还是行政行为诉讼的困境[2]，加剧了行政协议诉讼的内部掣肘与运作难度。

其三，在法律适用上，行政协议纠纷的司法审查"应适用公法规则还是私法规则"的传统疑问[3]，经由《行政协议解释》第 27 条的规定[4]，已明确为"优先适用行政法律规范，参照适用民事法律规范"，即程序上优先适用《行政诉讼法》，实体上优先适用行政法规范。然而，尽管公法与私法法律适用的位次问题得以厘清，但就如何适用法律的具体情形，仍未形成程序性的指示规范，即在法律适用问题上仅是简单以主辅加以区分，而未对行政或民事法规范分别适用的具体情形加以阐释。[5]此外，在法律适用上还牵涉规范性文件适用的规范效力问题，即解答规范性文件能否被适用作为判断行政

---

〔1〕　参见蔡小雪：《审理涉行政协议行为案件与审理民事合同纠纷案件的区别》，载《山东法官培训学院学报》2019 年第 4 期。

〔2〕　对行政行为诉讼适用合法性审查，法院要对行政机关订立、履行、变更、解除行政协议等行为进行全面审查，不受原告诉讼请求的限制；对违约诉讼，法院要对行政机关是否具有相应义务或者履行相关义务进行合约性审查。参见最高人民法院行政审判庭：《最高人民法院关于审理行政协议案件若干问题的规定理解与适用》，人民法院出版社 2020 年版，第 18 页。

〔3〕　参见余凌云：《论对行政契约的司法审查》，载《浙江学刊》2006 年第 1 期。

〔4〕　《行政协议解释》第 27 条规定："人民法院审理行政协议案件，应当适用行政诉讼法的规定；行政诉讼法没有规定的，参照适用民事诉讼法的规定。人民法院审理行政协议案件，可以参照适用民事法律规范关于民事合同的相关规定。"

〔5〕　例如，在行政协议的职责、程序要素方面，应适用行政法律规范，在意思要素方面，应适用民事法律规范，在内容要素方面，应综合适用行政和民事法律规范，当协议义务是法定义务时，则优先适用行政法律规范，当协议义务是契约义务，应参照适用民事法律规范或协议约定条款。参见江必新、邵长茂编著：《最高人民法院关于适用〈中华人民共和国行政诉讼法〉若干问题的解释辅导读本》，中国法制出版社 2015 年版，第 105-106 页；徐肖东：《行政协议相对人不履行义务的裁判规则——兼评（2015）苏行终字第 00282 号行政判决书》，载《上海政法学院学报（法治论丛）》2016 年第 6 期。

协议效力的依据问题。《行政协议解释》虽从形式上明确了行政协议司法审查的法律适用位次，但仍需面对行政协议效力审查的规范位阶标准的实质问题，而对于该问题，在现行法规范与理论探讨中均未形成定论。有研究认为，根据《行政协议解释》第 12 条的规定[1]，判断行政协议效力的依据可参照《民法典》第 153 条关于"法律和行政法规的强制性规定"的规定限定在较高层级，但从行政诉讼法的立法目的出发，若其他规范性文件利于保障行政相对方合法权益的则不应被完全排除适用。[2]此外，也有观点认为，机械地限定于法律、行政法规，是形式主义法治观念的产物，适用行政协议的目的本身在于实现行政管理目的，不得以规范性文件仅体现了较低的效力层级，而否认其具有约束行政机关的作用，因此，除规范性文件本身存在合法性问题外，行政协议的适用不得违反各层级规范中的强制性规范。[3]

其四，在诉讼时效上，区别于一般行政行为"六个月"的诉讼时效规定[4]，《行政协议解释》第 25 条明确规定了四种情形下行政协议的起诉期限[5]。这一规定与 2015 年《最高人民法院关于适用〈中华人民共和国行政诉讼法〉若干问题的解释》第 12 条中的规定并无实质区别，然而，关于该四种明确列举类型之外的其他行政协议纠纷情形的诉讼时效却尚未得到妥善解决。具体而言，在行政相对人认为行政协议的订立存在重大误解，请求变更协议内容，或协议的签订系出于受胁迫或欺诈，而请求解除行政协议等情形下，对诉讼时效的确定是适用行政诉讼的相关规定，还是参照民事法律的相关规定，仍有待进一步明确。此外，对于行政协议已履行完毕而提起行政诉讼的情形，现行法并未形成明确的诉讼时效指引，理论探讨中亦尚无定论。

---

〔1〕《行政协议解释》第 12 条第 2 款规定："人民法院可以适用民事法律规范确认行政协议无效。"

〔2〕 参见李晨：《PPP 模式中行政合同的司法审查》，载 http://www.360doc.com/content/19/1106/22/41730235_871553705.shtml，最后访问日期：2020 年 7 月 4 日。

〔3〕 参见江必新：《行政协议的司法审查》，载《人民司法（应用）》2016 年第 34 期。

〔4〕《行政诉讼法》第 46 条第 1 款规定："公民、法人或者其他组织直接向人民法院提起诉讼的，应当自知道或者应当知道作出行政行为之日起六个月内提出。法律另有规定的除外。"

〔5〕《行政协议解释》第 25 条规定："公民、法人或者其他组织对行政机关不依法履行、未按照约定履行行政协议提起诉讼的，诉讼时效参照民事法律规范确定；对行政机关变更、解除行政协议等行政行为提起诉讼的，起诉期限依照行政诉讼法及其司法解释确定。"即除了对行政机关不依法履行、未按照约定履行行政协议提起诉讼的参照适用民事法律规定外，对行政机关变更、解除协议等行政行为提起诉讼的，起诉期限适用行政诉讼法及其司法解释的规定。

有观点认为，根据《行政协议解释》第 27 条的规定，由于《行政诉讼法》未作出明确说明，应参照适用民事法律相关规定，适用民事法律规范的规定确定诉讼时效。还有观点认为，依照《行政协议解释》第 25 条的规定，参照适用民事诉讼时效规定的情形仅涵盖协议未完全履行的情形，就内容已履行完毕的行政协议提起诉讼不属于其范畴，因而适用行政诉讼及其解释的相关规定更为妥当。[1]

其五，在责任归责上，行政协议作为行政机关实现行政管理或公共服务目的的手段，对行政协议确定的内容予以完整适当地履行，既是行政机关的法定职责也是其协议约定义务。当行政机关未依法按约履行协议义务，使相对人合法权益遭受损害时，应由行政机关对因其违约而对相对人产生的直接损失承担赔偿责任，包括已发生的经济损失及未来必将可得利益损失。然而，在行政机关的两种义务形态下，对行政协议违约损失的赔偿责任，既体现为《国家赔偿法》第 4 条、第 36 条第 8 项规定下违法协议行为的国家赔偿责任[2]，也体现为《行政协议解释》第 20 条规范下行政协议履行的违约责任[3]，两者在责任归责上呈现出明显的竞合关系，至于如何处理该责任竞合问题以合理确定行政机关的应负责任，现行法尚未形成明确性的指引，仅有个别判例尝试在个案裁判中作出适当解释[4]。

（二）复议救济的适用局限

早在《行政复议条例》的规范时代，行政实践中便存在将农村经济承包

---

[1] 参见王力：《行政协议争议司法审查的实证与反思》，载 http://www.360doc.com/content/16/0724/11/16286_57798097，最后访问日期：2021 年 2 月 22 日。

[2] 根据《国家赔偿法》第 4 条、第 36 条第 8 项的规定，行政机关及其工作人员在行使行政职权时，作出违法行政行为造成财产损害的，受害人有取得赔偿的权利。财产损害按照直接损失给予赔偿。

[3] 《行政协议解释》第 20 条规定："被告明确表示或者以自己的行为表明不履行行政协议，原告在履行期限届满之前向人民法院起诉请求其承担违约责任的，人民法院应予支持。"

[4] 在刘全福、刘鹏诉潍坊高新区管委会未按照约定履行土地出让协议案中，最高人民法院认为，行政机关未按约定履行造成的违约损失，在赔偿责任上实质是行政协议行为侵权的国家赔偿责任与行政协议违约责任的法律竞合。民事诉讼中，发生民事侵权与违约赔偿法律责任竞合的情况下，当事人只能选择其一提起民事诉讼。根据《行政诉讼法》第 2 条规定，行政诉讼只能是行政行为侵权的国家赔偿责任，除非法律、法规或规章另有规定，行政机关一般不承担违约责任，更不能判决行政机关既承担行政赔偿责任，又承担协议违约责任。参见最高人民法院（2020）最高法行申 5229 号行政裁定书。

合同纳入行政复议解决路径的实例[1]，根据《行政诉讼法》第44条的规定，属于行政诉讼受案范围的行政纠纷，相对人被赋予提起行政诉讼权利的同时，亦被赋予在该受案范围内提起行政复议的权利。[2]在行政协议诉讼受案范围的规定中，《行政诉讼法》《行政协议解释》的相关规定业已将所有因行政协议的订立、履行、变更、终止等发生的纠纷均纳入诉讼受案范围[3]。

然而，在行政复议制度层面，现行《中华人民共和国行政复议法》（以下简称《行政复议法》）、《中华人民共和国行政复议法实施条例》（以下简称《行政复议法实施条例》）等有关行政复议的法律、行政法规，并未对行政协议纠纷是否应归入行政复议受案范围作出明确规范，[4]且由于在行政协议的复议审查方面缺乏实践积累与系统理论研究，《行政复议法》的相关修订意见基本仅能重复行政诉讼法有关行政协议规定的内容[5]，未能体现出行政复议作为行政纠纷化解的主渠道作用及其高效便民的制度优势。

实践中行政协议纠纷纳入行政复议的救济渠道，主要依据《行政复议法》第11条有关相对人"认为行政机关侵犯合法的经营自主权""认为行政机关

---

〔1〕 参见张志华：《南漳县政府授权政府法制机构严肃查处村级行政组织单方面撕毁经济承包合同案件》，载《行政法制》1996年第3期。

〔2〕 《行政诉讼法》第44条第1款规定："对属于人民法院受案范围的行政案件，公民、法人或者其他组织可以先向行政机关申请复议，对复议决定不服的，再向人民法院提起诉讼；也可以直接向人民法院提起诉讼。"

〔3〕 参见《行政诉讼法》第12条第1款第11项的规定、《行政协议解释》第4条第1款的规定。

〔4〕 规范性文件中，政府特许经营协议等协议争议一度被排除在行政复议的受案范围之外。参见原国务院法制办公室对《交通运输部关于政府特许经营协议等引起的行政协议争议是否属于行政复议受理范围的函》的复函（国法秘复函〔2017〕866号）。司法实践中亦有相反判例，如安徽省淮北市相山区人民政府曾受理房屋征收补偿协议并予以撤销，最高人民法院（2019）最高法行申字第8145号行政裁定书。

〔5〕 如《中华人民共和国行政复议法（修订）（征求意见稿）》第11条第1款规定："有下列情形之一的，公民、法人或者其他组织可以依照本法申请行政复议：……（十一）认为行政机关不依法履行、未按照约定履行或者违法变更、解除行政协议的；……"；第79条规定："被申请人不依法履行、未按照约定履行或者违法变更、解除行政协议的，行政复议机关决定被申请人承担继续履行、采取补救措施或者赔偿损失等责任。被申请人变更、解除行政协议合法，但未依法给予补偿的，行政复议机关决定被申请人依法给予补偿。"上述规定除了未具体列举行政协议的类型而直接采用行政协议的概念外，基本与《行政诉讼法》第12条第1款第11项及第78条的规定相同。参见司法部行政复议与应诉司：《中华人民共和国行政复议法（修订）（征求意见稿）》，载http://zqyj.chinalaw.gov.cn/readmore? listType=1&id=4060，最后访问日期：2022年1月4日。

的其他具体行政行为侵犯其合法权益”可提起行政复议的规定[1]。即便其中还存在相对人“认为行政机关变更或者废止农业承包合同，侵犯其合法权益”可提起复议的具体规定[2]，但这一规定是否及于其他行政协议纠纷仍未得到明示[3]，且农业承包合同在功能视角下是否应归入行政协议的范畴亦尚且存疑。总体上看，对于行政协议纠纷案件的受案范围，行政复议的相关法律制度相较于行政诉讼的相关规范更为狭窄。而作为相对人权利救济的主要法律规范，两部法律在受案范围上的分化，将不利于法律规范之间的衔接运作，进而在相对人合法权益保护上形成阻碍。

此外，我国在行政复议上采取了由政府系统的内设部门充任行政复议机构的模式，未形成独立统一的行政复议机构系统，复议主持机构很大程度上仍须听命于所属的行政领导而缺乏自主决定权，且仍未建立合理的复议工作人员回避制度。致使在通过行政复议的内部解决渠道化解行政协议纠纷时，行政机关很可能在多重考量下，利用特权向相对人施加协议义务以外的压力迫使其让步或出卖公共利益。同时，因行政协议的实践适用类型繁多，涉及面广且专业性强，相应的协议纠纷纳入行政复议救济渠道，将对行政复议工作人员的专业素养提出较高的要求，若复议人员不熟知相关法律规范，未能形成对相关法律精神的宏观把握，将难以作出准确的复议决定。[4]因此，在化解行政协议纠纷问题上，现行行政复议救济途径仍存在不可回避的缺憾。[5]

（三）调解救济的适用局限

作为行政纠纷化解与权利救济的非讼手段，我国现行调解组织机构主要通过说服、教育、疏导等方法，促使双方当事人在平等协商的基础上自愿达

---

[1] 参见《行政复议法》第 11 条第 8 项、第 15 项的规定。

[2] 参见《行政复议法》第 11 条第 8、9 项的规定。

[3] 有观点认为，如公共工程建设合同、小型国有企业承包和租赁合同、国有土地使用权出让合同等合同类型，虽未列明，但与农业承包合同一样可以提起行政复议。参见王寨华：《论我国现行行政合同司法救济制度》，载《南京财经大学学报》2006 年第 6 期。

[4] 参见王旭军：《行政合同司法审查》，法律出版社 2013 年版，第 51 页。

[5] 参见李粟燕：《论行政契约司法救济制度的定位与整合》，载《中国行政管理》2007 年第 6 期。

成调解协议以化解纠纷。[1]对于人民调解，根据《中华人民共和国人民调解法》（以下简称《人民调解法》）的相关规定，主要由村委会、居委会、企事业单位中设立的人民调解委员会具体承担纠纷调解任务[2]，并明确了人民调解协议的合同效力可经司法确认形成强制执行效力[3]，但随着我国国情的发展变化与新型矛盾的不断涌现，现行人民调解的适用仍存在法律效力不强、范围不够明确、人员整体专业素养不高、经费较为短缺等问题[4]。尽管当前行政协议纠纷尚未明确纳入人民调解的范围，但理论上行政协议的"合意性"使其具有纳入人民调解的可行性，在类似实践中如涉及集体用地的合同纠纷，即可依法在当事人自愿平等的基础上进行调解。然而，实践中行政协议纠纷往往牵涉复杂的公共利益与私人利益的衡平问题，且在大多情况下作为协议一方当事人的行政机关在级别上往往高于依法设立的人民调解委员会，而人民调解专业性、权威性的缺乏，使其难以对行政协议纠纷作出科学规范的调解。

对于行政调解，依现行法律法规的规定，我国适用行政调解的行政纠纷事项范围主要涵盖行政裁量纠纷、行政赔偿或补偿纠纷、行政系统内部纠纷等纠纷类型[5]。行政协议作为行政机关与相对人就某行政事项协商一致形成合意的产物，一定程度上体现了行政机关在相应事项裁量上的实践样态，相对人可就协议内容提出增补、修改的建议，行政机关亦可对其在协议中的"权利"作出一定让步[6]。于此，将行政协议纠纷纳入行政调解的事项并不存在理论障碍，然而，行政协议纠纷的行政调解仍未在现行制度规范层面得以明示，而多聚焦于因合同纠纷引起的与行政职能相关的民事纠纷。

同时，在现阶段行政调解主体的设置上仍呈现出诸多瑕疵与缺陷[7]：一

---

〔1〕 参见熊文钊：《现代行政法原理》，法律出版社 2000 年版，第 480 页。

〔2〕 《人民调解法》第 8 条第 1 款规定："村民委员会、居民委员会设立人民调解委员会。企业事业单位根据需要设立人民调解委员会。"

〔3〕 参见《人民调解法》第 31 条第 1 款、第 32 条、第 33 条的规定。

〔4〕 参见刘振华、蒋荣清：《社会管理创新背景下我国人民调解制度的发展与完善》，载《湖南警察学院学报》2014 年第 6 期。

〔5〕 行政纠纷的行政调解，既是对不适应社会需求的公共产品的修正，也是公众参与公共治理活动所形成的合作行政关系的体现，同时对于行政纠纷的行政调解化解也使行政法的人文精神得以活化。参见吴明熠：《行政调解纠纷范围的类型嬗变》，载《邵阳学院学报（社会科学版）》2020 年第 1 期。

〔6〕 行政机关的职权性质并非都是权力与权责的合一，很多"职权"具有"权利"性质，行政机关可在法定范围内进行合理正当的裁量处分。

〔7〕 参见吴明熠：《行政调解主体架构的重塑》，载《行政科学论坛》2019 年第 8 期。

是行政调解主体的专业性瑕疵。实践中大量纠纷的解决都与行政管理密切相关，纠纷领域的专业性决定了由专业的行政机关进行处理最为理性、经济，专业性也是行政调解区分于其他调解方式的重要特征。但在目前的法律法规文本中对于行政调解主体的设定并未完全满足专业性的要求，在专业性优势的发挥上仍存在部分瑕疵，由于行政调解仅为行政机关的附带性职能，因而在对行政调解主体的设定上，并未明确行政主管部门必须设立专门的调解机构或配备专门的行政调解员从事行政调解活动，即便在技术性要求更高的行政争议调解活动上，对调解主体也仅作笼统设定。二是行政调解主体设置的非中立性。该缺陷衍生于纠纷的调解主体与该类纠纷的行政主管部门的对应性上，现行法律法规规定的行政调解活动普遍依附于其职权行为之上，也造就了管理主体与调解主体重合的现象。尽管在地方法规范下，部分行政机关着手设立了专门的调解机构或行政调解指导机关，并单独设于各管理部门内部或设于法制、信访等机构合署办公，以在一定程度上对机关的管理与调解职能进行割离，但实践中因两个机构处于同一机关内部，大多调解人员在人员配置上仍由管理人员兼任，使调解的中立效果难以得到保证，尤其对于行政纠纷的调解而言，调解主体与争议当事人身份的重合，往往会大大减损行政调解的公信力。三是行政调解主体设定的笼统性。现行法规范对行政调解主体的设置表述通常采用"主管机关""管理部门""机构""机关"等相当宽泛的概念，并未细化为具体的实施机构或组织，难以明确是由其内设机构或是其他职能机构具体负责行政调解活动。同时，模糊的设定也可能引发行政调解主体管辖上的冲突，在现行"谁主管、谁负责"的调解管辖前提下，当某一争议纠纷涉及多个领域时，在规定上通常由多个管理部门按其职责进行分工调解[1]，但因现行法未对各主体的管辖权限作出进一步明确界定，当出现管辖权竞合时，难免发生调解主体之间相互推诿的情形，甚至导致行政调解的规定形同虚设。

此外，对于行政调解协议的效力，现行法并未赋予其作为强制执行依据的效力，换言之，调解协议的内容一般仅能通过当事人的自愿遵守实现，即

---

〔1〕《中华人民共和国水污染防治法》第97条规定："因水污染引起的损害赔偿责任和赔偿金额的纠纷，可以根据当事人的请求，由环境保护主管部门或者海事管理机构、渔业主管部门按照职责分工调解处理；……"，其中便涉及三方行政调解主体。

便一方不履行调解协议确定的义务，另一方也无法执此协议请求行政调解主体或法院强制执行，而仅能寻求其他救济途径解决行政协议纠纷。[1]行政调解协议效力的缺失，在制约行政协议纠纷及时化解的同时，也将造成行政资源的浪费，减损行政机关调解纠纷的积极性，[2]在制度层面上对相对人的权利救济施加阻碍。

第三节　法定容许标准层级化重塑的可行保障

统而论之，立足内部要素的宏观考量，即基于行政标的若体现为强制干预或重要给付将丧失行政形式选择自由的概括考量，在容许标准的构造上主要表现为因协议本质需要而形成的法定容许标准。而立足外部要素的宏观考量，即基于对协议适用规范机制的整体性评估考量，相关容许标准的构造则表现为因规范机制失灵而形成的法定容许标准。由此，结合内外部要素的宏观考量，法定容许标准则成为行政协议容许适用标准的共通结论。

然而，在行政协议适用的不同功能类分下，不同类型的协议适用基于考量要素方面或程度的差异应有不同的法定容许样态，而笼统概括式的传统法定容许标准未能客观反映不同位阶法规范在规约协议适用上的有序性。因此，为有效化解行政协议适用中容许限度的未知困顿，实有必要对传统法定容许标准予以层级化重塑，而法定容许依据的位阶分化及容许标准的动态可调整性，则为标准的重塑提供了可行保障。具体而言，在我国权力规约的规范体系下，作为容许依据的法律规范，既涵盖高位阶的狭义法律，也包括位阶稍低的规范性文件，容许适用的法定依据可根据对权利影响程度、事项重要程度等不同要素的考量，形成规范位阶的层级性分化，以实现各位阶规范在规约行政协议适用上的有序化、个别化安排，从而对笼统概括式的传统法定容许标准模式予以层级化地重塑。同时，容许标准本身具有动态调整的可行空间，可随着各影响要素的变化作更趋向严格或宽松的适当调整，在内外要素的结合考量下也使行政协议的适用对法定容许标准的重塑具备可行性。

---

〔1〕 如原《合同争议行政调解办法》第 20 条规定："调解不成立或者当事人不履行调解协议的，工商行政管理机关应当告知当事人根据仲裁协议向仲裁机构申请仲裁，或者向人民法院起诉。"
〔2〕 参见潘乾：《试论我国行政调解制度的完善》，载《行政与法》2008 年第 4 期。

一、法定容许依据的位阶分化

法理上作为容许依据的法律规范，在一国的法律体系内通常有着明晰的法律位阶，以对不同类别法规范之间的适用顺序与效力等级予以确定，依据位阶的分化亦有助于明确不同法规范在调整事项上的权限范围，从而确保法律体系的内部和谐统一。在法律位阶的划分标准上，尽管理论研究已有以"立法程序限制程度""立法主体地位高低""利益的层次与范围"等维度确立标准的广泛讨论〔1〕，但立足法律位阶更为精准的深层化、普适化、理论化的划分，还应回溯权力之间的纵向关系、立法内容的包容关系等方面的基础性考察，将位阶的分化标准归结为权力的等级性与事项的包容性。〔2〕

权力作为维系公共秩序与规制社会关系的工具性定位，使其在繁杂多元的国家治理中必然应形成并然有序的层级架构。基于权力的等级性特点，一方面，在以"权力创制法律"的法律规范制定上，使得基于不同权力制定的法律规范居于与其权限相称的位阶之上。一般认为，在"人民主权"的现代国家，更具民意基础的最高权力机关立法权应高于其他国家机关的规范创制权，因而宪法与狭义法律的位阶应高于其他法规、规章等法律规范。而在单一制国家的权力结构下，中央机关的权力等级高于地方机关的权力，因而中央一级立法规范的位阶应高于地方机关制定的法律规范。另一方面，在以"法律规制权力"的权力运作规范上，基于狭义法律难以关涉所有领域的客观事实与国家权力的合法化要求，使得不同等级的权力运作应通过不同位阶的法律规范对其加以规制，而就具有同质性的行政权而言〔3〕，其等级性除了体

---

〔1〕　有观点认为，应以立法主体的地位高低及立法程序的限制多少两条标准确定法律的位阶，立法主体地位越高，立法程序限制越严，相应的法律位阶层级越高。参见张根大：《法律效力论》，法律出版社 1999 年版，第 169 页。亦有观点认为，法的位阶及效力等级不同，其根据是在不同层次和范围上反映的人民利益，或说法所反映人民利益的层次和范围不同，决定其位阶及效力等级不同。参见杨忠文、杨兆岩：《法的效力等级辨析》，载《求是学刊》2003 年第 6 期。

〔2〕　参见胡玉鸿：《试论法律位阶划分的标准——兼及行政法规与地方性法规之间的位阶问题》，载《中国法学》2004 年第 3 期。

〔3〕　所谓权力的同质性，是指在分权体制下，权力主体所享权力在属性上同属一种类型，均归于立法权或行政权或司法权，因不同权力的目标设计不完全相同，非同质的权力之间实际难以确定权力的高低等级，只有同质的权力之间才显现了清晰的上下级关系，在此意义上，"权力同质性"是对"权力等级性"的必要补充。

现在隶属机关之间的上下级权力关系之外，还主要反映在对不同价值位阶权利的影响上，如前所述，由于人身权利的人身专属性具有维系人类基本生存活动秩序的客观功能，在特定活动中的客观法律价值评判上，相对于具有较高支配度的财产权利，往往体现了被优先考量的权利位阶特点。因而相较于对财产权利的干预，行政权对人身权利的干预应受制于更高位阶的法律规范。以行政处罚权的设定为例，尽管2021年新修订的《行政处罚法》在地方性法规对行政处罚的补充设定上予以了扩充并进行了理论证成[1]，但对限制人身自由的行政处罚仍仅由狭义法律设定，对于其他处罚类型，则根据对权利影响程度的不同，由行政法规、地方性法规、部门规章、地方政府规章等不同位阶的法律规范予以设定。[2]

同理，在公共事项的规范上，法律规范体系中还存在包容性的内部关系，例如，当某一法律规范可对所有公共事项予以规范并授权另一法律规范对部分事项予以规范时，因前法成为后法存在的条件并影响后法的适用，两者之间事实上呈现出上下位阶的关系。[3]这种法律规范的位阶分化，使具有不同重要程度或呈现不同公共性强度的事项，得以匹配不同位阶的法律文件予以规范，即重要的公共事务在很大程度上牵涉重大公共利益的实现，应由更具事项包容性的高位阶法律文件予以规范，并向下兼容亦可由较低位阶法律规范的一般性事项。据此，法定依据客观上的位阶分化作为重塑法定容许标准的内在推力，主要体现在，经由法律位阶划分标准的厘清，对牵涉不同权力影响、不同公共事项的行政协议适用，可有序地配以相应位阶的法定容许依据予以规范，而对通过笼统概括式的规定解决行政协议适用容许问题的现存法定容许标准予以改观。

二、容许标准的动态可调整性

行政协议容许适用标准在构设上所具有的动态可调整性，亦使其法定容

---

[1] "其他行政处罚"的类型设定不再限于法律、行政法规的规定，法律、行政法规对违法行为未作出行政处罚规定，地方性法规为实施法律、行政法规，可以补充设定行政处罚。相关理论证成可参见王太高：《论地方性法规行政处罚补充设定权》，载《苏州大学学报（哲学社会科学版）》2021年第6期。

[2] 参见《行政处罚法》第10条至第14条的规定。

[3] 参见［英］约瑟夫·拉兹：《法律体系的概念》，吴玉章译，中国法制出版社2003年版，第29页。

许标准的重塑具备理论上的可行性。具体而言，对于因其他外部规范性机制的失灵而产生的法定容许需要，随着禁止不当联结等规范原则以及其他程序管制等规范机制的完善情况变化，对于现存概括式的法定容许适用，亦应有区分式的开放容许的调整。例如，在行政协议适用的规范机制相对薄弱的背景下，部分国家为维系公共物品供给中的公共利益，并尽到对公民的生存照顾义务，对相关领域的协议适用便采取了单项立法许可、逐项进行的方式，与此同时健全完善相应的管制机制，制定专门针对弱势方的配套保护措施，[1]并可随着相应机制的日趋完备，将所有领域的协议适用单项立法容许，转向仅面向公共性较强的领域，或以概括授权的方式提高单项立法容许的授权效能，以行政协议的适用在实现效能的同时不至于对公共性造成损害，确保公益维护与效率的双赢。由此，便直观体现了行政协议适用的容许标准在一定范围内的"动态游离性"，可根据民众权利保护、规范机制健全的程度变化而作出相应调整，或在不同适用领域进行区分化的安排，以此构成重塑传统法定容许的内在动能。

---

〔1〕　参见杨欣：《论政府职能民营化的边界》，载中国法学会行政法学研究会编：《行政管理体制改革的法律问题——中国法学会行政法学研究会 2006 年年会论文集》，中国政法大学出版社 2007 年版，第 343 页。

围绕协议类化与要素考量的容许
标准层级构造

　　立足"内部要素考量为主，外部要素考量为辅"考量体系的构设，既体现在应结合内外部要素的宏观考量对容许标准的大体面向作出判断，也体现在内部要素在容许标准构设考量中具有决定性的优先位次，而外部要素在构设考量中难以形成相对具有层级性的具象量化[1]，应主要立足内部要素的微观考量对协议适用的容许标准进行具体构设。

　　尽管法定容许标准是结合内外部要素宏观考量的协议容许适用标准的共通结论，但在现代治理中行政协议适用的功能地位愈发重要、规范理念与管制措施愈发成熟的背景下，其容许适用的标准构造不应还停留在以"概括性"的笼统规定呈现，而理应进行有区分且更趋向"有序性"的层级化改造。对于其具体构设，在协议类化的认识前提下，不同行政协议类型的容许适用标准构设，则仍需立足内部要素形成不同面向的微观考量，相关要素在内容及程度表现上的差异，使不同类型的协议之间受法律保留的约束程度亦有所区别，在法定容许标准的构设上主要体现为，不同协议类型容许适用依据的位阶差异。

第一节　替代或补充型协议的容许：权利影响的考量

　　替代或补充型协议作为功能上强化行政机关与相对人意思交互的行为机

---

　　〔1〕　对行政协议适用的规范性程度考察本身即难以以具象量化的程度等级呈现，因而在某一协议适用的外部规范机制尚未完备时，实际难以对其规范性的缺失程度予以量化判断，进而只能笼统地反映在容许标准构设考量中，难以在更为细致的操作层面，在狭义法律层级的容许或是规章规范层级的容许抑或其他层级的容许之间作出更为精准的考量构设。

制，该协议适用在拓宽行政机关对权利施加影响的裁量空间的同时，还应对意思交互过程中权力对权利的变相侵害予以警惕，因而为有效防范因权力裁量空间的拓宽带来的侵权风险，其法定容许标准的构设应以"控权本位"的规范主义为基点，主要聚焦于协议事项对权利影响的考量，根据权利影响的效果、类型等方面的差异，在法定容许标准的构设安排上，分别形成狭义法律层级的容许适用标准、受制于替代或补充行政依据的容许适用标准、规范性文件层级的容许适用标准。

一、狭义法律层级的容许适用

作为行政协议法定容许适用依据的最高层级，大体上看，受制于狭义法律的协议适用，既关涉作为协议标的的行政对重要基本权利的限制，也牵涉相对人对未经法律容许不得擅自处分的基本权利的处分。

尽管行政协议的适用在内容上主要涉及行政法上的权利，但就宪法与行政法的关系而言，行政法上的权利不仅在价值目标上受宪法基本权利的指引，而且在类型划分上宪法基本权利对其有着直接的参照意义，[1]作为宪法基本权利的具体化呈现，行政法上的诸多权利实际承载着基本权利的客观价值，因而在权利的干预与处分中自然也难免触及基本权利的相关理论约束。作为已在相关领域积累了丰厚理论成果的国家，德国法上关于基本权利处分限制的研究大体可归结为三种理论观点：一是在单向性公权力活动形成的等级关系中不得擅自放弃基本权利，但在以契约方式形成的对等关系中基本权利的放弃则被准许；二是因基本权利具有公益性的客观法价值，原则上不得进行随意干预与处分；三是原则上契约中的特定相对人为获取宪法保障的利益，在对基本权利不构成妨害的前提下，被允许在一定范围内自行放弃基本权利。[2]上述观点结论的证成在其各自维度均具备一定的合理性，亦为基本权利的干预与处分限制分析提供了关系、价值、利益等不同的分析视角。

基本权利并非仅作为具有给付请求及排除妨害等功能的主观权利而存在，这也体现了现代社会人类公共活动追求的客观秩序价值，并以此形成国家权

---

[1]　参见徐以祥：《行政法学视野下的公法权利理论问题研究》，中国人民大学出版社 2014 年版，第 44 页。

[2]　参见陈敏：《行政法总论》，新学林出版股份有限公司 2009 年版，第 595 页。

力运作的客观价值规范。[1]因此，基于对基本权利的干预与处分将势必引起对公益性客观法秩序的影响，在干预与处分活动中也必然有所拘束，换言之，基本权利整体上呈现出的对公共价值取向与权力性格的形塑功能，亦是承载了基本权利具体化任务的行政法权利，在个案中对其的干预与处分理应有更为严苛清晰的规范。与此同时，鉴于公法上的权利体系较为庞杂，即便要求应对具象化基本权利的行政法权利在个案中的干预与处分施以严格的法规范，但并不意味这一要求将无差别地适用于所有权利中，而应基于相关权利所具有的主观权利功能与客观价值秩序功能，根据其对相对人的影响反馈及价值评判作出有甄别的必要调整。如前所述，在不同权利类型的法律价值评判上，人身权利与社会权利除具有自由行权、排除妨害的主观权利功能外，因客观关涉相对人在社会中的基本生存与发展等基础秩序的维系，在价值评判上往往被认为在特定范围内的权利体系中要高于物权、债权等财产性权利，前者对相对人的影响程度也一般被认为要稍大于后者，因而无论是对人身权利或社会权利的限制，还是相对人对该类权利的自主处分，皆应有高位阶法律的积极介入，在以相关权利限制为标的的行政协议适用上限缩行政形式的选择自由，使其亦应受制于高位阶狭义法律的容许依据。

据此，立足我国行政协议的现实适用，狭义法律规范的容许要求亦应在相关人身权利或社会权利限制的协议适用中得以体现，前者如以干预公民生育自由为内容的计划生育协议，作为计划生育国策执行性羁束行政的替代型协议，尽管在协议主要的权利义务内容上体现为，对人口与生育相关法律规定的直接执行，但因仍属高权行政领域且带有一定的合意色彩，亦被视为特殊形态的行政协议[2]，或谓之羁束行政下的行政协议[3]。与大多裁量行政下的行政协议适用不同，尤其在干预行政领域，基于行政行为形式选择自由限缩，对计划生育协议等羁束行政型协议适用形成的法定容许要求，并非出于为干预裁量空间的拓宽寻求法律上的准许或对其产生的侵权风险进行有意防范，而主要着眼于相对人"权利处分"的视角，在法律上寻求相关权利自主处分的认可。生育自由作为宪法意义上人身自由的重要涵摄内容具有人身

---

[1] 参见李建良：《宪法理论与实践》，新学林文化事业出版有限公司2003年版，第64-65页。

[2] 参见余凌云：《行政法讲义》，清华大学出版社2019年版，第296-297页。

[3] 亦有称拘束行政下的行政协议。参见刘春：《行政协议中"权利处分"条款的合法性》，载《政治与法律》2018年第4期。

权利带有的人身专属性，而作为社会伦理发展的衍生权利，在有关生育自由的权利行使上亦应受公序良俗基本原则的支配限制，未经狭义法律的容许不得擅自进行转让、继承等"权利处分"活动。基于此，在学理上为确保权利人对自己生育权利的有效处分，计划生育协议等有关生育权干预的行政协议适用原则上应要求有狭义法律上的容许依据，即在国家政策和相关法律明确授权干预的前提下，相关协议的适用还应有额外的授权以协议形式行为的容许条款。然而，从现行《人口与计划生育法》的立法宗旨来看，对于调控人口数量、优化人口结构的立法目的，我国主要通过对公民生育数量的控制来实现，[1]因而实践中的计划生育协议通常仅通过"不得超生"的条款约定完成人口控制的执法目的，权利人虽不具有让与或继承生育权等方面的自由，但就公民生育自由的权利内涵而言，已然赋予了权利人自主决定是否生育、生育数量的决策自由，[2]在涉及的相关权利处分上无需再获取额外的容许许可。因此，在政策与法律授权予以羁束干预且权利在特定范围内可被自主有效处分的前提下，实践中计划生育协议实际无需额外的法定容许，而是在相应职权法定的范围内自由启动适用。

后者如行政协议可能涉及的对公民社会物质保障权的干预，如前所述，作为社会成员从国家获取基本生存照顾与给付的社会权利，其往往带有人身性与授益性，客观价值上具有维系公民基础生活条件的秩序功能，因而无论是行政对其的直接干预，还是权利人的自主处分，均应受法律保留的严格拘束，[3]在相关社会保障权干预的行政协议适用上，则应有高位阶狭义法律的容许依据。例如，在我国有关行政强制执行和解协议的适用实践中，便应警

---

〔1〕《人口与计划生育法》第2条第2款规定："国家采取综合措施，调控人口数量，提高人口素质，推动实现适度生育水平，优化人口结构，促进人口长期均衡发展。"第18条第1款规定："国家提倡适龄婚育、优生优育。一对夫妻可以生育三个子女。"第19条规定："国家创造条件，保障公民知情选择安全、有效、适宜的避孕节育措施。实施避孕节育手术，应当保证受术者的安全。"

〔2〕我国立法亦对公民自主选择计划生育避孕节育措施的行为予以了明确。参见《人口与计划生育法》第20条的规定。

〔3〕行政协议中涉及的公法上的基本权利与一般权利不同，在日本学者美浓部达吉看来，公法上的基本权利作为人民对国家所享有的权利，并不是单为着权利者本身的利益，而是同时为着社会公共的利益，所以除法律特别规定外，原则上不得舍弃，且公法上的基本权利多置重于其主体，法律是与"某特定主体享有该项权利为适合公益"而承认该权利的，所以原则上不能与其主体相分离，即对该项权利不能加以转移。参见〔日〕美浓部达吉：《公法与私法》，黄冯明译，中国政法大学出版社2003年版，第110-111页。

惕行政强制执行行为的内容牵涉被执行人最低生活物质保障的执行，除了相关权利的保障属性与人身属性使权利人在未经法律容许的情况下不得随意处分外[1]，因相关内容势必将与现代法治中国家应履行的公民基本生存照顾及给付义务相冲突，并可能违反行政法上的比例原则造成对被执行人权利的过度限制，若关涉相对人基本生存物质保障的执行，则理应有狭义法律的容许作出额外调整。

二、受制于被替代或补充行为依据的容许适用

行政协议的容许适用受制于被替代或补充行为的法定依据，作为在一般意义上对替代或补充型协议法定容许标准构设的探讨，其内在逻辑主要源于协议化的行政形式与原行政行为之间的演变关联性，及其对原行政行为特质的承继。如前所述，替代或补充型协议的适用不仅涵盖了部分干预行政领域，亦在诸多给付行政领域有所涉足，作为旨在强化双方意愿交互的行为机制，本质上并未改变相关行政对相对人权利直接产生作用力的行为特质，与此同时还带来了因协议形式下原行政权裁量空间的拓宽而产生的尚未有法律规制的侵权或公益损害风险，而这种裁量衍生的作用力使原行政行为对个体权利或社会公益的影响亦得以延续，并亟需予以同等的法律规制。于此，当被替代或补充的原行政行为，尤其是干预行政与重要事项的给付行政受制于法律、法规、规章等不同依据的法律保留规范时，在行政行为形式选择自由的限缩规范下，相应干预行政领域或重要给付领域的替代或补充型协议适用，亦应有相同容许依据的法律控制。对此，尽管我国现行立法尚未形成明确指引，但在相关协议被视为对应行政的替代或延续的趋同性认识下，个别域外立法已然形成了"等同控制"的规范趋势[2]。

在干预行政领域的替代或补充型协议适用中，如税收执法和解协议的适用，作为税务执法行为的替代性协议，其实践适用的现实基础来源于，税务

---

〔1〕 如最低生活经济保障权的保障属性与人身属性便体现在，该权利主要赋予特定的经济困难群体，并旨在保障其维系正常生活的需要，权利人不得随意进行让与、抛弃的处分。

〔2〕 根据意大利《行政程序和公文查阅法》第 11 条第 2、3 款的规定，替代性协议应当受到与被替代之具体行政行为相同的控制。参见应松年主编：《外国行政程序法汇编》，中国法制出版社 2004 年版，第 190 页。

执法活动客观上存在课税基础事实不明、采认相关证据不足的状态，[1] 而税务机关在处罚幅度、核定征收等方面享有法定的裁量权。具体而言，由于征税事实牵涉大量复杂的经济情况调查且事实资料多由纳税人掌握而存在证据偏在[2]，客观上可能存在依职权调查无法查明或查明所需的预期成本过高的情况，并由此限制了税务机关对事实或法律依据的查明与认定，此外，由于现行税收法律规范的精细化程度尚有不足且在上下位阶规范的衔接上尚有缺陷，在税务实践的法律适用中难免遭遇规范不明的情况，从而使双方在税务执法的法律适用问题上产生争议。[3] 为有效应对税务实践多样且复杂的客观情况，则需要赋予税务机关在事实认定、法律适用、行为作出的幅度、标准和方式等方面一定的裁量权[4]，使税务机关与相对人得以就课税事实、证据认定、法律适用、征税与处罚幅度、处罚方式等非法定课税要素内容在法定范围内进行和解。

然而，税收执法和解协议的适用本质上并未改变税务执法行为强制取得私人财物的公课行政特质，且在事实认定、证据采认等方面进一步拓宽了税务执法权行使的裁量空间，由此在税收执法和解协议的适用中也产生了诸多现实顾虑。在我国现行法规范尚未对税收执法和解予以明确，仅在《税务行政复议规则》《行政复议法实施条例》等规范中规定有行政复议阶段的税务复议和解的现实背景下[5]，有观点便认为在相对人权利保障仍存有疏漏的前提下，在税务执法领域适用和解将催化税务机关和相对人之间地位不均衡的趋势发展，[6]

---

〔1〕　和解协议在德国《行政程序法》第 55 条明确的规定，即旨在通过相互让步来消除合理判断中事实或法律问题的不确定状态的行政协议。参见［德］哈特穆特·毛雷尔：《行政法学总论》，高家伟译，法律出版社 2000 年版，第 356 页。

〔2〕　参见闫海：《税收事实认定的困境及出路》，载《税务研究》2010 年第 3 期。

〔3〕　对具体事实的法律适用 一般应以法律依据的明确且单一为前提，如果在欲适用的法律规范内容并不明确或针对认定的事实所适用的法律依据并不明确或并非唯一时，则将涉及不确定法律概念的具体化解释与认定的问题，在这一情况下，作为法律执行与适用机关的行政机关则存在一定的解释或裁量空间。参见王贵松：《行政法上不确定法律概念的具体化》，载《政治与法律》2016 年第 1 期。

〔4〕　行政机关对行政处理所依据的事实认定及行为作出的法律效果等方面具有一定裁量判断的余地。参见杨建顺：《行政裁量的运作及其监督》，载《法学研究》2004 年第 1 期。

〔5〕　参见《税务行政复议规则》第 86 条、第 87 条的规定以及《行政复议法实施条例》第 40 条的规定。

〔6〕　参见于淼：《税务和解适用的正当性及制度建构》，载《常州大学学报（社会科学版）》2018 年第 3 期。

亦有观点认为税务执法和解的适用将为相对人滥用和解的协商空间进行交易进而谋取不正当私利的机会。[1]因此，为避免在原税务行政裁量基础上拓宽产生的裁量权力，脱离应有的税务法律控制而产生新的侵权或公益损害风险，在我国现行税务行政执法受制于《中华人民共和国税收征收管理法》（以下简称《税收征收管理法》）《中华人民共和国税收征收管理法实施细则》（以下简称《税收征收管理法实施细则》）等法律、法规依据规范时，基于行政行为形式自由的限缩，税收执法和解协议的适用亦理应有相应法律和行政法规的容许规范，即应由《税收征收管理法》《税收征收管理法实施细则》对税收执法和解协议的适用作出规定，以明确其在相应法律规范上的容许性，授予税务机关与相对人就尚无法在现行基准裁量下解决的税务问题进行和解的权利。同理，又如治安处罚担保协议的适用，作为行政拘留处罚执行行为的替代性协议，[2]在行政权对相对人或担保人权利发生作用力的过程中，也牵涉了行政权行使的变化支配，而在超出原法定裁量行使的形式内容后，为避免可能的侵权风险并保证权力行使的正当性，其适用则亦应附有原权力行为同等的容许法律依据。

在重要给付行政领域的替代或补充型协议适用中，如矿业权出让协议的适用，作为自然资源管理部门依法向相关权利人出让探矿权采矿权的内容补充型协议，其适用在为探矿权采矿权等相关权利人带来矿产资源的经济价值的同时，也将一定程度影响相关地域内的公共矿产资源配置，但在本质上并未实质改变行政机关直接向相对人作出出让行为的行为特质，而是在逻辑上作为内容补充的协议与决定行为之间形成了连贯延续的法律关系。与此同时，协议适用带来的权力支配空间或协商余地的增加，使得在协议形式下的矿业权出让活动中应警惕权利人受权力恣意裁量的侵害或协议双方恶意串通使第三方或公众利益受损的风险[3]。为确保相应重要资源供给的民主正当性控

---

〔1〕 参见顾德瑞：《税务和解适用的三个着力点：范围、条件和阶段》，载《云南大学学报（法学版）》2014年第5期。

〔2〕 《中华人民共和国治安管理处罚法》（以下简称《治安管理处罚法》）第107条规定："……公安机关认为暂缓执行行政拘留不致发生社会危险的，由被处罚人或者其近亲属提出符合本法第一百零八条规定条件的担保人，或者按每日行政拘留二百元的标准交纳保证金，行政拘留的处罚决定暂缓执行。"

〔3〕 恶意串通的概念发端于民事法律理论，但在行政法律关系中亦存在恶意串通的相关问题，这一情况体现在个别执法活动中，行政机关和相对人可各取所需，以牺牲国家利益、公共利益或第三方利益为代价，使某种违法行为处于持续的状态。

制，相关给付行政的形式选择因为法律控制而在自由度上有所限缩，协议形式的适用应受制于法定容许依据的规范，而基于两者呈现的延续性法律关系的逻辑联系，在矿业权出让行为受制于《矿业权出让管理办法（征求意见稿）》规范的前提下，矿业权出让协议的适用亦应有相同规章的法定容许依据规制。

三、规范性文件层级的容许适用

作为较低位阶层级的法定容许适用标准，受制于规范性文件规定的行政协议适用，主要面向一般财产性的给付行政事项。如前所述，因财产性给付行政通常表现为行政权对个体权利产生的一种具有福利性、照顾性的积极影响，为确保该类行政的自主性与能动性，以满足繁杂多变的现实需求与主动增进福祉的行政要求，基于"灵活治理需要"的法律保留要素考量，对于一般财产性给付行为的作出，往往体现为更具灵活弹性的"低密度"保留，而不严格苛求应有明确依据的规范束缚，除关涉重要事项的给付外，则可纳入"行政保留"的范畴自行处理，[1]以体现对行政效能上功能主义的关照。于此，当行政权表现为致力给付为民谋利的积极行政时，为更灵活地实现财产给付增进福祉的目的，相关行政行为则被赋予了行为形式上的选择自由，在此范围内行政机关无需获取额外容许，即可自主选择以协议的形式完成相关行政任务，[2]也意味着以此类行为为标的的替代或补充型协议的适用，理论上不受容许依据的规范限制。

然而，尽管一般的财产性给付在针对个体权利影响的行为运作中具有明显的授益性，但作为权力运作的表现形式，其仍未脱离高权行政的应用场域，在依法行政的权力法治规约下，相关给付无论是以传统的行政形式，还是以作为替代或补充的协议形式作出，均尚需有管理性或程序性规制规范的调整，但这种调整并非以高位阶的规范为必要，仅在于追求给付权运作的有序性，以免给付行为过程的失范造成个体权益或一定程度公益的损益性结果，例如现实给付实践中便时有发生过度给付的问题，尤其在奖励各大重要体育赛事获奖者

---

〔1〕 参见章志远：《行政法学总论》，北京大学出版社 2014 年版，第 97 页。
〔2〕 参见詹镇荣：《民营化法与管制革新》，元照出版有限公司 2005 年版，第 34 页。

的事项上，个别地方政府时常给予的额外重奖便一度引起广泛社会争议。[1]

与此同时，以一般财产性给付为标的的替代或补充型协议的适用，还同样存在因给付权运作裁量的拓宽造成个体权益减损或双方利用协议的可协商性恶意串通导致特定范围内的公益或第三方权益受损的可能。在相关协议的现实实践中，如政府投资的保障性住房的租赁、买卖等协议的适用，作为介入保障性给付程序对给付行为的内容发挥补充作用的协议，[2]其现实适用便可能存在行政机关有意设置给付门槛使保障性住房租赁、买卖中的受益相对人承担非法定的附加义务、双方恶意串通使特定主体在租赁、买卖活动中获取非正当的利益或优惠条件等具有权益侵害性的行为。因而，在相关给付行为的协议形式转换上，还应专门设有针对以协议形式实现一般财产性给付的行为的行为规范予以规范调整。但与重要事项的给付因牵涉社会公共利益的影响，应确保民主正当性控制而对给付形式予以严格约束不同，一般财产性给付中替代或补充型协议的适用所产生的权益影响，通常集中于个体权益范畴而未对公益影响形成间接辐射，或仅在较小程度和范围内形成公益性影响的间接辐射。如在保障性住房的租赁、买卖协议中给相对人附加获益的非法定义务，仅对其个人受益权的实现构成影响，通过恶意串通谋取不正当利益，则仅在特定房产的买卖或租赁活动范围内对国家财政利益产生一定影响。故在重要事项的给付行政上，协议形式的适用规范便首要体现为行为准许的依据性规范，并应在规范等级上与原具体行政行为形式形成同等的规范控制，而对于一般财产性给付协议适用的规范主要体现为行为运作的程序性或管理性规制规范，旨在确保协议形式下的财产性给付行为不失序，而未在授权层面上过多关注规范依据的位阶等级。不可否认的是，尽管相关规范主要表现为程序性行为规范的功能性偏向，但作为程序性的规制规范事实亦为一般财产性给付协议的适用提供了客观依据，即在"低密度"的保留要求下，一般财产性给付的协议适用通常仅需由较低位阶的规范性文件提供有序性保障，而这一规范保障在满足行为程序性规范的同时，客观亦产生了容许依据的功能性分化。

---

〔1〕 参见冯海宁：《奥运获奖，应有明晰的奖励标准》，载 http：//views. ce. cn/view/ent/201207/16/t20120716_23493424. shtml? utm_source=UfqiNews，最后访问日期：2022 年 1 月 23 日。

〔2〕 参见徐键：《功能主义视域下的行政协议》，载《法学研究》2020 年第 6 期。

第二节　公务转移型协议的容许：公共性与效率的协调

公务转移型协议作为功能上促成公务转移由私人分担的组织机制，旨在完成配置优化与多元治理的行政协议适用，因其目标趋向致力于纾解行政机关独揽行政造成的传统行政组织模式僵化[1]，并试图塑造一个多元分散的组织框架，在对强公共性事务的转移给予必要关注的同时，通过公私力量的合作整合助力公务的高效履行，故而对其法定容许标准的构设应以"效用本位"的功能主义为基点，主要聚焦于公务转移中事项本身的重要程度与效能影响的考量。通过公务承担本身所体现的公共性与转移分担所需效率之间的协调，基于"公共性优先，效率次之"的考量体系，在法定容许标准的构设安排上，形成规范性文件层级的容许适用标准，并对排除公务转移协议适用的情形作出总结。

一、规范性文件层级的容许适用

如前所述，基于对行政公共性的认识与优先考量，公务转移型协议的适用通常仅在准公共物品的转移供给上具有理论或机制的可行性，由于这些转移供给的准公共物品主要表现为政府在供给能力、供给效率等方面尚有不足[2]，而又关涉医疗卫生、能源运输、基础建设等涉及基本民生保障的重要公用事业，与公众的社会生活保障与基本权利实现有着密切的关联性，因而在公共性保障的要素考量下，为确保重要事务供给的民主正当性控制，在供给的组织形式选择上仍应受法律保留的必要控制，[3]即相关重要事务若以协

---

〔1〕　参见徐键：《功能主义视域下的行政协议》，载《法学研究》2020年第6期。

〔2〕　在一定维度内，公务转移型协议的适用通常旨在解决行政机关在部分公务承担上所面临的能力不足、效率偏低等方面的现实困顿，但对于行政机关本身能起到良好履职作用的公务且转由私人分担的作用效果并不显著时，如对特定相对人的财政补助等一般财产性给付，为避免规范的成本增加，在公共性保障的成本与效益考量下，还是应由行政机关作为直接的履职主体对相关公务予以承担，而在此削减向私人转移的必要性与正当性。

〔3〕　对此，有学者主张，对于有一定程度重要性的公共事务，为避免受托人公器私用或利益输送的疑虑，仍应有法律保留的适用。参见许宗力：《论行政任务的民营化》，载翁岳生教授祝寿论文编辑委员会编：《当代公法新论（中）——翁岳生教授七秩诞辰祝寿论文集》，元照出版有限公司2002年版，第598页。

议形式转由其他组织分担供给，则须有明确的法律规范依据。[1]通过对相关公务转移型协议应有法定容许依据的适用约束，经由协议转移下的重要公用事业承担的组织变革，在法定依据的规定下获得进行"涉他性"影响的民主正当性，并以此维持民生给养等公共活动运作的基本秩序，保障相应公益目的的实现。

与此同时，如图 5.1 所示，对于表现为各领域重要公用事业给付的准公共物品供给，在其供给本身分别受制于《中华人民共和国电力法》《中华人民共和国公路法》《中华人民共和国基本医疗卫生与健康促进法》等相应法律的容许规范与行为规范的前提下，基于民主正当性的控制需要形成的组织形式选择自由限制，使得相应领域内准公共物品转移供给的协议适用，理论上与替代或补充型协议的适用相似，亦应受与原本由行政机关单独承担供给的行为形式相同的法律控制，并在法定容许的规范构设上受制于同等的法律依据规范。然而，准公共物品转移供给的协议适用，功能上作为消解政府职能履行僵化、供给能力不足、履职效能低下等方面现实困顿，以回应公务分担履行治理需要的组织机制，为确保其在行政效能提升、分减行政负担、节约行政成本等面向的有益价值得以充分发挥，还应对其回应现代行政多元供给治理需要的及时性与能动性予以必要关照，使借助公私合力更好完成行政供给目标的形式得以更为高效和灵活地运用，避免因过度约束导致转移机制受阻而难以对现实施政需要作出及时回应。因此，在效率保障的兼顾考量下，尽管因公共供给并非完全由自由意志支配的领域[2]，基于组织形式选择自由的限制，无法免除容许依据的规范为转移供给提供正当性证成，但在法律保留对转移协议适用的容许支配上，可通过适当调整降低相关协议适用法定容许依据的位阶要求，使准公共物品的转移供给协议仅在规范性文件等低位阶法

---

〔1〕 在杨欣教授看来，由于公用事业涉及公民的基本生存保障，属于准公共产品，具有较强的公共性，因此，若政府交由民营的项目涉及诸如供水、供电、供气、供运输等民生给养的公用事业，即便基于效率等因素的考虑予以民营化，也应有明确的法律依据，且相关法律应有保障普及服务的条款，否则将涉嫌对人权保障职权的抛弃而产生宪法上的容许性问题。参见杨欣：《论政府职能民营化的边界》，载中国法学会行政法学研究会编：《行政管理体制改革的法律问题——中国法学会行政法学研究会 2006 年年会论文集》，中国政法大学出版社 2007 年版，第 342 页。

〔2〕 公共物品的供给因具有公共利益的关涉性，并无法仅因相对人同意而发生供给任务的转移分担，理论上这种公务转移的正当性应具有社会认可（全民同意）的前提条件，由此导出应由具有民意基础的法律规范为公共供给的转移分担提供正当性依据。

定容许依据的规范下即可得以适用，而不必限缩于等同性依据的容许适用强制规范，避免制度性的过多制约而使相关协议的适用效率受到阻碍。此外，从过程规范性的视角来看，由于重要公共供给中产生的民主正当性控制的要求本身，很大程度始于公众对公益维护可持续性的担忧，源于公共物品转移供给后的过程规范性顾虑，[1]相关法律规范还应有消解顾虑的管理性或程序性的规范功能，而这一顾虑并非仅限于通过高位阶的法律规范予以消解，亦可在规范性文件有关普及服务保障等条款规范下得以纾解，即便牵涉一般的非重要供给，规范性文件层级的规范亦已然满足相关转移协议适用及转移后行为的规范需要。

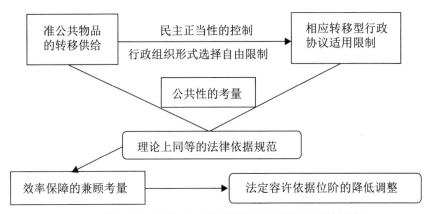

图 5.1　纯公共物品转移供给协议适用的法定容许构造推演图

据此，基于公共性与效率的兼顾与协调考量，关涉准公共物品转移供给的公务转移型协议适用，即主要表现为政府公用事业的转移分担或公私合作协议的适用，在法定容许的构设层级上，为使公共性保障形成的同时不对效率造成损耗，一般仅受制于规范性文件层级的容许规范即可满足相应的规范需要，且与涉及一般财产性给付的替代或补充型协议的容许适用规范相似，规范性文件的规范面向亦产生了容许性规范与程序性规范的功能分化，其中的细微差别主要在于规范起因上的差异，在此，公务转移型协议的适用规范更多起因于准公

---

〔1〕　对公务转移民营化的顾虑与担忧，主要源自其过程中可能产生的私人主体追求自身收益优先、降低公共供给质量、恣意改变行政目标、恶意串通等诸多方面的风险。参见关博豪：《论民营化中行政权的保留》，载《法律科学（西北政法大学学报）》2019 年第 3 期。

共物品转移供给牵涉重要公益处分的授权需要。但总的来看，在公私合作呈现诸多益处而渐入主流，并在适用领域逐步扩张的趋势下，相关容许适用的控制意图相较制约性的限制，则更倾向于开放性的规范。从我国具有"涉他性"的PPP协议的实践适用来看[1]，在文化教育、交通运输、环保治理、养老服务、旅游公共服务、水利工程建设等基础设施与公共服务项目通过政府与社会资本合作协议机制形成转移分担[2]，并分别受制于相应部门领域规范文件的规范的同时[3]，为顺应通过公私合作的服务供给形式，实现供给质量与效率提升的目标，以促进国家治理体系和治理能力现代化的改革发展趋势，在整体性的PPP协议适用规范层面，业已通过《国务院办公厅转发国家发展改革委、财政部〈关于规范实施政府和社会资本合作新机制的指导意见〉的通

---

〔1〕 我国相关理论与实务对PPP协议通常有着狭义理解，即其被视为将公共服务、基础设施类项目委托私人运营的协议形式，政府特许经营协议则特指行政机关通过特别准许私人从事本由机关直接承担的特定行政任务，使私人获得特殊行为资格并负担与行政机关相似的责任或义务。如《行政协议解释》在相关规定中即有意将两者分开列举。而在法国法上，PPP协议则有着更为泛化的理解，即在"公私伙伴关系"的公共行政关系理解下，PPP协议呈现出组合特征，可能包含着多种不同类别的行政协议，既包括公用特许经营协议（本质上亦是公私合作的形式之一），也包括公私合作协议。但无论是采取委托还是特许转移公务，都将因赋予行政相对方超越私法承担公益实现的特权而具有行政协议的特征。参见张莉：《PPP协议及其纠纷解决——法国做法及启示》，载《中国司法》2017年第1期。转引自韩宁：《行政协议研究之现状与转向》，载《法治研究》2019年第6期。

〔2〕 除此之外，还包括城镇开发、社会保障、体育事业、医疗健康等公用事业领域的公私合作。参见财政部政府与社会资本合作中心：《项目集萃》，载 https：//www.cpppc.org/xmjc.jhtml，最后访问日期：2022年1月26日。

〔3〕 相应领域规范文件如《财政部、交通运输部关于在收费公路领域推广运用政府和社会资本合作模式的实施意见》（财建〔2015〕111号）、《财政部、国土资源部、住房城乡建设部等关于运用政府和社会资本合作模式推进公共租赁住房投资建设和运营管理的通知》（财综〔2015〕15号）、《国家能源局关于在能源领域积极推广政府和社会资本合作模式的通知》（国能法改〔2016〕96号）、《国家发展改革委关于印发〈传统基础设施领域实施政府和社会资本合作项目工作导则〉的通知》（发改投资〔2016〕2231号）、《国家发展改革委、国家林业局关于运用政府和社会资本合作模式推进林业建设的指导意见》（发改农经〔2016〕2455号）、《国家发展改革委、农业部关于推进农业领域政府和社会资本合作的指导意见》（发改农经〔2016〕2574号）、《财政部、民政部、人力资源社会保障部关于运用政府和社会资本合作模式支持养老服务业发展的实施意见》（财金〔2017〕86号）、《国家发展改革委、水利部关于印发〈政府和社会资本合作建设重大水利工程操作指南（试行）〉的通知》（发改农经〔2017〕2119号）、《文化和旅游部、财政部关于在旅游领域推广政府和社会资本合作模式的指导意见》（文旅旅发〔2018〕3号）、《文化和旅游部、财政部关于在文化领域推广政府和社会资本合作模式的指导意见》（文旅产业发〔2018〕96号）。此外，随着规范配套机制与立法的完善，亦有相关公共领域的公私合作取消了专门性的规范，产生了由单项规范转向概括授权的调整，如在水污染防治领域中，2015年4月公布的《财政部、环境保护部关于推进水污染防治领域政府和社会资本合作的实施意见》（财建〔2015〕90号）即于2020年1月被宣告废止。

知》等具有统一规范意义的文件出台〔1〕，并在全国 PPP 综合信息平台等管理平台建设下〔2〕形成了更具开放性的概括授权的容许规范〔3〕，对公务转移分担下的公私合作的扩张治理需要予以了回应，使相关公共事务供给领域中政府与社会资本合作的形式适用，在公共性规范得以保障的同时，不至于因相应具体领域容许规范的缺失导致适用效率受阻，进而对公私合作积极作用的充分发挥造成影响。

二、排除行政协议适用的情形

在以协议形式实现的公务转移中，基于行政协议在主体上应由行政机关与行政系统外的公民、法人或其他组织等私人主体订立的形式要件，已然排除了行政机关之间相互缔结公务协助或委托协议的情形，其中既包括平级行政机关之间订立的公务转移协议〔4〕，也包括具有隶属关系的上下级行政机关之间订立的公务转移协议〔5〕。同时，基于公务转移型行政协议涉及私人主体

---

〔1〕　此前还出台了《财政部关于推广运用政府和社会资本合作模式有关问题的通知》（财金〔2014〕76 号）、《国家发展和改革委员会关于开展政府和社会资本合作的指导意见》（发改投资〔2014〕2724 号）、《财政部、发展改革委关于进一步共同做好政府和社会资本合作（PPP）有关工作的通知》（财金〔2016〕32 号）、《国家发展改革委关于鼓励民间资本参与政府和社会资本合作（PPP）项目的指导意见》（发改投资〔2017〕2059 号）等一系列规范文件。

〔2〕　《国务院办公厅转发财政部发展改革委人民银行关于在公共服务领域推广政府和社会资本合作模式指导意见的通知》（国办发〔2015〕42 号）明确了政府与社会资本合作"公开透明"的基本原则，提出"实行阳光化运作，依法充分披露政府和社会资本合作项目重要信息，保障公众知情权，对参与各方形成有效监督和约束"的要求后，财政部相继制定了相关规范对 PPP 综合信息平台予以建立和完善（平台网址 https://www.cpppc.org/）。访问该平台后，可在"项目库信息公开"板块根据特定项目所处的不同阶段查询相关的具体信息，一般而言，进入"采购阶段"的项目应即时公开"PPP 项目签署合同核心条款"、适时公开"已签署的 PPP 项目合同"，理论上具有查看已公开 PPP 项目合同的可行性。

〔3〕　即在适用容许的规范上，由适用范围的列举式规定转向容许条件的概括式规定，如在《财政部关于推广运用政府和社会资本合作模式有关问题的通知》《国家发展和改革委员会关于开展政府和社会资本合作的指导意见》等规范中通常有"城市供水、供暖、供气、污水和垃圾处理、水利、资源环境、生态保护、轨道交通、医疗和养老服务设施"等适用范围的列举。

〔4〕　如岳阳市食品药品监督管理局与岳阳市城市管理和行政执法局订立的行政管理委托协议。参见岳阳市人民政府：《岳阳市食品药品监督管理局行政管理委托书》，载 http://www.yueyang.gov.cn/mobile/23184/23189/content_501671.html，最后访问日期：2022 年 1 月 28 日。

〔5〕　如白城市食品药品监督管理局与隶属于其的稽查分局订立的行政委托协议。事实上，基于行政官僚制的特点，因委托者与受委托者之间客观存在的领导与被领导关系，上下级行政机关之间订立的协议因缺乏缔约自由，亦很难被认定为行政协议。参见蔺耀昌：《行政契约效力研究》，法律出版社 2010 年版，第 17-19 页。

对公共职能的直接履行而应具有"涉他性",排除了行政机关为获取履职所需的附随性或工具性辅助而与私人主体订立的非行政协议情形,其中既涉及行政机关与辅助工作人员之间订立的劳动人事协议本身无法作行政协议的认定,也牵涉了行政机关仅就补充任务或附随任务交由私人主体承担并与之签订仅成立私法关系的契约。然而,在成立公务转移型行政协议的维度,尽管基于"效率"要素的考量形成较为宽松的容许适用标准,将有助于及时回应现代治理中公私合作的迫切需要,但仍应确保最低限度行政"公共性"的维系,避免动摇公益保障的根基,而以此基准形成的公共事项范围,则构成了公务转移型行政协议适用的禁区,在此范围内排除行政组织形式的选择自由。在前述准公共物品与纯公共物品的划分下,这一禁区则主要集中于纯公共物品的供给事项上,这些事项或表现为高度的强制干预性,或体现在国家基本运作的维系上。

作为公共行政的一种新范式,公共职能的私人履行在促成公私合作的同时,也模糊了传统公私领域的划分,使公共行政的开展在界限的模糊化中亦产生了逃避公法规约的风险,其中追求私益优先、降低行政质量、改变行政目标、公私恶意串通等公务转移所可能产生的法律风险,若构成了对国家根本利益或公民基本权益的损益威胁,将直接动摇行政权行使的正当性基础,因而当转移由私人供给的公共事务,由服务性事务拓展至诸如国防、外交、强制执行、治安等传统由国家行政保留供给的事项时,也将引起公法价值维护的高度关切。[1]有观点认为,秩序法、公务员法、国籍法等高度干预行政的核心领域,便触及行政协议的禁区而应排除其适用。[2]在价值维度,这种关切则源于行政权威适度维护的需要,以规避公务的无限制转移对基本权益保障底线的突破风险。与行政高权对行政权应用场域的强调不同,行政权威在行政法治中,尤其在大规模的现代治理机制中体现了行政权理性化的要求,一直是不可偏废的原则,而长久以来,官僚制的行政模式因将难以计算的、纯粹个人的非理性和情感性因素排除在公务履行的考量之外[3],业已形成了

---

〔1〕 参见毕洪海:《本质上政府的职能》,载《行政法学研究》2015年第1期。

〔2〕 参见黄锦堂:《行政契约法主要适用问题之研究》,载台湾"行政法学会"主编:《行政契约与新行政法》,元照出版有限公司2002年版,第19页。

〔3〕 参见［英］卡罗尔·哈洛、理查德·罗林斯:《法律与行政》(上卷),杨伟东等译,商务印书馆2004年版,第50-51页。

非感性化的独特性质，并由此在行政权威的必要维护中具备了推行施政的正当性与不可替代性。鉴于此，在对行政权威弱化可能的审慎反思中，大陆法系国家均或多或少地形成了限制行政公权转移由私人行使的制度经验，如德国基本法规定，作为持续性事务的高权性权限的行使，原则上应委任给具有公法上忠诚义务与勤务关系的公务人员。[1]法国法则将不得适用行政协议转移公务的领域，归结为本质上与协议形式不相容的领域与因法律效果不得适用协议转移的领域。[2]据此，学界亦以"国家垄断公权力原则"加以概括[3]，对于国防、外交、治安等民主立法赋予政府维护核心利益、基本权益、正义秩序的本质职能[4]，作为政府行政的正当性根基，倘若擅自向私人转移，不仅将削弱其民主正当性，也可能损害公法价值。故而，行政机关不得以自主意志从根本上改变民主确定的其职能履行的基础状态，不得再经由缔结行政协议等行政机制对本质职能的公务履行形成转移，避免使其陷入不确定的法律风险之中。

此外，出于政府行政有序性的保障需要，除了对可转移的公共事务应有法律上的控制之外，还应对维持国家统一运作的基本公共事务的转移予以适当保留。现代行政治理中法治强调要提高治理有序化的程度，避免无序化的状态，以缔结行政协议的形式将公务转移由私人分担，作为一种长效的治理机制，为确保转移履职下的治理有序性，在强调其与法治的关系的同时，还应对承担职能履行的私人在公共事项上的调控实力予以必要关注。如前所述，在许多重要事项与职能上，事实上难以避免协议缔约内容的不完整性，无论缔约过程如何缜密，有些事项均难以在协议中予以明确，任何协议的缔结均无法精准地预见缔约后可能遇见的所有情况。因而，相较私人主体具备相应能力可以应对的准公共物品供给事项，对于明显不宜由私人调控或明显超出

---

〔1〕《德意志联邦共和国基本法》第33条第4项规定："高权性权限的行使，作为持续性事务，原则上应当委任给具有公法上的勤务关系和负有忠诚义务的公务员。"但亦代表存在高权性权限暂时性转移私人行使的例外。

〔2〕参见陈淳文：《公法契约与私法契约之划分——法国法制概述》，载台湾"行政法学会"主编：《行政契约与新行政法》，元照出版有限公司2002年版，第139页。

〔3〕参见王天华：《行政委托与公权力行使——我国行政委托理论与实践的反思》，载《行政法学研究》2008年第4期。

〔4〕See Oliver E. Williamson, "Public and Private Bureaucracies: A Transaction Cost Economics Perspective", *The Journal of Law, Economics, and Organization*, Vol. 15, No. 1., 1999, pp. 306-342.

私人调控能力的公共事务，如具有管制性服务特征的户籍管理、执照核发等事项[1]、应保持中立公正的公证事项、应在全国范围形成普遍统一的货币发行、度量衡确定等纯公共物品的供给事项，实际应避免适用协议转移，以规避可能产生的国家运作与公共活动的失序风险，而应保留由行政机关主导调控并统一作出决定，以在权威行政下确保国家基本运作的有序性。

第三节　两种例外情形的容许标准

尽管在一般性的视角上，牵涉公民权利干预的行政协议适用，因其侵益属性，在行政行为形式或组织形式的选择自由上通常有着较大程度的限缩，并形成严苛的法定容许适用约束，或在替代干预性具体行政的协议适用上受制于被替代行为的容许依据，或在干预性职能等政府本质职能的协议转移中受法律规范的排除限制，然而，在干预职能的结构分解与干预状态的细化甄别下，这种一般性的容许标准样态亦在相关要素的变化中发生改变，并由此生成两种例外情形，即在狭义法律的容许下，部分干预职能经由结构分解亦存在公务转移型协议适用的正当性与可行性，同时在积极干预与事实干预的客观干预甄别下，后者作为权利主体自我管制形成的干预状态[2]，在替代或补充型协议的适用中则形成了附条件的自由容许适用。

一、部分公职委外的公务转移型协议

立足行政"公共性"的学理解释，公民基本权利保障是政府行政得以存在的最为核心的基础功能，在此基础上衍生出防止危险发生、维持基本秩序等政府基本的权力目的，因而诸如国防、外交、治安等公共职能，则通常被视为固有职能而应由政府保留履行并排除进行职能转移，美国行政法亦以"政府本质职能"加以概括[3]，相关职能不得向私人转移，仅能由政府行

---

〔1〕　参见周志忍：《社会服务承诺制需要理论思考》，载《中国行政管理》1997年第1期。

〔2〕　与国家管制由国家处于管制者地位对管制对象采取"外部式的他律"不同，自我管制则是管制对象自己采取的"内部式的自律"，其核心内涵在于"自愿性"与"公益取向性"，即权利主体在自由支配权利、追求自身利益的同时，亦自愿接受基于某种公共目的的实现而对权利自由进行的一些约束。参见詹镇荣：《德国法中"社会自我管制"机制初探》，载《政大法学评论》2004年第78期。

〔3〕　参见毕洪海：《本质上政府的职能》，载《行政法学研究》2015年第1期。

使。然而，除了少数如维护国家主权利益、防范外人侵害的国防、外交职能
应由国家资助并履行存在广泛共识外，如何将所谓的"本质职能"与其他非
本质或边缘性的职能加以区分，仍是一个尚未明晰的问题。

（一）政府本质职能界定的非绝对性

事实上，在不同语境的变化下，对政府本质职能很难形成较为统一且具
有准确指向性的界定。随着意识形态的变化，基于政府与社会哲学关系的不
同认识，对政府的本质职能形成了差异化的描述，[1]如亚当·斯密主张的古
典自由主义理念所奉行的政府职能在于行政最少的干预[2]，政府对公民物质
福利的关注可能带来有害的结果，其职能仅在于对危险防止等负面福利的关
心，[3]在此，以强制力为保障的公民基本权利保护则被解释为政府本质职能。
而根据社会福利国家的理念，政府的本质职能则囊括了生存照顾上的供给职
能。[4]同时，随着时间的迁移，政府本质职能的形塑也形成了不同面向的变
化，自20世纪90年代起，美国便相继出台了《联邦政府活动目录改革法》、
预算与管理办公室的 A-76 号通知"商业活动的履行"、《联邦采购条例》、联
邦采购政策办公室的第 92-1 号函"本质上政府的职能"以及第 11-01 号函
"本质上政府与关键职能的履行"，[5]旨在通过政府本质职能的澄清避免政府
职能的过度外包[6]。但在政府本质职能的界定上，1998 年《联邦政府活动
目录改革法》有关"与公共利益密切关联"的职能界定，在 2011 年的第
11-01 号函中已然转变为"涉及国家主权行使并禁止进行外包裁量"的职能
表述。

据此，在语义环境未得以明确的前提下，实际难以解答某一具体职能是

---

〔1〕　国家与社会如何界分、公与私的界限如何划分，决定政府职能的正当范围。参见毕洪海：
《国家与社会的限度：基于辅助原则的视角》，载《中国法律评论》2014 年第 1 期。
〔2〕　参见王正毅、张岩贵：《国际政治经济学—理论范式与现实经验研究》，商务印书馆 2003 年
版。
〔3〕　参见［德］威廉·冯·洪堡：《论国家的作用》，林荣远、冯兴元译，中国社会科学出版社
1998 年版，第 36-62 页。
〔4〕　参见陈新民：《德国公法学基础理论》（上册），山东人民出版社 2001 年版，第 189 页。
〔5〕　参见毕洪海：《本质上政府的职能》，载《行政法学研究》2015 年第 1 期。
〔6〕　《联邦采购条例》在第 7.3 节"承包商与政府履行"中明确了"契约不能用于履行本质上
政府的职能"。

否属于本质职能范畴的问题。[1]但在方法论上，为政府本质职能的考察提供了从"规定性要素"着手的分析视角。从"本质性"的规定性要素来看，则要诉诸政府的本质特征考察，即政府应在某些职能上体现与其他组织的根本性区别，换言之，相关职能具有"本质性"意味着相较于其他职能，该职能的享有应使政府具有区别于其他组织的独有地位。但立足历史的维度，通过传统初始社会形态的回溯可见，实际大多所谓本质上的公共职能在传统上并非必然属于政府，在美国，治安、课税、监禁等职能均在彼时由私人或民间组织承担过，[2]在发生时间上，私人警察与私人监禁的出现均早于公共警察与公共监狱[3]。至此，在更具确定性的层面，政府的本质特征则大多体现在公民赋予政府作为形式上主权者的统治职能，以此维护基本的国家利益。在现代民族国家及全球化发展的背景下，尽管政府职能随着时间变迁有着不同的调整，但主权形式下的统治职能基本范式一直未有改变，并在职能保留下始终处于职权转移的禁区，且相较于其他职能履行，作为主权的统治职能除了体现政府的独有地位之外，亦有着更为严谨的履职程序并牵涉更为重要的价值判断[4]。鉴于此，除外交、国防等个别体现主权统治的职能具有明显的政府本质职能特性外，对某一政府职能是否属于"本质性"的认定，仍难以在普遍共识下形成绝对性的结论。

另外，从"政府职能"的规定性要素来看，政府职能可进一步以"事项"与"任务"的区分予以阐明，前者体现为横向的划分，要求相关事项首先应属政府的职能领域范围，如治安与消防。后者则体现为纵向的划分，即具体事项领域中还包含不同行为任务的划分，如政策的制定、事项的执行与

---

〔1〕 对此，有评论指出，对政府本质职能的界定堪比将果冻钉于墙上，且两者相比，显然后者的难度更小。Cf. David Isenberg, "To Be, or Not to Be, Inherent: That Is the Question", *Huffington Post*, 2010.

〔2〕 Cf. Jody Freeman, "The Contracting State", *Florida State University Law Review*, Vol. 28, No. 1., 2000, p. 155; John D. Donahue, "The Privatization Decision: Public Ends, Private Means", *Political Science Quarterly*, Vol. 106, 1991, pp. 174-176.

〔3〕 Cf. David A. Sklansky, "The Private Police", *UCLA Law Review*, Vol. 46, No. 4., 1999, pp. 1198-2000.

〔4〕 在政府本质职能的界定中亦有根据形式和实质的划分，形式即是看职能主体的地位及履职作出行为的程序，实质则为履职时所运用的裁量及所进行的价值判断。Cf. D. Guttmann, "Inherently Governmental Functions and the New Millennium, The Legacy of Twentieth-Century Reform", in T. H. Stanton & B. Ginsberg, *Making Government Manageable: Executive Organization and Management in the Twenty-First Century*, MD: The John Hopkins University Press, 2004, pp. 40-65.

监督等，"政府本质职能"的考察则亦要求具体领域中的行为任务应属政府的任务范畴，对此，美国预算与管理办公室的 A-76 号通知以及联邦采购政策办公室的第 11-01 号函均有明确的说明，即对于政府本质职能的列举，并无法完全排除相关职能中仍包含某些商业性或非权力性的任务或行为。

（二）狭义法律层级的法定容许适用

因牵涉公民权利自由的强制干预，在权力行使的保障措施与责任性的考量下，作为纯公共物品的干预性职能的供给转移通常被认为是不合宜的，且在施行强制应为政府特有工作的认识下，相关干预职能亦被视为政府本质职能而排除向私人转移。但基于政府职能"本质性"的考察，诸如治安等干预职能并非绝对性纳入政府本质职能的范畴而由政府保留供给，理论上具备转移供给的可行性，与此同时，政府职能中"事项与任务"的区分，亦提供了良好的分析思路与框架，使相关职能在结构分解中得以形成协议转移的容许性。

具体而言，对于部分干预性职能，在未绝对性地纳入政府保留实施的事项的同时[1]，事实在其职能结构中还存在内在可分解性，即便不具备整体上的职能转移可行性，但亦可在职能的任务分解中寻求部分转移的容许性。例如，在网络安全管理的职能结构中便包含安全管理维护、违法处罚追究等行为组成部分，囿于网络环境的匿名性、无界性与多中心化等方面的特点，网络安全的行政监管往往在违法信息相对隐蔽的情况下面临监管难度较高、监管成本较大的困顿，由此，基于网络运营者或网络服务提供者与网络秩序的危害状态所存在的特别关联，且在网络交互活动中处于优势地位并具备事实上的强制力，在其合理注意的私法义务之外，已然衍生出网络秩序维护、预防排除危害的行政法义务，客观呈现出网络秩序安全管理任务的部分转移承担[2]，并保留行政机关的监督与管理责任、违法处罚的任务执行，以此在网络安全管理中形成公私协力，政府与网络平台各自完成网络治理任务，合作实现网络安全管理的职能履行。尽管相关安全管理与秩序维护的

---

［1］　其中亦存在如行政强制措施等法律明示不得委托转移、须由行政机关在法定职权范围内亲自实施的干预性行政事务，由此形成因法律效果而不得适用协议转移而纳入政府保留的事项。参见《行政强制法》第 17 条的规定。

［2］　具体的任务表现形式如电子商务平台所承担的主体审查、信息监管、后果消除等责任与义务，网络传媒平台所承担的即时审查、过滤与筛除等责任与义务。参见张亮：《论私人干预义务——网络时代的一种行政法学理更新》，上海三联书店 2021 年版，第 112-120 页。

任务转移，主要来自法律明确规定的动因，源于《中华人民共和国网络安全法》（以下简称《网络安全法》）、《中华人民共和国电子商务法》（以下简称《电子商务法》）等法律的设定得以形塑[1]，而非以特许、委托等行政机制实现的任务转移，但并不妨碍相关干预性职能在结构分解下的转移可行性证成。

作为一种延伸思路，政府职能结构的可分解性在治安管理中亦有所体现，其中的任务组成主要包括治安秩序维护、违法治安处罚等多个方面的行政性任务，而在以行政机制形成的职能转移中，与政府经营性或事业性职能的转移可以缔结特许协议的形式作出不同[2]，在责任承担形式的不同考虑下，政府行政性职能通常以委托协议的适用作出。就治安秩序维护的委托而言，实践中亦已存在将辖区治安设施维护、必要的日常治安巡逻等辅助性任务转移由非行政机关的其他组织或私人主体承担的实例，但与一般的职能委托不同，因辅助性任务仅牵涉不具有"涉他性"的补充任务或附随任务，功能上仅止于在行政机关的指示与监督下，以"行政助手"的非独立地位开展辅助性工作，[3]是行政机关为满足自身履职需要的人力或物力与私人主体进行的交易，就此任务转移订立的合同仅构成私法关系的契约，而无法作转移型行政协议的认定。鉴于此，公务转移型协议的适用应主要指向与社会第三人直接发生的干预性任务，就违法治安处罚的转移委托来看，相关职能转移的限制主要源于强制干预带来的侵权风险的顾虑，但从委托转移的实际来看，与特许转

---

[1]《网络安全法》第9条规定："网络运营者开展经营和服务活动，必须遵守法律、行政法规，尊重社会公德，遵守商业道德，诚实信用，履行网络安全保护义务，接受政府和社会的监督，承担社会责任。"第10条规定："建设、运营网络或者通过网络提供服务，应当依照法律、行政法规的规定和国家标准的强制性要求，采取技术措施和其他必要措施，保障网络安全、稳定运行，有效应对网络安全事件，防范网络违法犯罪活动，维护网络数据的完整性、保密性和可用性。"《电子商务法》则通过"电子商务平台经营者"的专节设定，在第27条至第46条对电子商务平台经营者的平台安全管理与秩序维护的任务予以明确。

[2] 在特许形式上，既包括私人从事原本由国家垄断的"私人活动"的特许，相关活动如博彩经营活动等具有高度公益性的非国家行政活动，也包括向私人转移特定事项执行责任的特许，以借助私人力量完成职能履行，而非打破国家对相关职能的垄断。后者的适用范围如《基础设施和公用事业特许经营管理办法》第2条的规定，主要适用于能源、交通运输、水利、环境治理、市政工程、生态保护、体育、旅游等基础设施和公用事业领域。

[3] 参见张文郁：《行政辅助人（行政助手）》，载《月旦法学教室》2002年第2期；黄锦堂：《行政契约法主要适用问题之研究》，载台湾"行政法学会"主编：《行政契约与新行政法》，元照出版有限公司2002年版，第42页。

移不同，向私人主体转移特定事项执行责任的特许，在赋予其特定事项的履行资格的同时，亦向其转移分担了事项履行的责任与风险，行政机关与私人主体之间形成了一种由特许创设的责任与风险共担关系，而委托模式下的任务转移，尽管私人主体在受托承担行政任务的执行时仍保持一定的人格独立，但具体的履职行为只能以委托机关的名义作出，并由委托机关对相应行为的后果承担法律责任，[1]在履职活动中委托机关仍保留着相应的监督权限[2]，以符合民主原则的要求。因此，即便委托模式下相关职能的转移可能对重要权益造成影响，但在行政机关负有完全的保障责任并仍作为整体任务的责任人的背景下，委托私人主体承担干预性任务的执行也将很少对自由产生更多的威胁。[3]故而，在违法治安处罚被进一步细分为简易程序下的快捷处罚、普通与听证程序下的一般处罚时[4]，对于更具事实明确性并体现为较低侵益性的秩序恢复与违法控制的治安处罚事项，理应有通过缔结委托协议，将其委托由具备相应资质的非行政机关主体实施的可行性。此外，职能结构分解下的部分转移亦可适用于消防事务执行上，在直观逻辑上消防事务治理主要由"消"与"防"构成，包括救援消灾与灾害预防两个方面，大体上看，前者主要涉及在救灾中减少公民人身损害与财产损失等单一性、微观性的目标，而相较之下，后者则多涉及消防隐患整治、消防规划编制、消防技术标准制定等政策性、宏观性事项，从安全防护与社会治理的长远效果来看，后者在消防功能上的重要性更为凸显，并由此形成"预防为主，消防结合"的消防

---

〔1〕《行政处罚法》第20条第3款、第4款规定："委托行政机关对受委托组织实施行政处罚的行为应当负责监督，并对该行为的后果承担法律责任。受委托组织在委托范围内，以委托行政机关名义实施行政处罚；不得再委托其他组织或者个人实施行政处罚。"

〔2〕职能委托并不意味着委托机关放弃政府职责，只是通过借助私人力量，将相关事务的执行交由更能有效实现履职目的的私人主体实现。正如美国的监狱民营化，政府仅授出了监狱的经营管理而保留了规制制定权与裁决权。参见［美］弗里曼：《私人团体、公共职能与新行政法》，载《北大法律评论》编辑委员会编：《北大法律评论》（第5卷·第2辑），法律出版社2004年版，第524页。

〔3〕参见［美］朱迪·弗里曼：《合作治理与新行政法》，毕洪海、陈标冲译，商务印书馆2010年版，第518页。因职能委托转移后，政府仍需承担政策说服与规划、监督标准拟定与执行、职能目标设定与修正等功能，相关职能的委托转移可行性很大程度上建立在健全的政府功能基础上。参见詹中原：《民营化政策——公共行政理论与实务之分析》，五南图书出版公司1993年版，第10-11页。

〔4〕对于简易程序的违法处罚，《行政处罚法》第51条规定："违法事实确凿并有法定依据，对公民处以二百元以下、对法人或者其他组织处以三千元以下罚款或者警告的行政处罚的，可以当场作出行政处罚决定。法律另有规定的，从其规定。"

治理原则。[1]据此，在城乡消防机构设置与消防资源分配不均、公共消防服务供给能力不足的现实背景下，尽管作为公共消防政策的制定者与监管者的行政机关，无疑应对灾害预防的政策制定与落实监管负有直接履行职责，但对于涉及面广、不确定性高的消灾救援完全具备通过缔结委托协议引入私人力量协助执行的可行性，以弥补公共消防力量在消灾救援方面的不足，促使救援目的的更好实现。

然而，即便在职能结构分解下，相关干预性任务具备通过委托协议的适用转移由私人执行的可行性，但其带有的侵益性或强制性所产生的权益影响亦不容忽视，相关公务转移的委托协议适用应有法定容许的限制。公民权益保障作为政府行政得以存在的最重要基础功能之一，进而衍生出秩序与安全维护的干预权力目的。我国《宪法》第 51 条的规定首先为权利的干预提供了宪法基础，并由此形成"公民自由和权利"与"国家的、社会的、集体的利益和其他公民的合法的自由和权利"的利益衡量基本结构，[2]但宪法的基础规定在未有细化内容时，仍具有结构性余地与认识性余地的判断空间[3]，作为一种最佳化的命令框架[4]，为使宪法确定下的权利干预基本结构，对实践中权利干预的可能形式形成最大程度的规范，避免行政系统在规范制定上自我授权而产生权利干预的行政恣意，理论上应将权利干预中结构性余地与认识性余地的判断交由狭义法律把握[5]，其中即包括了权利干预手段形式选择的法律拘束，以在"法明确性原则"下，通过具体、明确的权利干预法律规定，避免在笼统、

---

〔1〕 参见章志远：《民营化：消防管理体制改革的一种路径》，载《行政法学研究》2006 年第 4 期。

〔2〕 《宪法》第 51 条规定："中华人民共和国公民在行使自由和权利的时候，不得损害国家的、社会的、集体的利益和其他公民的合法的自由和权利。"

〔3〕 结构性余地包括自行决定以何种理由或目的进行权利干预的设定余地、选择权利干预手段形式的手段选择余地、两者间如何均衡与连接的裁量余地。认识性余地包括对立法事实的认定、评估、预测的预测与评估余地、对冲突原则的重要性或规范上的限制程度判断的认识余地。参见王鹏翔：《基本权作为最佳命令与框架秩序—从原则理论初探立法余地（gesetzgeberische Spielrume）问题》，载《东吴法律学报》2007 年第 3 期；张志伟：《比例原则与立法形成余地—由法律原则理论出发，探讨审查密度的结构》，载《中正大学法学集刊》2008 年第 24 期。

〔4〕 参见吴元曜：《Robert Alexy 重力公式之理论与应用》，元照出版有限公司 2013 年版，第 27 页。

〔5〕 在立法实践中，并不排除在法律确认下行政系统的规范制定在一定范围内的权利干预中已形成良好的规范，不同法规范可基于权利类型的不同或一定程度上权利价值的不同位阶，在规范范围内授权干预行政的不同行为形式，但尚无法在作为行政权基础的"公共性"层面决定干预权的转移。

空泛的规定下使行政干预有"上下其手"的空间，[1]最终落实立法规范与宪法确定的权力目的的一致性。因此，基于干预行政组织形式选择自由的限缩，在基础"公共性"转移实现的严格规范考量下[2]，对于部分结构可分解的干预性职能转移，应有高位阶的狭义法律规范，而以此订立的公务转移型协议则应有狭义法律的容许适用依据。对此，在有关治安的违法处罚执行上，现行《行政处罚法》业已明确了相关处罚职能的实施可通过订立书面委托协议的形式，转移由符合相应管理资质、人员资质、技术资质等法定资质条件的组织执行。[3]而在救援消灾的执行上，现行《中华人民共和国消防法》（以下简称《消防法》）对志愿消防队、专职消防队等多种非行政机关形式的消防组织的发展鼓励[4]，也意味着相关救援的实施转移由民间消防组织执行在法律上的容许认可。

二、涉权利放弃的替代或补充型协议

原则上牵涉权利干预与限制的替代或补充型协议适用，因原干预行为的形式选择自由受限，应寻求法定上的容许依据。[5]然而，立足客观状态下的行政干预，实际可进一步区分为基于行政权行使形成的积极干预，与基于权利放弃形成的事实干预。前者在相关替代或补充型协议的容许适用探究上，因协议形式的合意化特点，行政权的主动干预也必将引起相对人的权利处分权限问题，容许标准构设上既要关注权力干预的法定来源，也要对权利处分

---

〔1〕　参见李建良：《行政法基本十讲》，元照出版有限公司 2016 年版，第 252 页。

〔2〕　亦有学者概括为功能最适理论下的"基本权重要性"考量。参见许宗力：《法与国家权力》，元照出版有限公司 2006 年版。

〔3〕　《行政处罚法》第 20 条第 1 款规定："行政机关依照法律、法规、规章的规定，可以在其法定权限内书面委托符合本法第二十一条规定条件的组织实施行政处罚。行政机关不得委托其他组织或者个人实施行政处罚。"第 21 条规定："受委托组织必须符合以下条件：（一）依法成立并具有管理公共事务职能；（二）有熟悉有关法律、法规、规章和业务并取得行政执法资格的工作人员；（三）需要进行技术检查或者技术鉴定的，应当有条件组织进行相应的技术检查或者技术鉴定。"

〔4〕　《消防法》第 35 条规定："各级人民政府应当加强消防组织建设，根据经济社会发展的需要，建立多种形式的消防组织，加强消防技术人才培养，增强火灾预防、扑救和应急救援的能力。"第 36 条第 2 款规定："乡镇人民政府应当根据当地经济发展和消防工作的需要，建立专职消防队、志愿消防队，承担火灾扑救工作。"

〔5〕　陈敏教授认为，公权行政应有事先法律的根据，才能依其标准通过行政协议对公民自由权利予以限制。参见陈敏：《行政法总论》，新学林出版股份有限公司 2009 年版，第 595 页。

的相关权限予以关照。但这一论断无法得到反向证成，从反向逻辑来看，权利的放弃无法触发权力性的干预的连锁反应效果。具体而言，后者基于权利人的权利放弃，尽管形成了事实上的权利干预状态，但在职权法定原则的理论架构下，因相对人的权利放弃并不带来权力创设的效果，仅使行政机关在相应效果上获取了协议请求权或抗辩权的"权利优势"[1]，在相关行政协议的适用上并未形成因权力行使产生的对相对人权利的强制约束，换言之，协议适用中基于权利放弃形成的事实干预，实际并未真正蕴含权力性干预因素。由此，若行政协议中权利受限的客观状态仅因相对人的权利放弃而形成，在相关协议的容许标准构设上，仅需关照相对人权利放弃的相关权限，而无需再对行政机关是否有相应法定的权力来源予以额外关注。

（一）相对人权利放弃的尊重

一般认为，相对人的"权利放弃"是指在特定情况及一定时间范围内，权利主体自主表示对所享权利的全部或部分放弃、不行使权利衍生出的某种权能、作出同意权利受约束或在协议中承担权利不作为义务的承诺。[2]尽管"权利放弃"在形式上表现为权利主体自我决定、自我处分的自由，但依传统依法行政的原理，因"权利放弃"事实产生了权利受限的效果，而对相对人权利限制的行政活动在法律保留要求下应有法定容许的依据，若仅依靠权利放弃而进行相对人权利的限制，将导致相应行为因缺乏依据违法而不具有容许性。[3]在司法实践中亦有法官表示，应警惕行政机关通过协议等合法形式规避法律的强制性规定，[4]尤其在裁量行政中适用行政协议，因"权利放弃"产生的相对人权利受限事实若无事先的法律依据，将与法律保留的要求相悖，可见在传统权力规约的法治观念下，因相对人的"权利放弃"被认定必然与行政权对权利的限制相关联，"权利处分"仅表现为单纯对法律规定的

---

[1] 在谷富强、徐静诉天津市人民政府行政复议案中，最高人民法院认为，由于案涉房屋拆迁补偿纠纷在此前行政机关与相对人签订《息诉罢访承诺书》后已得到解决，相对人的实体权益已基本得到保障，认定行政复议机关以此作出的不予受理决定并无不当。参见最高人民法院（2018）最高法行申 11242 号行政裁定书。

[2] 参见法治斌、董保城：《宪法新论》，元照出版有限公司 2014 年版，第 197 页。

[3] 德国学者沃尔夫认为，在行政法上不存在如同民法般的合同内容自由，行政机关不得援引意思自治原则，协议当事人必须遵循积极和消极的合法性要求。参见［德］汉斯·J. 沃尔夫等：《行政法》（第 2 卷），高家伟译，商务印书馆 2002 年版，第 154 页。

[4] 参见马良骥：《行政机关依合同拆除房屋的性质》，载《人民司法》2013 年第 24 期。

执行，即羁束行政协议适用中的"权利放弃"才能因不违背依法行政的要求而具有容许性。

　　然而，传统行政法理论的观点未对行政协议本身异于一般行政行为的灵活性、弱强制性等特点给予必要关照，行政协议内容的可协商性使其具有了增加行政灵活性以有效处理多元行政法关系的价值[1]，无论是通过强化双方意愿交互转变行为形式，还是通过公务的转移分担革新组织形式，均在于塑造与强化相对人的主体地位[2]，以共同灵活地应对现代国家机能与任务的变迁，化解以强制性和单方性行政方式无法圆满实现既定行政目标的困顿。[3]若固守传统形式化的依法行政理论将严重阻碍行政目的实现的灵活性，难以顺应现代行政治理的现实需要，并削弱公民对行政的可接受度。基于此，为使行政协议的适用得以更好回应当下的行政状况，推动相对人的有效参与实现协商共治的双赢效果，并迎合现代行政的民主化趋势[4]，不应僵化地从"行政性"的角度强调行政协议的适用应受形式化的依法行政束缚，还应基于"契约性"的考量，在行政协议的实践适用中对相对人的主体地位给予充分尊重，并置重于对相对人在行政协议中意志表达的充分重视与尊重上。

　　对此，有学者认为，相对人的"权利放弃"只要是能为其个人换取另一合法权益的创设且无外在压力与禁止联结的事项，应具有合法性基础并是其个人完全自愿处置的结果。[5]亦有观点认为，为发挥行政协议机动性与灵活性的优势，在适用行政协议的规制实践中应考虑个案的特殊性，在法律容许的范围内允许协议当事人通过合意确定行政法权利义务等具体内容的安排，并在没有法律依据的情况下允许相对人对自身权益或自由的自愿放弃。[6]在德国的公法合同实践中便已然存在"自愿接受假执行"的适用，即在符合法

---

　　[1]　参见［德］汉斯·J. 沃尔夫等：《行政法》（第2卷），高家伟译，商务印书馆2002年版，第148-149页。

　　[2]　翁岳生教授认为，行政协议具有提升人民地位，宣示人民作为行政伙伴的功能。参见翁岳生编：《行政法》（上册），中国法制出版社2009年版，第747页。

　　[3]　参见杨建顺：《行政规制与权利保障》，中国人民大学出版社2007年版，第387页。

　　[4]　德国学者沃尔夫认为，行政协议能通过行政相对人的参与和决策实现民主。参见［德］汉斯·J. 沃尔夫等：《行政法》（第2卷），高家伟译，商务印书馆2002年版，第148页。

　　[5]　Cf. Mahendra P. Singh, *German Administrative Law in Common Law Perspective*, Springer-Verlag, 1985, pp. 51-52.

　　[6]　参见余凌云：《行政契约论》，中国人民大学出版社2006年版，第67页。

定要件时，相对人的接受性承诺可作为强制执行的依据，而是否接受假执行便是相对人自治权的体现。[1]因此，"权利放弃"作为协议相对人自主进行权利安排的表现形式，若仍受制于法律的容许约束，无疑是将行政协议的适用与传统行政方式作趋同化的认识，并极大限缩行政协议灵活适用的空间，难以充分发挥出其机制功能与优势。

（二）附条件的容许自由适用

事实上，相较于计划生育等协议适用中相对人在外在强制下对限制其权益或自由的接受，相对人的"权利放弃"主要体现为一种个体的自我决定权，是权利主体对是否行使权利或主张权利保护的一种自主决定。因为在相关协议缔结并创设行政法权利义务的过程中，相对人享有是否接受协议相关义务的自由并对协议内容有一定的选择权，即便出现相对人权益事实受限的情形，也是相对人对这种限制的自愿接受。[2]据此，在"确认权利保障范围—权利限制事实—违法阻却事由"的权利限制合法性审查框架下，相对人的"权利放弃"主要作用于"权利限制事实"环节，在事实上被认定为相对人的自我限制后，确认相关行政不构成对相对人权利的限制。但亦有观点认为，相对人的"权利放弃"主要作用于"违法阻却事由"环节，相关行政构成了对相对人权利的限制，而相对人"权利放弃"的允诺则作为违法阻却事由，使相关权利限制的行政行为不被认定为违法。[3]这一观点实则将相对人"权利放弃"的允诺视为行政机关权力活动的合法性来源，然而在权力法定的法理逻辑下，相对人的"权利放弃"无法带来"创设权力"的效果，唯有法律授权才能为相关行政权力活动提供合法性依据，后者在观点论证中存在明显的理论障碍。

由此，因相对人"权利放弃"产生的权利受限状态，实际与权力性的强制干预之间并不存在必然的关联性，实属相对人为换取其他合法权益而就特定权利进行的"自我限制"，是相对人经利益衡量自发对行政机关作出的允诺和许可，其中并未牵扯权力性强制干预的因素而无需法律规定确认其容许性，

〔1〕 参见［德］汉斯·J. 沃尔夫等：《行政法》（第2卷），高家伟译，商务印书馆2002年版，第162-163页。

〔2〕 参见余凌云：《行政契约论》，中国人民大学出版社2006年版，第18页。

〔3〕 参见法治斌、董保城：《宪法新论》，元照出版有限公司2014年版，第199页。

在符合权利处分相关条件的前提下可自由决定。此外，相对人在个案中对某一具体权利的放弃，并不意味着在其他个案中亦作出了同样的允诺，更不意味着对该项权利的丧失或整体性抛弃，即相对人在个案中作出"权利放弃"表示后，在整体上仍是该项权利的享有者，并不影响在一定条件下相对人对该权利的继续行使。[1]因而，个案中的"权利放弃"并不妨碍相对人作为权利主体的本质，更不会影响权利在整体上的客观价值秩序，应在一定条件下认可相对人在具体个案中自主进行的权利放弃。同时，在原则上确认相对人自主进行"权利放弃"的自由容许的同时还强调前提条件的限制，是因为公民权利除了作为对抗权力不法侵害的自由主观权利，在权利处分上涉及自主决定权之外，还具有规约国家公权行使的客观规范功能，在权利处分上牵涉客观法秩序，势必应对权利的自行支配作出一定界限限制，在"权利放弃"的面向上，要防范相对人或行政机关为谋取不正当利益或促成某种非正当目的，而恣意滥用"权利放弃"手段，导致权力规范功能面向的缺失，进而对公益范畴的客观法秩序造成损害。

立足我国行政协议的现实实践，其中颇具代表性的如相对人放弃诉讼权、信访权等救济权利与行政机关订立的息诉罢访协议，如前所述，就救济权的主观权利与客观秩序功能面向的考量，并不能全然肯定或否定相对人放弃相关救济权的支配可行性与效力，在公民救济权体现的制约国家公权行使的客观价值秩序功能下，相对人对其的放弃应具有一定的界限并遵照一定的原则进行。总的来看，尽管牵涉相对人救济权放弃内容的息诉罢访协议，作为行政信访办理等争议纠纷处理行为的替代型协议，适用原意上旨在通过相对人对争议事实主张申辩的自愿搁置，在合乎法治与正当性要求的前提下，一定程度实现定分止争、维护社会和谐、优化行政效能等功能效果，但在实践适用中还应警惕出现出于谋取不正当利益、规避权力受监督、贪求懒政怠政等其他不正当目的滥用"权利放弃"，造成形式达到止争效果但实质已与适用原意偏离。因而为有效规制相关协议适用中衍生的非正当目的对公益性的侵扰，相对人的救济权放弃应始终以客观法秩序的公益维护为基点，主要围绕目的规制而展开，并以此为限，确保对规范秩序最低程度的损害。

据此，在客观法秩序维系的要求下，相对人对救济权利的放弃不应成为

---

〔1〕　参见程明修：《基本权抛弃》，载《月旦法学教室》2005 年第 35 期。

其谋取不正当利益或行政机关逃避权力监督等非正当目的的实现工具，对于息诉罢访协议的适用，其正当性则应着重体现在"化解已发生的缠诉问题与缠访问题"以维护稳定、优化效能的目的规范，因而，在相对人"救济权放弃"的生效要件上，除了应满足有效权利处分的一般要件外，还应有特别的条件限制。具体而言，立足权利处分的一般要件维度，首先，相对人应合法享有相应的诉讼请求权或信访申请权等救济权限，即相对人应在争议事项中具有当事人或利害关系人的主体地位。其次，相对人作出救济权放弃的意思表示，应明确真实且完全出于自愿，即相对人对于在协议中放弃诉讼权或信访权等救济权利所产生的后果，有相当的理解能力与辨识能力，行政机关在缔约时应充分履行告知义务，使相对人明确自主放弃相关救济权的内涵与效果，以便在实体与程序利益的充分考量下自主作出是否放弃的决定，避免行政机关利用其优势地位胁迫或诱使相对人放弃相关救济权而订立缺乏真实意思表示的息诉罢访协议，并由此形成行政权对相对人救济权的限制。同时，基于"救济权放弃"对息诉罢访协议的订立，行政机关还应具有相应的缔约能力，即对相应争议事项的处理应属行政机关的职权范围，并享有兑现协议中相关允诺内容的法定职权，如承诺给予补偿或赔偿的相关权限。[1]而在特别的条件限制维度，相对人对救济权利的放弃首先应以维护客观法秩序为限，息诉罢访协议的订立不得违反法律禁止性的规定。其次，为避免相对人以不正当利益的谋取为目的而随意进行"救济权放弃"的允诺，并有效规制行政机关出于掩盖原行政行为的违法性瑕疵或维持不合法的行政行为等非法目的而订立息诉罢访协议，以使行政权行使逃避司法等部门的审查与监督，相对人应限制在未依法充分行使诉讼权等救济权利的情况下随意放弃其救济权利，息诉罢访协议的订立亦不可适用于可提交诉讼等救济途径解决的争议事项，而应在相对人充分利用了法定权利救济机制、充分行使了诉讼权等救济权利的前提下予以适用。最后，为防范行政机关一味追求"维稳"目标而恣意适用息诉罢访协议，应将协议订立的事项内容限定在事实性争议事项而非法律

---

〔1〕 在蒋德海诉黑龙江省七台河市人民政府等再审一案中，蒋德海因房屋坍塌上访而与政府签订《协调协议》，其中约定给予补偿资金的同时，还承诺由居民委为蒋德海找一个老伴，然而物色老伴的事项显然已超出政府职权范围，不宜在协议中作出相应允诺。参见朱敏艳：《息诉协议的"诉讼权放弃条款"研究——基于宪法基本权利视角的分析》，载章剑生主编：《公法研究》（第20卷），浙江大学出版社2020年版，第93页。

性争议事项，即行政机关不得针对因合法作出的行政行为产生的争议与相对人订立息诉罢访协议，面对已发生的争议纠纷，行政机关不仅应辨明是否涉及已发生效力的合法行政行为，还应勤于采取劝解、沟通的方式依法定程序妥善进行争议事项处理工作，不可一味打着"维稳"旗号恣意适用息诉罢访协议了结争议事项。

此外，在我国亦有关涉"劳动自由权放弃"的行政协议适用实践，劳动权利作为公民权利中的重要权利类型之一，尽管在契约行政实践中多以行政机关与工作人员订立的劳动人事合同等非行政协议样态呈现，但在我国行政协议的适用中亦有相关实例，如公费师范生自主选择放弃劳动自由权与教育行政机关订立的师范生免费教育协议，作为直接向教育欠发达地区委派师资行政行为的替代型协议[1]，即通过协议缔结由教育行政机关向免费师范生提供受教育的物质基础、就业保障等福利条件的同时，要求其定向就业教育欠发达地区并支援该地区的教育事业，在协议权利义务内容上体现了由相对人自主决定是否通过劳动择业自由的放弃，以换取机关提供的接受高等教育的经济物质保障。从劳动权的权利属性来看，劳动权兼具社会权与自由权的性质，且更偏重社会权的属性。[2]社会权意义上的劳动权，由于公民兼具独立个体与社会共同体成员的身份地位，其劳动价值既牵涉个体的生存与发展，也关涉国家发展与分配正义，在此意义上，劳动权既是一种公民权利也是公民义务[3]，相对人一般被限制通过权利处分对劳动权进行抛弃，但就自由权意义上的劳动权而论，相对人的劳动自由尽管不涉及抛弃劳动义务的自由，但已然赋予了其劳动择业上的自由，相对人有权在该权利维度进行自主支配，但同理，相对人对劳动择业自由的放弃除了满足有权处分、自愿处分等权利

---

〔1〕　有观点认为，师范生免费教育协议中行政机关与师范生构成了行政委托的关系，即通过协议订立将发展较为落后地区的教育权委托给免费师范毕业生。然而，委托关系成立的前提在于委托双方均应有对外承担事务的主体性，在前述委托关系中，师范生受托行使教育权并非立足等同于学校的个体主体地位直接向外作出，而仍需依托地区学校等教育平台，换言之，地区教育的实际承担职能并非发生由地区学校向师范生个人转移的变化，而师范生定向就业本质上应属师资输送的委派行为，行政机关与高校间则表现为师范生的委托培养关系，以此对前述"委托关系说"的相关观点予以反驳。"委托关系说"的相关观点参见张楠：《免费师范生、政府、高校之间的法律关系研究》，陕西师范大学 2011 年硕士学位论文。

〔2〕　参见汪进元：《基本权利的保护范围：构成、限制及其合宪性》，法律出版社 2013 年版，第246 页。

〔3〕　《宪法》第 42 条第 1 款规定："中华人民共和国公民有劳动的权利和义务。"

处分一般要件外，也应有维护客观法秩序的界限，不得违反法律的禁止性规定，即相对人不得通过"劳动自由权"的放弃谋取明显不当的非正当利益，在师范生免费教育协议适用的对等给付内容上，应主要限于教育方面的经济物质保障及定向就业的安置保障，以此构成师范生自愿选择放弃劳动择业自由而订立免费教育协议的条件。

层级容许标准的应用实效：违反
标准的法效果展开

　　行政协议法定容许适用标准的层级构造作为一种静态结构的设计，为确保其动态应用的法律实效，还应对标准适用的法律效果予以明确，以规范拘束行政实践中行政协议的适用，并对相关协议容许性判断的司法实践形成明确指引。总体来看，在行政行为违反法定依据的效力判断参照下，行政协议的适用违反法定容许标准的法律效果，主要体现为行政协议的法律效力影响，但因法定容许标准除了作为依据性的容许规范外，亦在协议适用中形成了管理性的规范要求，对于法定容许标准的界限突破，其中难免牵涉对容许性管理规范的违反，其结论并非必然导向行政协议的无效，基于类化行政协议在功能构造上的不同，以及法定容许标准在规范侧重上的差异，在不同协议类型违反其对应容许标准的事实情形分解下，其法律效果则大体导向了行政协议无效、未生效、效力待定的效力分化结论。

第一节　法律效果辨析的逻辑前提：以行政行为为参照

　　作为一种在行为形式或组织形式上革新高权行政传统模式的功能性机制，行政协议的适用实质表现为高权性行政行为的形式转变，而在这种互通联系下，行政行为的效力判断则成为行政协议法律效力辨析的应然参照，因而在行政协议违反法定容许标准将引起相关协议效力变化的法律效果情形下，亦自然形成了对行政行为违反法定依据要求的效果导向参照。与此同时，行政协议特有的契约属性使其带有双向交互的形式特点，在违反容许标准的法律效力辨析上，必然与单向性的行政行为传统模式有所出入，尤其在法定容许标准带有管理性的规范容许内容时，尽管面临不适法内容的"瑕疵感染"，行政行为与行政协议均有"抵御感染"或"瑕疵治愈"的可能性[1]，但基于双方合意形成的行政协议，往往也将在瑕疵感染的包容性与治愈能力上强于前者。

一、行政协议效力导向的趋同判断

立足行政行为效力表现的比较参照，行政协议的效力确定在功能效果上与一般行政行为的效力并无二致，均在本质上体现为当行为活动符合法律规定的要件时，就其所追求的目的效果或权利义务安排在法律上得以实现的保障。基于有序高效的公共行政实践治理需要，除未满足行为生效的特别要件致使行为成立后尚未生效外[2]，行政行为的作出在法律上通常具有公定力的效力内容，即行政行为一经作出，即便存有瑕疵也推定其有效，在未经有关国家机关依法定程序作出的审查与认定前，应被视为合法有效的行政行为并为其他国家机关、社会组织与个人所尊重。[3]作为高权行政行为或组织上的一种形式转换，公定力同样在行政协议效力导向的判断中有所体现[4]，概言之，除了相关协议适用未经批准、所附条件未成就等情形导致协议未生效外，行政协议的适用在效力判断上应首先被推定具有持续有效的效力，相关协议

---

〔1〕 如根据《行政诉讼法》第74条第1款第2项及《行诉解释》第96条的规定，行政行为存在处理期限、通知、送达等程序轻微违法情形且不会对相对人权利产生实质影响时，并不会导向行为撤销的法律效果。而对于行政行为表达中的书写或计算错误等明显疏漏，亦可在更正后对行为瑕疵予以修补。参见蓝耀昌：《行政契约效力研究》，法律出版社2010年版，第67页。

〔2〕 因大多行政立法领域并未对行政行为未生效与行政行为的无效（行为虽已成立但自始不发生效力）予以严格区分，有关行政行为未生效的讨论通常被纳入行政行为无效的范畴予以讨论。

〔3〕 参见叶必丰：《行政行为的效力研究》，中国人民大学出版社2002年版，第76页。

〔4〕 关于行政协议的公定力主张，在"肯定说"与承认部分行政协议具有公定力的"折中说"之外，亦存在否定行政协议公定力的"否定说"观点，其中不承认行政协议存在的学者、认为行政协议的效力判断应遵循与私法合同相同规则（仅具有相对效力的确定力与拘束力）的学者均持有此观点。例如，有观点认为行政协议并非行政机关"作出"的自己行为，不属于传统行政行为的范畴，不具有行政法上的公定力与执行力，与民事合同一样，不能直接作为强制执行的根据。然而，暂且不论"行政协议是否属于行政行为范畴"与"其是否具有行政法上的公定力或执行力"之间是否存在必然联系，其相关论述实际仅就行政协议的"执行力"问题予以了说明，对于"公定力"的否定理由尚未形成充分解释。参见于立深：《行政契约履行争议适用〈行政诉讼法〉第97条之探讨》，载《中国法学》2019年第4期。

适用的违法性瑕疵只有经由有权国家机关依法定程序的认定才形成效力改变的可能，继而根据违法性瑕疵的有无与不同样态，在协议效力上导向持续有效、无效、可撤销、效力待定等效力形态。而其具有公定力的正当性证成，则主要源于赋予行政行为公定力的正当理由，在行政协议的适用上有着类同的体现与同样的重要意义。

从"公定力"旨在使被赋予"对世效力"的法律行为形成"有效推定"的核心要点出发，行政法原理上，对某种法律行为作有效推定的正当理由主要体现在以下几方面：一是具有对世效力的法律行为应确保稳定高效运作的客观要求；二是作出相应行为的法律主体具备相应的行为能力与技术保障；三是行为相关的责任主体具备一定的风险把控与补救能力。就行政行为而言，这些正当理由则相应归结为公共行政高效有序的客观需要、行为主体是受法律严格规约且具有专业素养的公权力机关、公共行政以国库为后盾的赔偿能力等几个方面。[1]据此，行政协议的公定力论证实际可分解为行政协议的"对世效力"赋予与"有效推定"的正当性证成，并在论证方法上结合行政行为公定力的正当性分析框架予以比照说明。

首先，从对行政协议作"有效推定"的必要性来看，协议适用亦具有满足公共行政有序高效的客观要求。法律之所以在原则上对行政行为采取即时生效，并在未经有权机关依法定程序作出的撤销或无效认定前，推定持续有效的效力规则，是实践中行政行为的作出并不能完全避免合法性瑕疵的存在，若相对人或相关人依法针对行政行为的合法性及其效力提出的异议，可导致争议行政行为的效力处于待定状态，并等待有权机关依法定程序对行为效力予以确认，将大大减损公共行政的效率，无法及时回应实践治理的需要。且这种异议若使行为陷入效力待定的状态，将使行为确定的义务人可暂时逃避相应义务的履行，在利益衡量下亦将激励相关义务人积极提出行为异议[2]，如此一来，不论相关行政行为是否真实具有违法瑕疵，均可能引起普遍异议且被延迟履行，甚至致使公共行政的系统性瘫痪，同时行政机关也将面临诉讼与执行的超负荷负担。而行政协议中的替代或补充型协议，在功能面向上

---

[1] 叶必丰教授曾对行政行为应作有效推定的理由进行过系统的分析与梳理。参见叶必丰：《行政行为的效力研究》，中国人民大学出版社2002年版，第68-79页。

[2] 总体而言，行政行为确定义务的拖延履行是有利可图的，尤其当义务内容体现为金钱给付时，金钱的延迟给付将为义务人带来资本的时间价值。

作为革新传统行政行为以强化双方意愿交互的行为机制，尽管借此可提升相对人在行政关系中的对话能力，但行政行为中存在的高权隶属关系与行政权对相对人权利直接发生作用的特征并未实质转变，相较于行政机关的意思表示，相对人意愿表达的作用仍十分有限，因为即便相对人对行政协议的缔约内容存有异议，行政机关亦可采取传统行政行为的模式实现行政活动目的。在此，仅为行为形式上变更的替代或补充型协议，在公共行政的行为内容与行为目的上实际仍与行政行为一致，出于相同的规范与效率要求，相关行政协议适用的效力规则应趋同于传统的行政行为。

其次，作为将公务转移由私人供给的行政协议，在其公共性保障需要中亦具有被赋予"对世效力"的正当性。行政法理论中，行政行为的"对世效力"主要体现为一种效力扩张与效力保障，其中包括两个方面：一是行政行为生效后，任何国家机关、组织和个人应首先尊重并承认其存在及效力，且不得作出与其相抵触的行为；二是行政行为是否有效、可否撤销的效力认定应由法定机关垄断，而禁止其他个人、组织和国家机关自行对行为效力作出判断。与此相对，私法领域中的合同效力通常仅具有相对性[1]，其中合同权利义务的享有与负担仅在合同双方当事人中发生[2]。在行政协议中，契约效力的相对性同样得到强调，在法国、德国等大陆法系国家或地区，均对行政协议的相对效力作出了相关规定，当协议中含有为第三人赋予权利或课以义务的内容，则须经由第三人的许可同意，并不当然对第三人发生效力，[3]但逻辑上，第三人的同意实质已将其转变为协议当事人，亦体现的是对协议当事人的效力。但协议效力的相对性并不绝对，正如部分观点所指出的，基于协议取得的债权相对性只是相较于物权而言的，就协议当事人之外的第三人无法否认债权人对债务人的债权，且必须予以尊重而言，债权亦具有对抗包括公权力机关在内的所有第三方的效力，他人若造成债权人债权的侵害将受到

---

〔1〕 有关合同相对性的详细探讨，参见 [英] 约翰·史密斯爵士：《合同法》，张昕译，法律出版社 2004 年版，第 87 页。

〔2〕 参见 [英] P. S. 阿狄亚：《合同法导论》，赵旭东等译，法律出版社 2002 年版，第 376 页。

〔3〕 法国行政合同中若含有对他人权利或义务的规定，则必须给予其许可同意的权利。参见杨解君编：《法国行政合同》，复旦大学出版社 2009 年版，第 34 页。联邦德国《行政程序法》第 58 条第 1 款规定："公法合同损及第三人权利的，得到第三人书面同意，合同方有效。"参见应松年主编：《外国行政程序法汇编》，中国法制出版社 2003 年版，第 104 页。

相应制裁。[1]因此，即便具有一定合意体现的行政协议，无疑对非协议当事人亦具有一定的约束效力。事实上，行政协议效力的相对性亦存在诸多例外情形，如在行政协议中占据很大比例的公务委托协议、公用事业或基础设施的特许经营协议，在形成由私人主体承担公共事务执行或直接向不特定社会公众提供公共服务等协议内容上，均体现了一种由私人主体代表政府针对社会第三人的特殊作用力并使相关协议呈现出明显的"涉他性"。基于行政公务稳定履行并确保公众对公共物品稳定享用的考虑，在相关行政协议对外作用力的事实呈现下客观具有被赋予"对世效力"的正当性，除法定机关有权对协议效力作出认定外，其他国家机关或社会主体均需对协议效力给予必要尊重，不得以自行判断否定其效力并作出抵触行为，避免诸多公共领域的事务陷入供给混乱的风险导致社会动荡。同时，对于替代或补充型协议，因即便相对人不同意进行协议缔约，行政机关亦可采取传统的单方行政行为方式对其与相对人之间的权利义务予以安排，行政协议所包含的意思表示与所替代或补充的行政行为相较并无本质区别，相关协议应具有与行政行为相同的对世效力。

此外，受严格公法规约且具备专业素养的行政机关、以国库为基础建立的公共信用，亦为行政协议的"有效推定"与"对世效力"的成立提供了保障。具体而言，行政协议的适用并未使行政机关逃脱公法责任的承担，不同协议类型下，行政机关或仍未改变作为权力行使的主体直接对相对人发生作用力[2]，或在公务的转移履行中转变为保障责任主体[3]，而依赖于行政机关对其公务人员专业且系统的培训，以及行之有效的内外部管控机制，行政机关在所谓行政的把控能力与规范程度上已日趋成熟与完善，基于经验性的观察，在行政协议适用的整体实践中，因存在违法瑕疵而导致协议撤销或无效仅为少数，而在此前提下，行政协议"对世效力"的赋予与违法异议下的"有效推定"，则在行政机关的主体保障下具有现实正当性。与此同时，尽管

---

〔1〕　参见［法］雅克·盖斯旦等：《法国民法总论》，陈鹏等译，法律出版社 2004 年版，第 169 页。

〔2〕　替代或补充型行政协议适用中，尽管高权行政的行为模式转变为以协议形式执行，但行政机关作为权力行使主体对相对人权利直接产生作用力的特征并未改变。

〔3〕　公务转移型行政协议适用中，以委托模式实现的转移，仍由委托机关承担公务执行的法律后果，而以特许模式实现的转移，则在行政机关与相对人之间形成了一种责任与风险共担的关系，行政机关均具有相应行为后果的保障责任。此外，作为协议当事人的行政机关对相对人则更是负有保障协议正常履行的守约责任并承担相应的法律后果。

行政协议适用因存在违法瑕疵而被撤销或认定无效的整体占比很低，应对公务执行的稳定与公共利益的维护予以优先考量，但无法排除这类违法情形的客观存在，因而就私人权益保障而言，行政协议适用的"对世效力"与"有效推定"仍具有一定的客观缺陷，但在行政机关仍保有公法责任的前提下，这一客观缺陷仍可通过以国库为后盾的国家赔偿制度予以补救。与此相对，私法领域中的合同效力之所以不宜在有效性存疑的情形下作有效推定，是为了避免因私人责任承担能力有限而使另一方陷入物质损失的风险，而由此采取暂时中止合同义务的履行，预防风险的发生。因此，行政机关以国库后盾形成的国家赔偿能力，亦能为在具有"对世效力"与"有效推定"的行政协议适用中，可能遭受合法权益侵损的相对人或第三人提供充分的物质保障。

二、行政协议效力导向的异化辨析

在基于"有效推定"与"对世效力"形成的趋同性效力判断下，行政协议与行政行为一样，之所以在因违法性瑕疵产生的效力异议尚未经法定机关认可并据此作出撤销决定或无效认定前，仍具有持续性的效力并为其他国家机关或社会主体所尊重与承认，很大程度上是即便存在合法性及效力异议的相关行政协议或行政行为事实有违法性瑕疵，也并不意味着该协议或行为必然会被撤销或认定无效。对行政协议或行政行为的效力是否应作否定性评价，不单单取决于其是否客观存在影响效力的相关违法性瑕疵，还应对该协议或行为的效力进行否定性评价所可能产生的公共利益影响等后果予以综合权衡。换言之，行政协议与行政行为因隐含公共利益因素的考量，均在一定程度上形成了对违法瑕疵感染的"治愈性"或"抵御性"，即便相对人或第三人有关违法瑕疵的主张在事实上得以证成，法定机关也并非必然据此支持有关否定协议或行为效力的主张。对此，我国《行政诉讼法》业已明确，当行政行为的撤销会造成国家利益或社会公共利益的重大损害，或仅存在不会对原告权利产生实际影响的程序轻微违法时，仅确认相关行为违法而不作撤销决定。[1]在此背景下，即便相关行政协议或行政行为违法也仍需保持其

---

[1]《行政诉讼法》第 74 条第 1 款规定："行政行为有下列情形之一的，人民法院判决确认违法，但不撤销行政行为：（一）行政行为依法应当撤销，但撤销会给国家利益、社会公共利益造成重大损害的；（二）行政行为程序轻微违法，但对原告权利不产生实际影响的。"

继续履行的效力。

　　然而，尽管行政协议与行政行为均具有违法"瑕疵感染"治愈或抵御的可能性，但行政协议所内含的契约合意性，使其对违法瑕疵感染的"治愈性"或"抵御性"显然应强于相应的行政行为。作为由行政机关与私人主体合意创设的微观法秩序[1]，相较于行政行为较为单一且明确的利益衡量，行政协议的适用既牵涉国家利益、社会公益等方面的公法利益，也涉及私人的合法获益等私法利益，既具有更好地实现公共治理目的的公法目的，也具有维护交易安全与效率、保障私人权益的私法目的。因而对行政协议的效力判断，实际充满了各种交织往复、错综复杂的利益关系的衡平考量，必须统筹考虑而不可简单推断。事实上，行政协议相对人基于自身利益的权衡考量对采取协议形式行使行政权的同意，已然在契约性的自由意志支配下形成了对部分不适法内容的许可与包容，由此赋予了行政协议更强的存续力，并主要体现在瑕疵感染上更好的抵御性与瑕疵补救上更强的治愈性，前者表现为协议效力并不受违法瑕疵的感染而持续有效，后者则是通过补救措施的采取补正违法瑕疵以修正协议效力。

（一）瑕疵感染上更好的抵御性

　　行政协议在瑕疵感染上显现的更好抵御性，源于契约属性下对相对人协议缔约自由的尊重，在违法瑕疵的处理层面，借助相对人自主意愿成立的行政协议，在相较于行政行为的形成体现了更大包容度的前提下，已然削减了因如程序等个别合法性要件的缺失导致协议效力问题的可能性。[2]从公法上以"重大且明显违法"认定行政行为无效的规则来看，行政行为的"重大"违法包括但不限于违反法律规范要件的重要性、对相对人权益影响的严重性等不同指向的要件[3]，"明显"违法则是一般理性人均可轻易对行政行为的

────────────

　　[1]　即便在替代或补充型协议中，相对人无法对原行政行为确定的权利义务内容予以实质转变，但亦可在协议形式的同意与否上作出意思表示。

　　[2]　正如德国学者毛雷尔所指出的，行政协议由于其合意性，其存续力应当比单方面作出的行政行为强。因为行政协议借助相对人同意而成立，可以包含单方法律行为，特别是行政行为方面不适法的处理内容。因此，行政协议的法律界限和瑕疵感染性相对较小，反过来看，也赋予其较强的存续力。参见［德］哈特穆特·毛雷尔：《行政法学总论》，高家伟译，法律出版社2000年版，第379页。

　　[3]　《行诉解释》第99条规定："有下列情形之一的，属于行政诉讼法第七十五条规定的'重大且明显违法'：（一）行政行为实施主体不具有行政主体资格；（二）减损权利或者增加义务的行政行为没有法律规范依据；（三）行政行为的内容客观上不可能实施；（四）其他重大且明显违法的情形。"

违法性作出肯定判断的违法情形[1]。相较于一般理性人对行政行为的违法性瑕疵认识，行政协议的相对人作为直接参与协议订立、具有意思表达能力的当事人，对行政协议缔结及相关条款中存在的违法瑕疵有着更为清晰的认识，对于诸多"明显"的违法瑕疵无需进行特别调查即可发现并予以纠正，[2]因而行政协议事实受"重大且明显"违法瑕疵的感染性更小，在效力影响上显现出更强的抵御性，但这一瑕疵抵御很大程度还源于相对人的积极治愈。

此外，从违法瑕疵可能引起的效力后果层面来看，行政协议中公务转移型协议的应用场域，通常集中于关涉重要社会公共利益的基础公用设施与公共服务的供给上，相较于大多数行政行为显现出更强的"公共性保障"必要，因而即便存在应予撤销协议的违法瑕疵，但基于公共利益保障并确保供给稳定的考量，亦使相关协议在很大程度上具备了不可撤销性，并由此形成更好的瑕疵感染抵御性。

（二）瑕疵补救上更强的治愈性

赋予行政协议更强的存续力，除体现了对相对人自主意志的尊重、保障交易安全与效率外，还在于确保公共行政治理目的的更好实现，因而，相较于行政行为，即便对于部分违法性瑕疵无法基于相对人的同意予以消减抵御，亦可通过违法瑕疵的事后修正对协议的效力缺陷予以补正。

私法理论基于对主体间意思自治的尊重，通常对平等主体间达成有效私法契约促成交易始终保持积极态度，由此在合同生效结果的追求下形成了合同效力补正理论，并已然由传统的形式瑕疵的合同补正扩张至无效合同的效力补正，即对于无效民事合同的效力修正，当事人可自行或通过向法院请求对合同内容进行补正修改，以消除合同无效原因，从而使无效民事合同与效力待定、未生效合同一样，通过补正的方式变为有效合同。[3]对此，同样具有契约合意性特征的行政协议，在契约自治的指导下亦已形成了行政协议的效力补正导向。立法与司法实践中既包括行政协议的无效修复，如行政协议司法解释的有关规定业已明确了行政协议无效在一审法庭辩论终结前的修复

---

〔1〕 参见山东省无棣县人民法院（2020）鲁 1623 行初 50 号行政判决书。

〔2〕 参见王敬波：《司法认定无效行政协议的标准》，载《中国法学》2019 年第 3 期。

〔3〕 参见王利明：《合同法研究》（第一卷），中国人民大学出版社 2015 年版，第 626 页。

可行性[1]，也包括行政协议的效力追认，如在卜建萍诉郑州市金水区人民政府、郑州市金水区丰庆路街道办事处确认行政协议无效案中，河南省高级人民法院认为，金水区人民政府作为规章授权的城中村改造主体，尽管案涉《补偿安置协议》系以改造指挥部及丰庆路街道办的名义签订，但金水区政府对该行政协议予以追认，因而不存在因主体不适格的重大明显违法导致协议无效的情形。[2]

第二节　法律效果辨析的法规范之协调

尽管作为一种形式革新，在违反容许标准的法律效果辨析上，行政协议主要参照行政行为的逻辑展开，但在协议效力判断的法律适用上并非囿于行政法律规范，还应充分考虑民事合同的效力规则在行政协议上的可适用性。与行政机关单方作出意思表示的行政行为相比，行政协议作为一种双方合意的形式转变，并未引起行为本质的改变，除有特别理由外，行政法对行政行为的效力规则当然适用于行政协议。与此同时，民法上效力规则的准用亦为多个国家和地区的行政程序法所明确[3]，这是因为一方面，即便行政协议相较于民事合同存在诸多特殊性，都无法在根本上对行政协议存在的契约性予以否定，私法合同规则在行政协议领域具有准用的正当性与可能性。另一方面，在现代行政治理中，除非立法基于特殊的公共行政需要，而制定排除私法规则适用的特殊公法规则，有效的私法规则对公共行政活动同样有拘束力。对此，我国行政协议司法解释的相关规定已然将民事法律规范引入行政协议无效判定的适用中[4]。

然而，由于公私法在规范对象及目的上不完全相同，公私法效力规则之

---

〔1〕《行政协议解释》第12条第3款规定：“行政协议无效的原因在一审法庭辩论终结前消除的，人民法院可以确认行政协议有效。”

〔2〕参见河南省高级人民法院（2019）豫行终1104号行政判决书。

〔3〕在德国、葡萄牙的行政程序立法中均有“民法准用”条款。联邦德国《行政程序法》第62条规定：“只要第54条至第61条未另有规定的，适用本法其余的规定。另补充适用民法典的有关规定。”葡萄牙《行政程序法》第158条第2款规定：“民法典有关意思表示及瑕疵的规定，适用于所有行政合同。”

〔4〕《行政协议解释》第12条第2款规定：“人民法院可以适用民事法律规范确认行政协议无效。”

间的区别甚至冲突客观存在，对行政协议的效力判断问题，并不能采取公私法规则简单相加的方式予以对待，将其中的效力规定无差别地适用于行政协议的效力判定上，而应就行政协议的独特的混合构造，对不同法规范之间存在的冲突规则予以协调适用。

一、不同法规范内容间的调和适用

行政法上的"违法"与私法领域中的所谓"违法"在内涵上存在本质差异，如何对不同法规范之间客观存在的冲突规则予以调和，则是构筑作为公私法混合体的行政协议效力规则的关键问题。在行政协议的效力判定问题上，德国、葡萄牙的相关行政程序立法，均采取了将公私法效力规则简单相加后作为判定行政协议效力的规则，但这一做法忽视了不同规范之间的客观冲突及在行政协议适用上应有的调整。其中的突出表现有以下方面：

在违反强制性法律规则的法律效果上，传统私法上将一律导向合同无效的法律效果，而在行政法领域，违反强制性法律规范的行政行为，在违法程度未达到"重大且明显"前并非必然导向无效，即便在一般原理上应予撤销的行政行为，在具体判定中也并非必然导向撤销的结果。就处于高权行政应用场域的行政协议而言，其在缔约、履行等环节相较于私法合同通常将受制于更为严格的行政法规范，因行政法规范均属强制性规范，若完全无差别适用传统私法上"违反强制性规范一律无效"的效力规则，将致使所有行政协议若具有违法瑕疵便均归于无效的法律后果，进而导致作为公共行政治理实现重要手段的行政协议难以发挥其实效并产生重大影响。因而，在行政协议违反强制性规范的效力判定上，原则上应倾向性地采取行政法上的相关效力规则，即只有当违法程度达到"重大且明显"时才能作为认定行政协议无效的法定事由，尽管行政协议因相对人更深入的主体参与性而相较一般行政行为具有更强的违法瑕疵感染抵御性与治愈性。而对于其他不甚明显或程度较轻的强制性规范违法情形，则可作为行政协议的撤销事由，而不宜作为直接认定其无效的原因。

与此同时，我国《民法典》亦对传统私法上"违反强制性规范一律无效"的效力规则作出相应调整，即对强制性规定作了效力性强制规定与管理性强制规定的区分，相关法律行为只有在违反"导致无效"的效力性强制规定时才可能导致无效，[1]由此在行政协议效力判定的公私法适用中形成了有效调和。作为行政法嵌入契约规范的"转介条款"，民法理论上，效力性规定通常被视为"非以为违法法律行为为无效，不能达其立法目的的规定"，管理性规定则被视为"仅在防止法律行为事实上行为的规定"。[2]然而，效力性强制规定与管理性强制规定在实践中的界分并不清晰，还需对具体条款中有关强制性规定的立法目的与效力的表述作进一步分析。[3]成文法中某些强制性规定是以"违反规定便必然否定其法律效力"为立法目的的，使相应法律行为无效成为该强制性规定蕴含立法目的达成所必须的结果。如相关法律条款以禁止性行为规定为表述，并明确对违反规定将导致行为无效的法律效果予以说明，该条款可当然归为效力性强制规定并在违反后产生无效的法律效果。[4]但现行法律规范中具有类似直接指明效力表述的条款仍为少数，绝大多数法律条文并未对违反规定后的效力影响作出明确说明，而仅体现为"应当、必须"等义务性规定或"不得"等禁止性规定的表述。对此，在进行效力判断前，则有必要对义务性或禁止性规定的立法目的进行具体分析并展开相关利益衡量，从私法的角度来看，若相关法律行为违反上述义务性或禁止性规定可能导致国家利益或社会公共利益的损益后果的，则将导向无效认定的法律效果，相关规定应被纳入效力性规定的范畴。但基于行政协议的行政性，在其效力判断上又将产生另一维度的冲突问题，即因行政法利益维护上的特殊性，凡是具有违法性瑕疵的行政行为均或多或少对公共利益造成侵害，相应地，行政协议在适用中对任何法秩序的破坏亦可将其视为对公共利益的侵害，若基于私法理论对其作无效认定，使所有具有违法瑕疵的行政协议均归于无效并不适当，因而在行政协议效力判断的法律适用上，相关私法的适

---

〔1〕《民法典》第153条第1款规定："违反法律、行政法规的强制性规定的民事法律行为无效。但是，该强制性规定不导致该民事法律行为无效的除外。"据此，根据强制性规定是否导致无效可进一步区分为效力性强制规定和管理性强制规定，即违反可能产生无效后果的规定限缩解释为效力性强制规定，排除了"非效力性"的管理性强制规定，以及非强制的任意性或倡导性规定。参见苏永钦：《以公法规范控制私法契约——两岸转介条款的比较与操作建议》，载中国人民大学法学院《人大法律评论》编辑委员会组编：《人大法律评论》（2010年卷），法律出版社2010年版，第8页。

〔2〕参见史尚宽：《民法总论》，中国政法大学出版社2000年版，第330页。

〔3〕参见王敬波：《司法认定无效行政协议的标准》，载《中国法学》2019年第3期。

〔4〕如《中华人民共和国民用航空法》第130条规定："任何旨在免除本法规定的承运人责任或者降低本法规定的赔偿责任限额的条款，均属无效；但是，此种条款的无效，不影响整个航空运输合同的效力。"

用仍应作部分程度的调整。

此外，在超越权限实施法律行为的法律效果上，私法上，在未经具备相应权限的主体追认前，超越权限缔结的私法合同并不发生效力，而在行政法领域，行政机关超越职权实施的行政行为并非不生效力，除超越职权的违法性已达到"重大且明显"的程度应归于无效外，通常处于可撤销的状态且不具有事后追认有效的可治愈性。两者之间的效力规则的冲突，亦使行政协议在效力判断上的法律适用应有相应调整，即因行政协议具备以双方合意为基础的契约性，基于法律对契约自治的尊重、并为更好实现公共治理目的，行政协议较行政行为应体现更强的存续力，在超越职权的效力判断上应参照私法具有可追认有效的治愈性，并在未被追认时适用行政法归于可撤销的效力状态。

二、法规范中有关违反容许标准的效力性规定

尽管各法域对于相应法律行为的效力规范并不完全相同，但各国或地区确立行政协议效力规范的立法模式存在共性，即对行政协议效力情形的规定主要从私法合同的效力规范情形、行政行为的效力规范情形等方面找寻。就违反法定容许标准的规范情形而言，在其广义的规范语义涵摄上主要集中于行政协议适用的形式容许要求，并在除狭义的依据性容许规范外，还集中于程序、主体等方面的容许规范，而排除了因协议适用中的意思表示、内容目的等实体内容的瑕疵而产生效力影响的考察。在规范逻辑上，基于私法契约自治的原则，缔约双方只要未构成违法且满足法律明确规定要件[1]，所缔结的私法合同便合法有效，其中很少涉及法定依据性或程序性的要求，其规范瑕疵在逻辑上更易于列举穷尽，在违反协议容许适用标准的范畴，则主要牵涉主体权限、特别要件的规范瑕疵情形。反之，基于行政法定原则，行政行为的合法性取决于两个必要条件，即法律依据及特定行为应符合的法律要求，因而对于行政行为的规范瑕疵在逻辑上难以一一列举穷尽，一般可涵盖违反协议容许适用标准的所有情形，即涉及法定依据、主体权限、程序要求等方面的规范瑕疵情形。因此，结合公私法的规范，有关违反容许标准的效力性

---

[1] 私法上所谓违法，是指行为人客观上实施了法律明确禁止的行为或没有履行法定的积极作为义务。

规定，可细化分解为违反法定依据容许要求的效力性规定、违反主体权限容许要求的效力性规定、违反法定程序容许要求的效力性规定、违反特别要件容许要求的效力性规定等多个维度。

（一）违反法定依据容许要求的效力性规定

违反法定依据容许要求的效力性规定主要体现在行政法规范范畴，其中既包括行为没有法律依据情形的效力性规定，也包括行为违反禁止性容许规范情形的效力性规定。对于前者已形成相对明确的规范，我国《行政诉讼法》第 75 条业已规定，行政行为具有没有依据的重大且明显违法情形，法院可经原告申请判决确认其无效。[1]并经由《行政协议解释》第 12 条的规定转介适用于行政协议领域。[2]《行诉解释》第 99 条规定则进一步将"没有依据的重大且明显违法情形"限缩解释为减损权利或者增加义务的行政行为没有法律规范依据。[3]对于后者，尽管在契约方式的采用上，对于哪些行政事项可适用行政协议的手段处理尚未得到具体明确，但就违反禁止性容许规范的行为效力规定是相对明确的，在立法者充分考虑了适用契约手段追求法定目标的容许性并明确否定性规定的前提下，相关禁止性规定则将产生效力否定的效果。就此而言，诸多国家已有明确的禁止性规范，如德国、葡萄牙的相关行政程序立法，均明确了适用契约方式设立、变更或消灭公法范畴的法律关系，应以法律禁止性规定、建立关系的性质限制为限。[4]我国亦在个别具体行政领域形成了禁止性规范，如《行政处罚法》第 18 条规定了限制人身自由的行政处罚权只能由公安机关和法律规定的其他机关行使[5]，而以此为标的擅自订立的职能转移协议，则将因违反禁止性规定带来效力否定的法律后果。

---

〔1〕《行政诉讼法》第 75 条规定："行政行为有实施主体不具有行政主体资格或者没有依据等重大且明显违法情形，原告申请确认行政行为无效的，人民法院判决确认无效。"

〔2〕《行政协议解释》第 12 条第 1 款规定："行政协议存在行政诉讼法第七十五条规定的重大且明显违法情形的，人民法院应当确认行政协议无效。"

〔3〕《行诉解释》第 99 条规定："有下列情形之一的，属于行政诉讼法第七十五条规定的'重大且明显违法'：……（二）减损权利或者增加义务的行政行为没有法律规范依据；……"

〔4〕参见联邦德国《行政程序法》第 54 条、葡萄牙《行政程序法》第 179 条。

〔5〕《行政处罚法》第 18 条第 3 款规定："限制人身自由的行政处罚权只能由公安机关和法律规定的其他机关行使。"

（二）违反主体权限容许要求的效力性规定

实施法律行为的主体权限要求在私法领域与行政法领域均有所体现。在私法上，主体权限方面的违法瑕疵在不同情形下将使相关法律行为导向无效、可撤销、继续有效等不同效力状态，我国《民法典》第 144 条规定了无民事行为能力人实施的民事法律行为无效。同法第 145 条、第 171 条规定了，限制行为能力人实施的与其年龄、智力、精神健康状况不相适应的民事法律行为、行为人没有代理权、超越代理权或者代理权终止后实施的代理行为，只有经法定代理人或被代理人同意追认后才能发生效力，而在相关法律行为未被追认前，善意相对人则享有撤销的权利。[1]同法第 172 条、第 504 条还对表见代理、表见代表下的行为有效性作出了明确规定。[2]在行政法领域，主体权限上的违法瑕疵则大体使相关行政行为导向无效、可撤销的效力结果。其中对于行政机关的主体权限瑕疵，《行政诉讼法》第 75 条、《行诉解释》第 99 条的规定业已明确，行政行为具有实施主体不具有行政主体资格的重大且明显违法情形，法院可经原告申请判决确认其无效。[3]同时，《行政诉讼法》第 70 条亦对存在超越职权等违法情形的行政行为的判决撤销或部分撤销予以了明确规定。[4]对于相对人的主体权限瑕疵，在具体的行政领域中，若相对

---

〔1〕《民法典》第 145 条规定："限制民事行为能力人实施的纯获利益的民事法律行为或者与其年龄、智力、精神健康状况相适应的民事法律行为有效；实施的其他民事法律行为经法定代理人同意或者追认后有效。相对人可以催告法定代理人自收到通知之日起三十日内予以追认。法定代理人未作表示的，视为拒绝追认。民事法律行为被追认前，善意相对人有撤销的权利。撤销应当以通知的方式作出。"第 171 条第 1、2 款规定："行为人没有代理权、超越代理权或者代理权终止后，仍然实施代理行为，未经被代理人追认的，对被代理人不发生效力。相对人可以催告被代理人自收到通知之日起三十日内予以追认。被代理人未作表示的，视为拒绝追认。行为人实施的行为被追认前，善意相对人有撤销的权利。撤销应当以通知的方式作出。"

〔2〕《民法典》第 172 条规定："行为人没有代理权、超越代理权或者代理权终止后，仍然实施代理行为，相对人有理由相信行为人有代理权的，代理行为有效。"第 504 条规定："法人的法定代表人或者非法人组织的负责人超越权限订立的合同，除相对人知道或者应当知道其超越权限外，该代表行为有效，订立的合同对法人或者非法人组织发生效力。"

〔3〕《行政诉讼法》第 75 条规定："行政行为有实施主体不具有行政主体资格或者没有依据等重大且明显违法情形，原告申请确认行政行为无效的，人民法院判决确认无效。"《行诉解释》第 99 条规定："有下列情形之一的，属于行政诉讼法第七十五条规定的'重大且明显违法'：（一）行政行为实施主体不具有行政主体资格；……"

〔4〕《行政诉讼法》第 70 条规定："行政行为有下列情形之一的，人民法院判决撤销或者部分撤销，并可以判决被告重新作出行政行为：……（四）超越职权的；……"

人不具有行政法特别规定的资格或条件，亦将使相关行为不具有法律效力，如针对行政处罚的委托，《行政处罚法》第20条、第21条便明确规定了受托人应具备的相应资质，若不具备该法定资质条件，将因相对人不具备主体资格导致相关委托行为归于无效。[1]

（三）违反法定程序容许要求的效力性规定

行政行为的形式与程序法定，是行政法治原则的基本要求，由此与私法领域的意思自治存在着本质区别，对于违反法定程序容许要求的效力性规定则主要体现在行政法规范中。在权力规约的公法原则下，行政行为若违反法定程序通常将具有被撤销的风险，如《行政诉讼法》第70条业已对存在违反法定程序等违法情形的行政行为的判决撤销或部分撤销作出了明确规定[2]。但从各国立法来看，包括我国在内的诸多国家并未采取"行政行为凡违反法定程序即可撤销或归于无效"的立法模式，而是将程序违法与实体违法结合在一起，对行政行为的效力作出综合判断。如《行政协议法》第74条、《行诉解释》第96条亦明确规定了，当行政行为存在处理期限、通知、送达等程序轻微违法，且对原告依法享有的听证、陈述、申辩等重要程序性权利不产生实质损害时，仅由法院判决确认违法，但不撤销行政行为，[3]相关行政行为的效力继续发生，该等程序瑕疵亦可通过其他事后补救方式予以治愈。

（四）违反特别要件容许要求的效力性规定

此外，私法领域中还可能存在对相关法律行为生效要件的特别设置，质言之，当相关法律行为违反容许条件、批准手续等特别前置要件的容许要求

---

〔1〕《行政处罚法》第20条第1款规定："行政机关依照法律、法规、规章的规定，可以在其法定权限内书面委托符合本法第二十一条规定条件的组织实施行政处罚。行政机关不得委托其他组织或者个人实施行政处罚。"第21条规定："受委托组织必须符合以下条件：（一）依法成立并具有管理公共事务职能；（二）有熟悉有关法律、法规、规章和业务并取得行政执法资格的工作人员；（三）需要进行技术检查或者技术鉴定的，应当有条件组织进行相应的技术检查或者技术鉴定。"

〔2〕《行政诉讼法》第70条规定："行政行为有下列情形之一的，人民法院判决撤销或者部分撤销，并可以判决被告重新作出行政行为：……（三）违反法定程序的；……"

〔3〕《行政诉讼法》第74条第1款规定："行政行为有下列情形之一的，人民法院判决确认违法，但不撤销行政行为：……（二）行政行为程序轻微违法，但对原告权利不产生实际影响的。"《行诉解释》第96条规定："有下列情形之一，且对原告依法享有的听证、陈述、申辩等重要程序性权利不产生实质损害的，属于行政诉讼法第七十四条第一款第二项规定的'程序轻微违法'：（一）处理期限轻微违法；（二）通知、送达等程序轻微违法；（三）其他程序轻微违法的情形。"

时，将导向行为未生效的法律效果。具体的效力性规定，如《民法典》第158条、第502条即明确规定了，附生效条件的、应当办理批准等手续的民事法律行为，自相应条件成就时、批准手续办理完成时才发生效力。[1]而行政法领域则未过多涉及影响行为生效的特别要件的效力规定，因大多行政立法领域并未对行政行为未生效与行政行为的无效（行为虽已成立但自始不发生效力）予以严格区分，有关行政行为未生效的讨论通常被纳入行政行为无效的范畴予以讨论。

三、无效判定依据层级的范围认定

在法律行为的效力辨析上，公私法规范之间显然遵循着不同的法理思维与判断逻辑，区别于私法规范将违反规范的层级与性质作为效力判断的标准，如《民法典》将对民事法律行为效力产生影响的规范层级限定在法律与行政法规层面，公法规范在无效判定上则未对法律行为违反规范的层级作出明确限定[2]，而通常考量行为违法的严重程度，如《行政诉讼法》仅将"没有依据"视为"重大且明显违法情形"判定行政行为效力，而未对依据的层级范围作出明确限定。就行政协议的效力判断而言，尽管民法基于对意思自治的尊重，在无效判定的规范层级中并未涉及地方性法规、部门规章及地方政府规章[3]，但仍需关注行政协议作为行政治理目的实现工具的特殊性，例如，地方性法规作为地方人大根据地方治理需要制定并体现地方公益的重要立法形式，诸多涉及地方资源出让的管理事项均在其相应的地方性法规中予以规定，使得地方性法规在相关行政活动中具有作为行为依据的特性，相关法规由此应具有成为判定协议效力依据的正当性，若在效力判定依据层级中完全排除地方性法规，亦与《中华人民共和国立法法》逐步扩大地方立法权的趋势相悖。在亓柏军诉莱芜市国土资源局钢城分局采矿权出让行政协议纠

---

〔1〕《民法典》第158条规定："民事法律行为可以附条件，但是根据其性质不得附条件的除外。附生效条件的民事法律行为，自条件成就时生效。……"第502条第2款规定："依照法律、行政法规的规定，合同应当办理批准等手续的，依照其规定。未办理批准等手续影响合同生效的，不影响合同中履行报批等义务条款以及相关条款的效力。……"

〔2〕参见袁杰主编：《中华人民共和国行政诉讼法解读》，中国法制出版社2014年版，第45页。

〔3〕民法在判断合同无效问题上，地方性法规和规章仅为"参考"，只有与上位法不抵触、在规范体系上浑然一体时，才可以据此得出无效的结论。参见王利明：《论无效合同的判断标准》，载《法律适用》2012年第7期。

纷案中，因国土资源局设定的采矿权位于生态功能保护区内，有悖于《山东省南水北调工程沿线区域水污染防治条例》有关生态功能保护区内禁止采砂的规定，山东省莱芜市中级人民法院认为案涉的采矿权出让协议因违反了该地方性法规而应认定为无效。[1] 尽管案涉行政协议表现为内容上违反地方性规范，但亦可证明地方性法规作为容许依据对协议效力产生影响的正当性。

　　对于部门规章与地方政府规章能否作为协议适用的容许依据并可能对其产生无效的效力影响，则需结合立法目的对当事人合意利益与公共利益作出衡平考量，以避免行政机关滥用立法权造成协议相对人合法权益的损害。从相关民事合同纠纷的裁判来看，尽管一些合同违反规章规范的争讼事实，并未落入违反法律、行政法规的强制性规定而归于无效的民法规范范畴内，但相关司法裁判仍对规章蕴含公益维护的目的予以承认，并采取了以"相关合同违反了规章所维护的公共利益"为由而对合同作无效认定。[2] 据此，在以规章作为行政协议无效的判定依据问题上，应对相关规章的立法宗旨与制定目的作出分析，并对其蕴含的公共利益加以考量，若规章规范的行政协议事项，本属未有上位法规范的部门事务或地方事务，便意味着在该事项的规范范畴内，部门规章与地方政府规章便构成了现行法律位阶规范体系中最高层级的法规范，相关规章的规定成为行政协议适用的重要条件，宜将其纳入协议无效判定的依据层级范围。即对于部门规章或地方政府规章中的授权性规定或禁止性规定，若属于对部门专属或地方专属事项的强制性规范，并旨在维护相关部门领域或地方领域的公共利益，则理应可作为相应行政协议无效判定的依据。

　　对于其他行政规范性文件，则通常在原则上不宜作为行政协议无效判定

----

〔1〕　参见山东省莱芜市中级人民法院（2015）莱中行终字第 21 号行政判决书。

〔2〕　在巴菲特投资有限公司诉上海自来水投资建设有限公司股权转让纠纷案中，上海市高级人民法院认为，国资委、财政部制定的某管理暂行办法及上海市政府制定的某管理办法就案涉合同作出了规定。虽然上述规范性文件并非行政法规，但仍系依据国务院授权针对作为行政法规的某《管理暂行条例》所制定的实施细则，旨在防止国有资产流失、避免公共利益受损，因对该规章规定的违反将造成公益的损害，而根据原《中华人民共和国合同法》有关"损害社会公共利益的合同无效"的规定认定案涉合同无效。参见上海市高级人民法院（2009）沪高民二（商）终字第 22 号民事判决书。同样，在张云龙与百汇公司外汇买卖委托合同案中，案涉外汇买卖委托合同违反了中国人民银行颁布的《个人外汇管理办法》等现行外汇管理制度的规定，上海市高级人民法院认为，外汇买卖行为严重扰乱了市场经济管理秩序，对国家利益造成了损害，而根据原《中华人民共和国合同法》有关"损害社会公共利益的合同无效"的规定认定其无效。参见上海市高级人民法院（2009）沪高民四（商）终字第 34 号民事判决书。

的依据。从行政复议与诉讼的惯常说理来看，在无上位法依据时行政规范性文件不得作为减损相对人权益的依据，仅能作为行政机关自我加压与自设义务的依据。[1]尤其在基于双方合意订立的行政协议中，相对人具有合法正当的信赖利益，行政机关不得滥用行政规范性文件的制定权逃避履约义务，对相对人的信赖利益造成损害。尽管如此，司法实践中亦有相关案例将其视为行政协议无效判定的依据，如在徐建勋诉安丘市人民政府房屋补偿安置协议案中，安置补偿政策作为案涉补偿协议订立的规范基础，虽然涉案安置补偿政策并非法律、法规、规章的规范类别，但法院仍认为，关于给付徐建勋两套回迁安置房的协议约定是对安置补偿政策规定的严重违反，应视为该协议没有依据而在"重大且明显违法情形"的效力规定下作无效认定。[2]而该案之所以呈现出不同的裁判结论，很大程度上在于案中作为行政协议效力判定依据的行政规范性文件，其规范实质并非赋予行政机关逃避协议义务履行的"护身符"，而主要体现为对相对人给付安排的管理性规范，旨在在拆迁安置中更好地贯彻平等对待原则，进而实现基本的给付公平，并由此获得作为规范依据的正当性。

第三节　违反容许标准的法律效果分解

如前所述，法定容许标准作为行政协议适用的形式合法性标准[3]，在形成依据性规范的狭义理解的同时，在诸多情形下还伴随着管理性的要求，由此基于行政协议的法定容许标准构造，在违反法定容许适用标准的表现形式上，除了行政协议的适用无法律规范依据或违反法律禁止性规定等违反依据规范要求的情形外，还事实囊括了违反特别设定的容许适用条件、违反容许适用的法定程序、违反容许适用的缔约权限要件等多种违反协议容许

---

〔1〕　参见赵德关：《行政协议纳入行政复议审查问题研究》，载《行政法学研究》2021年第4期。

〔2〕　参见最高人民法院：《徐某某诉安丘市人民政府房屋补偿安置协议案——行政协议存在重大且明显违法情形或者适用民事法律规范亦属无效的，人民法院应当确认该协议无效》，载https://www.chinacourt.org/article/detail/2019/12/id/4719338.shtml，最后访问日期：2022年3月6日。

〔3〕　一般与行政协议缔约主体的意思表示规范等内容判定的实质合法性标准相对，法定容许标准作为形式上的合法性判定标准，广义上既包括启动适用的依据容许规范，也包括法定上的程序与主体权限的容许适用规范。

适用的管理规范要求的情形，并在不同法规范有关违反容许标准规定的协调适用下，在法律效果上形成行政协议的无效、未生效、效力待定等效力分解形态。

一、行政协议的无效

从违反协议容许适用标准的严重程度来看，其中最为明显的违法瑕疵主要表现为行政协议的适用无法定依据、行政协议适用违反法律禁止性规定，而基于行政法领域对违反法定依据容许要求情形的效力性强制规定，相关行政协议将首先导向无效的法律效果。

（一）减损权利或增加义务的协议适用无法定依据

作为一种双方合意的形式转变，与行政机关单方作出意思表示的行政行为相比，行政协议并未引起行为本质的改变，除有特别理由外，行政法对行政行为的效力规则当然适用于行政协议。而作为一种依据性的容许规范，在现行行政法规范的设定下，法定容许依据的欠缺首先将使涉及减损权利或增加义务的行政协议适用归于无效，因相关活动最直接地体现了个体自由与权利的侵害性，并触及作为行政权存在正当性基础的公民基本权益维护而可能动摇其根基，应受法律保留的严格关切以确保其正当性，法定依据的缺失通常被视为重大且明显的违法情形之一。而行政协议相较于一般行政行为，显现出的对重大且明显违法瑕疵的更强抵御性，很大程度源于缔约过程相对人的及时发现与治愈，相对人同意本身并不能起到替代法定依据赋予相关活动合法正当性的效果，并非出于相对人自主意志的包容性而产生对该违法瑕疵的抵御性。

但即便如此，因行政协议的契约性与更好实现公共治理目的上的功能性，其仍具有效力补正的治愈可能，[1]而在消除无效情形的效力补正前，行政法对于相关行政行为无法定依据将归于无效的效力规定，应无差别地适用于相关行政协议违法瑕疵情形的效力判定中。[2]在前文构筑的协议适用法定容许

---

[1]　《行政协议解释》第12条第3款规定："行政协议无效的原因在一审法庭辩论终结前消除的，人民法院可以确认行政协议有效。"

[2]　对此，《行政协议解释》第12条第1款的规定，已成为行政协议效力判定无差别适用《行政诉讼法》第75条有关"重大且明显违法情形"规定的"转介条款"。

标准结构下，相关具有权利干涉性的协议适用，如涉基本权利限制的协议无法律依据、相关协议无被替代或补充行为的依据、干预性行政职能委外无法律依据，均可归于此类违反法定依据容许要求的瑕疵情形，在此，法律规范作为强制性的容许适用依据得以体现，上述违反容许标准的情形，原则上应在"重大且明显违法情形"的认定下，使相应协议的效力归于无效。值得注意的是，法定容许依据在重要给付的补充型协议适用中亦作为依据性的规范，但重要事项的给付往往牵涉重要的社会公共利益，在行政法规范赋予的违法瑕疵抵御性下，[1]一定程度赋予了其不可撤销性，相关法定依据的缺失并不必然导致效力丧失的后果，而应在确认违法后积极采取补正措施消除违法瑕疵。[2]

（二）行政协议为法定容许规范所排除适用

另一维度的行政协议无效情形，主要表现为相关事项的行政协议适用违反了法律规范有关行政协议适用的禁止性容许规定，即行政机关在待处理的行政事项不宜适用协议形式并为法律明确纳入禁止适用协议形式事项的情形下，仍违反该等禁止容许规定适用协议。关于该违法情形下的行政协议无效认定，德国、葡萄牙的行政程序立法大多采取"法无明文禁止即可为"的形式作了规定[3]，而之所以对违反禁止性容许规定的协议适用作无效认定，主要是，一方面，行政协议作为一种开展行政活动的革新形式得到法律肯认的同时，也意味着立法者在相关行政法规范创制过程中，还必须对"何种范围下行政机关可适用协议方式追求行政目标"的问题进行考虑。而既然立法者在法律创制过程中，已然对以行政协议方式追求行政目标的容许性进行过充

---

〔1〕《行政诉讼法》第74条第1款规定："行政行为有下列情形之一的，人民法院判决确认违法，但不撤销行政行为：（一）行政行为依法应当撤销，但撤销会给国家利益、社会公共利益造成重大损害的；……"

〔2〕 但倘若行政协议所补充的原行政活动因缺乏合法依据而归于无效，相应的补充协议效力亦应无效。在黄洪军诉随县水利局确认采砂合同无效、撤销采砂许可案中，河北省随县人民法院以《湖北省河道采砂管理办法》为依据，认为被告不能举证证明其编制的《随县采砂规划》经过人民政府批准，也没有提供随县可采年度采砂实施方案等实体证据，因此仅凭未经政府批准的《随县河道采砂规划》确定本案所涉标段砂石方量为111万方，没有合法依据。根据《行政诉讼法》第75条的规定，采砂权出让行为因没有依据应属无效，相关内容的补充行政协议亦应归于无效。参见湖北省随县人民法院（2016）鄂1321行初3号行政判决书。

〔3〕 参见联邦德国《行政程序法》第54条、葡萄牙《行政程序法》第179条。

分考量，并以此作出明确的禁止性规范，那么行政机关在违反该禁止性规定适用协议时，便不应使其产生相应效力。另一方面，对以"不宜适用协议形式处理的行政事项"为标的缔结的行政协议作无效认定，亦不会对具体案件的处理产生实质影响，因为"不宜适用协议形式处理的行政事项"本身便是尚未具体明确的范围，主要依靠法律原理或原则进行解释判断，对某行政事项是否可归入"不宜适用协议形式处理的行政事项"，可根据具体案件的特殊性进行判断，进而对相关行政协议的效力予以重新认定。

二、行政协议未生效

行政协议适用的法定容许构造中亦有如附前置条件、批准手续等特别要件的容许要求，而在相关效力性法律规范的设定下，未满足特别容许要件的违法，通常将使相应行政协议的适用导向不生效力的法律效果。

（一）相关协议所附条件未成就

基于私法自治原则，私法上的合同当事人可根据实际需要，就合同的生效条件作出特别约定，在合同生效条件的明确约定下，合同是否发生效力应结合其约定予以判断。质言之，当此类附条件的合同未满足双方的约定条件时，在民法上有关"附生效条件的民事法律行为，自条件成就时生效"的效力规定下[1]，相关合同则应被认定为未发生效力。一般而言，在行政协议缔约过程中，行政机关与私人主体之间可就协议的生效条件进行约定，而该等私法上的效力规则，亦可准用于行政协议领域。与此同时，基于特别的规制需要，行政协议适用条件的产生并非完全出于当事人的意思自治，如在涉权利放弃的替代或补充型协议的适用中，以相对人"救济权放弃"为内容缔结的息诉罢访协议，被要求以相对人"穷尽救济"为前置容许条件，这是在客观法秩序维系的考虑下，通过适用条件的限定形成对私人主体权利支配的规范约束，即以该类协议的适用实现行政目标时，则须受制于相关容许适用条件的拘束，当事人违反特别的容许适用条件，在条件未成就前适用相关协议则不发生法律效力，且若条件成就系由当事人不正当地促成的，在法律规范下

---

[1]　参见《民法典》第 158 条的规定。

亦应视为条件未成就。[1]

与私法规范相较，在"自始不发生效力"的语境下，由于行政法规范并未对行为的未生效与无效作出严格区分，有关行为未生效的讨论通常被纳入行为无效的范畴予以讨论，相关附条件的行政协议在条件未成就前的适用，亦可能被认定为无效。如以相对人"放弃劳动自由"为内容缔结的师范生免费教育协议，亦在学理分类中被归为行政机关与私人主体互负给付义务的双务协议，其适用条件体现为行政机关对相对人劳动自由放弃的对等给付，应主要限于教育方面的经济物质保障及定向就业的安置保障，而对于该协议适用容许条件的违反，在行政法的效力规则中则通常概括地导向行政协议无效的法律效果。对此，相关行政法规范如德国的行政程序立法，均对双务协议应满足"相对人给付与行政机关给付之间应相当并具有正当合理的实质关联"的合法要件作出了特别规定，并进一步明确规定了违反该法律条件的行政协议归于无效的法律后果。[2]

（二）未经批准的行政协议适用

批准要件作为生效要件对契约效力的影响，在私法规范中亦有较为明确的规范，对于依法应办理批准手续的民事合同，在完成相应批准手续办理时才发生效力，业已为我国《民法典》相关条款所明确，[3]即相关合同的效力状态在完成批准手续办理前应属合同未生效。[4]作为一种公权力对经济生活

---

〔1〕《民法典》第159条规定："附条件的民事法律行为，当事人为自己的利益不正当地阻止条件成就的，视为条件已经成就；不正当地促成条件成就的，视为条件不成就。"

〔2〕联邦德国《行政程序法》第56条规定："（1）合同当事人对行政机关所负的对待给付义务在合同中为特定目的已达成合意，且有利于行政机关履行公务的，允许签订第54条第2句所指的公法合同。其中的对待给付按整体情况判断须为适当，并须与行政机关履行合同给付有实质联系。（2）对行政机关履行对待给付存在请求权时，仅可在合同中就亦可作为第36条规定的行政行为附款内容的对待给付达成合意。"同法第59条第2款第4项则规定了，行政机关承诺第56条所不允许的对待给付者，行政协议无效。

〔3〕参见《民法典》第502条第2款的规定。

〔4〕在此之前，未经批准的合同法律效力还存在多种不同的理论观点，其中"合同无效说"认为批准手续作为合同的生效要件，合同未经批准应作无效认定。参见王玉飞、谢颖：《涉外股权转让居间合同效力认定》，载《人民司法》2009年第24期。"合同有效说"认为，批准的意义在于管控合同的履行，未经批准的合同只是履行不能，而并非不生效。参见蔡立东：《行政审批与权利转让合同的效力》，载《中国法学》2013年第1期。"合同未生效说"认为，未经批准的合同属于未生效的合同，与有效合同的区别在于一部分条款有效，一部分条款尚未生效，已生效的部分以推动整个合同的完全生效而存在。参见王轶：《合同效力认定的若干问题》，载《国家检察官学院学报》2010年第5期。

的管制与干预，私法活动的行政批准旨在实现对国家经济主权的维护、对国家利益与社会公共利益的保护。[1]在行政协议的维度，其协议适用亦存在对社会公共利益、公民个体权益的侵害风险，实践中行政机关滥用职权、超越权限、违反程序的缔约可能，均表明行政协议的适用并不能在毫无限制的前提下发生其预设效果，应在一定范围内受有权机关的监督。[2]而批准手续之于行政协议的意义主要体现在，经由有权机关的批准使行政机关获取协议缔约的完整行政权，因为形式上看，行政机关对行政协议的适用亦体现为行政权的运用，而法定的行政审批手续办理通常是针对行政机关一方的义务，在此意义上，行政机关在行政协议缔约时的行政权并不完整，需由有权机关的批准予以补全。[3]

因此，尽管民法上有关合同未经批准不生效的效力规定，亦可准用于行政协议未经批准的效力判断上，进而推导出相关行政协议违反批准容许要件不生效的结论，但与民事合同中的批准稍有不同的是，行政协议中的批准还构成了行政机关缔约权的组成部分，而未经批准的行政协议因未完成行政权的整体运作过程，应属尚未生效。对此，我国行政协议司法解释业已对行政协议未经批准将导向未生效的效力状态作出了解释[4]，且在联邦德国《行政程序法》及我国部分地方行政程序规范中亦明确规定了，行政机关以订立行政协议的方式替代其履职所需的行政行为时，若需经其他行政机关的批准、

---

〔1〕　参见马新彦：《论民法对合同行政审批的立法态度》，载《中国法学》2016 年第 6 期。崔建远教授则认为，若干合同以行政审批为生效要件的深层原因在于：为了符合某些领域仍然实行计划管理的需要；为了确保国家利益、战略安全，也为了有序、有计划地开采能源的需要；为了利用外商投资与国内产业结构调整、引进先进技术、加快国有企业改造、鼓励出口及地区布局优化，促进整个国民经济的持续快速健康发展；是为了鼓励和引导外资投向，吸引外商投资举办资金密集、技术密集以及对国民经济发展有较大作用的合资企业；是为了防止探矿权、采矿权移转给缺乏资质的受让人之手，避免自然资源的浪费，减低乃至减少矿难的发生。参见崔建远：《不得盲目扩张〈合同法〉第 44 条第 2 款的适用范围》，载《中外法学》2013 年第 6 期。

〔2〕　参见郑秀丽：《行政合同过程研究》，法律出版社 2016 年版，第 87 页。

〔3〕　例如，《中华人民共和国土地管理法》规定了土地征用的批准需要，未经批准非法占用土地的，应由相关部门责令退还。无权批准的、超越批准权限非法批准占用土地的，不按照土地利用总体规划确定的用途批准用地的，或者违反法律规定的程序批准占用、征收土地的，其批准文件无效……。见于第 77 条至第 79 条的规定。

〔4〕　《行政协议解释》第 13 条第 1 款规定："法律、行政法规规定应当经过其他机关批准等程序后生效的行政协议，在一审法庭辩论终结前未获得批准的，人民法院应当确认该协议未生效。"

同意的，则行政协议只有在履行该批准手续后才能发生效力。[1]与此同时，即便相关协议本身未生效，并不影响协议中履行报批等义务条款以及相关条款的效力，负有办理申请批准等手续义务的当事人未履行义务的，在私法上基于诚信原则应承担相应的违约责任，避免引起交易秩序的紊乱与信赖危机，而在行政法上，基于信赖利益保护原则，负有义务的当事人亦应履行报批职责，否则应对因此给另一方造成的信赖利益损害承担法律责任。[2]

三、行政协议效力待定

在法定容许标准的澄清中，除了因行政协议本质需要形成的法定容许外，也存在因外部规范缺失而产生的法定容许需要，因而当外部规范尚不完备时，在法定容许规范中亦衍生了填补规范疏漏的管理性规范要求，作为一种形式规范，其主要涉及适用程序、主体权限等方面的规范。而行政协议对其容许适用的法定程序要求、缔约权限要件等管理性规范的违反，在法律效果上并非必然导向明确的效力状态，基于民事法规范与行政法规范的相关规定，这种效力待定的状态在不同协议类型、不同违规情形的区分下，既可能在违法瑕疵治愈下持续保持有效，也可能在违法瑕疵感染下导向撤销甚至无效。

而与此相关联，在行政协议是否具有可撤销性的问题上，曾一度引起学界广泛讨论，其中的否定观点认为，行政协议仅存在有效或无效的二元效力状态，而不存在可撤销的中间状态，以此作为其与私法合同的显著区别。[3]

---

〔1〕 联邦德国《行政程序法》第58条第2款规定："订立合同所代替的行政行为的作出需其他行政机关的批准、同意或赞成的，则得到其他机关相应的回应后，该合同方为有效。"我国《湖南省行政程序规定》第96条规定："行政合同依照法律、法规规定须经其他行政机关批准或者会同办理的，经过其他行政机关批准或者会同办理后，行政合同才能生效。"

〔2〕《行政协议解释》第13条第2款规定："行政协议约定被告负有履行批准程序等义务而被告未履行，原告要求被告承担赔偿责任的，人民法院应予支持。"

〔3〕 如陈敏教授认为，有瑕疵的行政契约，除有法定无效情形外，纵有瑕疵亦仍属有效，且不问当事人对该契约是否有值得保护的信赖。参见陈敏：《行政法总论》，新学林出版股份有限公司2009年版，第586页。德国诸多学者亦持此观点，其中平特纳认为，具有瑕疵的公法合同一般为无效，而非如同行政行为，一般只具可撤销性。参见［德］平特纳：《德国普通行政法》，朱林译，中国政法大学出版社1999年版，第152页。毛雷尔认为，违行行政合同在法定情况下才无效，在其他情况下，即使违法，仍然有效并且具有完全的效果。与行政行为不同，关系人诉请撤销、法律救济程序中的废除、行政机关撤销或其他解决办法均不适用。参见［德］哈特穆特·毛雷尔：《行政法学总论》，高家伟译，法律出版社2000年版，第370页。沃尔夫等人认为，行政法合同没有像违法行政行为那样的可诉

立法上，联邦德国《行政程序法》在对行政协议的合法要件、无效情形予以详尽规范的同时，却未对行政协议的撤销作出明确规定。[1]然而，在有效与无效两种极端的效力状态中明确合理界限并不现实，仍需一种处于中间状态的效力形态对实践存在的一般违法程度予以说明。无论是在私法领域还是在行政法领域，行政协议的撤销均已在法律效力理论与制度构建中得以明确，作为兼具行政性与契约性的行政协议，排除可撤销的效力状态将难以与其属性构成相符。[2]同时，"二元效力论"即便在个别立法中有所呈现，但这种规定仅是出于立法简洁性的考虑而采取的特别规定形式，而对于行政行为与民事合同中有关"撤销效力"规则的适用，则可采取"准用条款"的立法技术予以解决。对此，不仅在学理上，有学者通过对确立行政协议撤销制度在协调意思自治与依法行政、规范行政协议司法审查、维护协议利害关系人利益等方面的效用说明[3]，尝试对其予以证成，或从处理协议无效之外的其他效力瑕疵、应对违法协议对当事人权益和公共利益的威胁、利于行政协议效力体系的成熟完善等方面对确立行政协议可撤销的价值作出分析[4]，而且在立法上，葡萄牙等大陆法系国家，除了在相关行政程序立法上明确肯定了行政协议可撤销的效力状态之外，还对行政法与民法上的撤销规则在行政协议领域适用的可能性作出了具体规定。[5]

（接上页）请撤销性和可撤回性。参见［德］汉斯·J.沃尔夫等：《行政法》（第2卷），高家伟译，商务印书馆2002年版，第159页。

　　〔1〕联邦德国《行政程序法》第59条规定："……第54条第2句所指的合同（公法合同）在下列情况亦为无效：1.如行政行为具有相应内容即无效的；2.如行政行为具有相应内容，就会因不属于第46条所指的程序或形式瑕疵而违法，且合同签订者明知这一点的；……"参见应松年主编：《外国行政程序法汇编》，中国法制出版社2004年版，第104页。

　　〔2〕吴庚教授认为，有瑕疵的行政契约，法律仅就特定情形规定其为无效，则甚多瑕疵势必在尽量有效的情形下受到掩盖，与依法行政原则要求任何行政行为（相当于行政活动概念）均须合法者，自有不符。违法行政处分（相当于具体行政行为概念）不同的效果，原则上也适用于行政契约。参见吴庚：《行政法之理论与实用》，中国人民大学出版社2005年版，第275页。

　　〔3〕参见蔺耀昌：《行政契约效力研究》，法律出版社2010年版，第140-143页。

　　〔4〕参见张青波：《可撤销行政协议的价值与认定》，载《法商研究》2022年第1期。

　　〔5〕葡萄牙《行政程序法》第185条规定："一、若根据本法典规定，决定行政合同订立的行政行为为无效或可撤销，则该行政合同也同样为无效或可撤销。……三、不影响本条第一款的规定，行政合同的非有效性适用下列规则：1.如果行政合同标的同样适合于行政行为，适用本法典规范行政行为非有效性的规定；2.如果行政合同标的同样适合于私法合同，适用民法典规范法律行为非有效性的规定。"参见应松年主编：《外国行政程序法汇编》，中国法制出版社2003年版，第647页。另有德国

在我国，对行政协议可撤销效力状态的肯定，亦然体现在行政协议司法解释的相关规定中。[1]

（一）违反容许适用的缔约程序

现代行政法治之所以将行政程序作为公权行政合法的必要条件，并在权力内容实现过程中纳入程序因素，[2]在于程序的设定在高权行政活动中具有不可或缺的价值，除了在工具属性视域下体现了服务于行政实体内容实现的"结果价值"外，还在目的属性视角下具备了独立于预期结果实现而存在的"过程价值"，[3]而与此同时，行政活动中程序价值重要程度的位阶存在，亦决定了不同程序违法所导致的法律后果也将有所区别。尽管行政协议的合意性在一定程度上强化了行政活动中当事人意思表示的分量，使以此展开的行政活动表现出一定的意思自主性，但并未因此削减行政协议所内含的行政性，对于行政协议的适用仍有程序性的法定容许要求，尤其在规范性文件层级的行政协议容许适用中，法定容许规范侧重于管理性规范的功能则更为凸显，在很大程度上是通过法定程序运作管控的容许适用，确保行政协议适用过程的公正性，避免滥权现象的发生。

相较于行政行为的程序违法，在法律效力判断上，行政协议违反容许适用的法定程序同样并非必然导向明确的效力结论，而应在不同情形的区分下予以分别对待，[4]即基于行政协议的公法属性，倘若行政协议的适用未遵循法律特别规定的缔约程序，其法律效力应根据该程序违法对行政行为的效力影响予以确定，两者的差别主要集中在，因协议合意对于部分违法瑕疵的包容性，使行政协议在针对部分程序违法等"瑕疵感染"上体现出更强的抵御性。结合行政行为程序违法的效力规定，在表现为不同严重程度的程序违法情形下，行政协议违反容许适用的程序要求，将可能使其导向抵御感染而持续

（接上页）北部之斯勒士威荷尔斯坦（Schleswig·Holstein）邦的《行政程序法》第126条第3项，除了行政协议无效外，另规定了行政协议有不生效力情形的，当事人得在协议缔结一个月内主张。

　〔1〕《行政协议解释》第9条规定："在行政协议案件中，行政诉讼法第四十九条第三项规定的'有具体的诉讼请求'是指：……（五）请求判决撤销、解除行政协议；……"

　〔2〕参见马怀德：《行政程序法的价值及立法意义》，载《政法论坛》2004年第5期。

　〔3〕参见吴明熠：《依法行政决策协商程序构建中的价值冲突与选择》，载《行政与法》2019年第9期。

　〔4〕参见易旺、郑谧：《论无效行政协议的司法审查路径》，载《中国物价》2018年第1期。

有效、可撤销甚至无效等不同的效力状态。

1. 持续有效（确认违法）：轻微违法及部分瑕疵抵御

在容许适用的程序违法上，行政协议的效力可治愈性首先源于，行政行为在相同违法程度下对程序瑕疵感染的法定抵御性，即当程序违法表现为不对相对人或利害关系人重要程序性权利产生实质损害的轻微违法时，仅对其违法性予以确认，而不影响其持续有效的效力。这一违法瑕疵抵御性的生成并非起于对契约合意的尊重，而主要出于违法侵益性与行政成本的综合考虑。因此，在另一维度，还应有对基于当事人合意产生的程序瑕疵包容的必要关注。

从两类不同功能面向的行政协议适用来看，公务转移型协议的适用建基于双方就公共事务合作承担的对等协商，行政机关并无单方强制为相对人设定实体义务的权限，在缔约过程中无疑呈现了当事人的对等关系与完全的自主意愿。而主要建立于等级化管理关系基础上的替代或补充型协议，尽管在实体权利义务的内容确定并受其约束上，相对人并不具有完全的自主意志。一方面，相较于行政机关的意思表示，相对人的个人意愿并无法对确定的权利义务安排构成实质性的影响；另一方面，即便相对人不认同行政机关的意志或对协议的缔约内容予以消极履行，行政机关亦可在"协议缔约不成"的行政形式落空下，切换回传统的行为模式实现既定的行政目标。[1]但在协议形式的选择层面，亦体现了当事人双方对采取协议形式便宜实现一般公益目的的共同意愿。由此，在作为目的的特定实体权利义务安排业已明确的情形下，双方当事人就采取协议实现该目的的形式达成的合意，已然使协议的缔约相较于单方行政权的行使，在双方的合意作用范畴内对部分程序瑕疵形成了更高的包容度，并在相关程序违法情形中抵御瑕疵感染而继续保持其效力。

2. 可撤销：对相对人或相关人的重要程序性权利产生实质损害

尽管基于双方合意缔结的行政协议相较于行政行为，在面对相关程序违

---

[1] 例如，用以替代行政强制执行行为的行政强制执行协议，在相对人不履行协议内容的情况下，则意味着双方试图通过协议缔结便宜实现执行内容的目的落空，作为回应，行政机关应当重新回转至传统的强制执行程序，而非谋求实现执行协议约定的内容。对此，我国《行政强制法》第42条第2款则明确作出了"当事人不履行执行协议的，行政机关应当恢复强制执行"的规定。同样，作为用以补充行政征收行为之构成要件（或替代补偿决定）的国土房屋征收补偿协议，因相对人的消极履行造成便宜确定补偿标准和方式的目的落空，行政机关同样应回转到传统征收程序，按照征收补偿方案单方面作出补偿决定，而不是谋求通过诉讼或者非诉执行程序强制要求被征收人履行补偿协议。参见徐键：《相对人不履行行政协议的解决路径》，载《政治与法律》2020年第11期。

法的影响上体现了更强的瑕疵抵御性，但以相对人真实的自主意愿对抗部分不适法内容而产生的对瑕疵的包容性，主要建立于相对人对缔约内容有着充分完整的认识并据此作出同意意思表示的基础之上。由此，当行政协议违反相关法定程序的适用，对相对人依法享有的陈述、申辩等重要程序性权利造成损害时，相应行政协议则与违反法定程序的行政行为有着同样的效力判断，均归于可撤销的效力状态。质言之，当行政机关在协议适用过程中，未就协议关涉的事项信息向相对人充分完整地公开，进而影响其对缔约内容的意见表达与陈述等方面的重要权利，而未能真实体现相对人的自主意志时，行政协议的适用因无法在相对人完全的知悉同意下形成瑕疵包容性，而不具有对该类程序违法瑕疵的治愈或抵御作用，在相同程度程序违法的效力判断上与行政行为并无二致，可等同适用有关"违反法定程序可撤销"的效力规定。

此外，即便内含契约自治的因素，具有明显公益属性的行政协议适用，也不可能任由当事人的双方合意而毫无节制地发生预设效果，其中亦囊括了不得在相关协议缔结中对利害关系第三人的合法公平竞争权造成侵害的内在要求。作为关涉社会公益实现的行政协议，若缔约过程中的要约与承诺均在特定主体间私下进行，将有悖于外部监督的权力规约要求，协议缔结应更倾向采取一种公开化的模式，以在公众知情权的维度下保障社会公众对缔约公共信息的无障碍获取，并满足受第三人或社会公众监督的要求。[1]在社会公平价值与公益最优实现要求的规范指引下，公开竞争原则则成为行政协议缔结中重要的指导性原则，并为多个国家或地区的相关程序立法所明确。《中华人民共和国招标投标法》（以下简称《招标投标法》）第 3 条亦对涉及基础设施及公用事业项目开展的公务转移分担协议在建设施工等方面，应采取招投标等带有竞争性的程序作出了明确规定。[2]其立法意图体现在，一方面通过社会公开确保潜在缔约第三人的机会平等，另一方面通过公平竞争，防范

---

〔1〕 参见刘赫喆：《论行政合同缔结阶段信息权的平衡保护》，载《山东大学学报（哲学社会科学版）》2021 年第 3 期。

〔2〕《招标投标法》第 3 条规定："在中华人民共和国境内进行下列工程建设项目包括项目的勘察、设计、施工、监理以及与工程建设有关的重要设备、材料等的采购，必须进行招标：（一）大型基础设施、公用事业等关系社会公共利益、公众安全的项目；（二）全部或者部分使用国有资金投资或者国家融资的项目；（三）使用国际组织或者外国政府贷款、援助资金的项目。前款所列项目的具体范围和规模标准，由国务院发展计划部门会同国务院有关部门制订，报国务院批准。法律或者国务院对必须进行招标的其他项目的范围有规定的，依照其规定。"

行政协议在缔结过程中滋生腐败，并便于行政机关在缔约相对人选择上结合目的实现与履约能力的考量作出最优选择。

从相关协议适用违反公开竞争的程序要求所可能导向的法律效果来看，司法裁判中呈现了不同面向的效力解读。尽管司法实践中仍有法院认为招标、拍卖等程序规定属于管理性强制规定，根据诚实信用原则，行政机关不得因协议缔约未经招标、拍卖等程序而否定其效力，相关行政协议持续有效。[1] 或认为未经招投标程序的协议缔约应交由相关行政机关进行审查处理，而在此之前，行政协议的法律效力仍受法律保护。[2] 但公开竞争作为维护公益目的最优实现的重要保障，其目的在于通过相应程序设置规范行政机关在缔约对象上的选择，有效防止权力滥用与恣意行政等现象的发生，并减少行政协议中行政机关与私人地位的失衡，而未经招投标等竞争性程序的行政协议缔约，将无法排除造成社会公益损害的可能性，且因协议缔约过程的参与受阻，事实导致了缔约利害关系人在缔约过程中的意见表达与陈述等重要程序性权利受到损害，在此程序违法情形下若仍作维持相关协议效力的认定将失之偏颇。据此，亦有实践观点认为，违反公开竞争程序要求的协议缔结应归于无效，在我国的司法实践中亦有法院裁判秉持无效的认定观点，认为未经招投标等法定公开竞争程序的协议缔约，因违反了法律上的强制性规定应归于无效。[3] 然

---

〔1〕 在武汉中石油昆仑燃气有限公司诉武汉市江夏区城市管理委员会能源管理行政合同案中，被告主张的江夏区城乡建设局未经过招标、拍卖等公平竞争的程序签订《城市管道燃气经营协议》违反行政许可法的强制法规定，应属无效。湖北省武汉东湖新技术开发区人民法院认为，《中华人民共和国行政许可法》（以下简称《行政许可法》）的规定首先是对行政机关的要求，行政相对人在特许经营准入模式上属于被动接收方，没有选择权。根据诚实信用原则，被告不能因为该协议未经过招标、拍卖程序而否定协议效力，该规定属于管理性强制条款。参见湖北省武汉东湖新技术开发区人民法院（2015）鄂武东行初字第00022号行政判决书。

〔2〕 在田阳县新山新能燃气有限责任公司与平果华商清洁能源有限公司特许经营协议案中，广西壮族自治区高级人民法院认为，上诉人主张被上诉人特许经营权的取得途径违法，可经过合法渠道由相关的行政机关审查处理，该协议未被撤销前具有法律效力，故平果华商清洁能源有限公司取得田阳区域内的管道燃气经营权是否经过招投标，并不影响该特许经营权的效力，其独占性和排他性仍受法律保护。参见广西壮族自治区高级人民法院（2015）桂行终字第21号行政判决书。

〔3〕 在南宁市中威管道燃气发展有限公司诉武鸣县政府、武鸣县住房和城乡建设规划局能源行政许可案中，广西壮族自治区南宁市中级人民法院认为，本案中武鸣县政府对管道燃气特许经营权的授予，采取的是政府常务会议的形式讨论决定，而未采取法律规定的招标等公平竞争的方式作出决定，违反了《行政许可法》的强制性规定。参见广西壮族自治区南宁市中级人民法院（2014）南市行一初字第25号判决书。

而，在具象化的实践维度，对违反公开竞争程序要求的行政协议适用作无效认定本身的合理性还值得进一步商榷。公开竞争程序要求的生成很大程度上源于，通过缔约信息的公开保障利害相关人对缔约的竞争参与并作出意思表示，以此防范行政协议缔约中行政腐败的滋生，但实践中不能排除协议缔约虽然违反公开竞争的法定程序，对利害相关人的公平竞争权造成损害但缔约过程中并无腐败的情形存在，行政协议的适用亦能够有效实现既定目标。倘若仅基于侵害利害相关人公平竞争权的程序违法，宣告相关协议的缔约无效而重启缔约程序，将付出较大的成本代价，特别是当行政协议内容已得到部分甚至全部履行时尤为如此。

事实上，在行政协议违反程序要求而适用的效力判断中，隐含着多元因素的权衡考量，尽管对利害相关人的公平竞争权应给予法律上的保障与尊重无可厚非，但为实现相关人权利的维护所需支付的成本也应有必要的考量。因此，为灵活应对实践中违反程序要求适用协议的各种复杂情形，在缔约利害相关人的公平竞争权保障的兼顾下，理应将违反公开竞争程序要求的相关协议适用归于可撤销的效力状态，并赋予公平竞争权受侵害的利害相关人以协议撤销权，而回避缺乏均衡观念的径直无效认定。这一点亦可在行政行为违反法定程序时的效力判断中得到印证，从各国程序立法对于行政行为效力主要采取结合程序违法与实体违法予以综合判断的立法趋势来看，已然回避了对行为效力的绝对性地认定，且一般而言，若利害相关人对程序违法的行政行为所确定的实体权利义务本身并无异议，利害相关人并不能仅就程序违法提起撤销之诉或无效确认之诉。鉴于此，将违反公开竞争程序要求的行政协议归于可撤销的效力状态，则是更为科学合理的安排。就我国现行行政协议司法解释的相关规定来看，已然明确赋予了具有公平竞争权的利害相关人就协议缔约问题提起行政诉讼的原告资格。[1]

3. 无效："重大且明显"程序违法且对实体性权利产生影响

行政协议建基于缔约主体（及可能的协议内容关涉主体）对协议确定的实体权利义务内容的共同确认而得以适用，因而当行政协议违反程序要求的

---

〔1〕《行政协议解释》第 5 条规定："下列与行政协议有利害关系的公民、法人或者其他组织提起行政诉讼的，人民法院应当依法受理：（一）参与招标、拍卖、挂牌等竞争性活动，认为行政机关应当依法与其订立行政协议但行政机关拒绝订立，或者认为行政机关与他人订立行政协议损害其合法权益的公民、法人或者其他组织；……"

适用将对相对人（其中包括与缔约结果具有直接利益关联的特定第三人）的实体性权利产生实质影响，并达到"重大且明显违法情形"的严重程度而符合无效的认定标准时，则构成了对行政协议适用根基的实质损害，且不具有基于合意对违法瑕疵的治愈可行性，原则上应对相关协议作无效认定。例如，在以特定公务转移为内容的政府特许经营协议适用中，若行政机关违反程序规定将特许事项与相对人的给付作不当联结，进而对相对人的实体性权利造成实质损害的，相关特许经营协议也将因内容给付之间脱离实质关联而归于无效。对此，德国的行政程序法规范中，已作出了相对人的对待给付与行政机关履约给付之间应具有正当合理关联的规范要求，并明确了违反该规范要求将致使协议无效的法律后果。[1]该程序设置的目的主要体现为基于私人主体合法权益的保护考量，而形成的对行政机关利用优势地位要求相对人承担不当给付的预防，并表现为协议缔约过程中的相对人给付只能用于协议约定的特定用途而不得过当的要求。又如，在用以替代行政处罚行为的替代型协议缔约过程中，若行政机关未履行明确告知相对人拟受处罚事实、理由等事项的重要程序，根据我国《行政处罚法》的相关规定，该替代型协议的适用亦将因直接损害相对人的实体性权利而归于无效。[2]

此外，对于牵涉特定第三人直接利益的协议适用，因行政协议的缔结往往应征询该特定第三人的意见，违反该程序的协议缔结若造成第三人实体性权益的直接损害，亦将导致相关协议归于无效的法律后果。例如，村集体组织对于集体所有土地征收补偿协议的缔约，因涉及村民个体利益，依《中华人民共和国村民委员会组织法》（以下简称《村民委员会组织法》）第24条的规定，应经由村民会议讨论决定，[3]而未经此类集体讨论的民主程序造成村民实体利益的直接损害的，将导致相关征收补偿协议归于无效的法

---

〔1〕　参见联邦德国《行政程序法》第56条、第59条第2款第4项的规定。

〔2〕　《行政处罚法》（2021年）第38条第2款规定："违反法定程序构成重大且明显违法的，行政处罚无效。"《行政处罚法》（2017年）第31条规定："行政机关在作出行政处罚决定之前，应当告知当事人作出行政处罚决定的事实、理由及依据，并告知当事人依法享有的权利。"

〔3〕　《村民委员会组织法》第24条规定："涉及村民利益的下列事项，经村民会议讨论决定方可办理：……（六）宅基地的使用方案；（七）征地补偿费的使用、分配方案；（八）以借贷、租赁或者其他方式处分村集体财产；（九）村民会议认为应当由村民会议讨论决定的涉及村民利益的其他事项。村民会议可以授权村民代表会议讨论决定前款规定的事项。法律对讨论决定村集体经济组织财产和成员权益的事项另有规定的，依照其规定。"

律后果。[1]且就我国现行行政协议司法解释的相关规定来看，业已明确赋予了合法权益受征收补偿协议损害的相关不动产权利人，就协议缔约问题提起行政诉讼的原告资格。[2]

（二）超越权限违反容许标准

无论对于行政法律行为还是民事法律行为，相关行为的主体资格均是关涉行为效力的基础性条件，就行政协议的缔约适用而言，主体权限是否满足容许适用的规范要求亦将对协议的有效性构成直接影响，但这一效力影响也将根据违反缔约权限容许要求的不同情形而有所区别。结合行政法与民事法规范的效力规定来看，行政协议违反容许要求超越主体权限的适用，将可能产生协议持续有效、可撤销或无效的法律效果。

1. 持续有效（瑕疵治愈）：构成表见代理、表见代表或被追认的越权

基于行政协议在契约属性中所体现的以当事人合意为基础的行为模式，因自主合意形成的包容性使行政协议较依靠强制推行的行政行为，具备更强的存续力，其很大程度源于私法原则上对当事人通过合意实现目的的尊重，而在私法对行为效果发生的积极追求下，这一效力判断趋向亦在行政协议适用中有着延伸体现，其中在超越权限缔约的行政协议效力判断上，应有私法上构成表见代理、表见代表或可追认有效的治愈性。

具体而言，首先，若超越权限的协议缔约情形构成了私法意义上的表见代理或表见代表，基于民法上的诚实信用原则与行政法上的信赖保护原则，为维护善意相对人的合法权益，应对该行政协议的有效性予以确认。如当行政机关的公务人员及其他代理人没有代理权、超越代理权或代理权已终止而与相对人缔结行政协议，但相关代理行为并未超出行政机关的缔约权限，相对人有理由相信其有代理权的，行政协议的缔结应构成表见代理而确认有效。

---

[1]　在海丰县海城镇莲花村民委员会柑洲坑村民小组诉海丰县海城镇政府、第三人信利半导体有限公司土地行政合同纠纷案中，广东省海丰县人民法院认为，对于集体所有土地征地协议书的签订，村民小组没有按照规定召开村民小组会议讨论决定涉及村民重大利益土地征用、补偿等事项，违反《村民委员会组织法》的强制性规定，最终确认行政协议无效。参见广东省海丰县人民法院（2014）汕海法行初字第 3 号行政判决书。

[2]　《行政协议解释》第 5 条规定："下列与行政协议有利害关系的公民、法人或者其他组织提起行政诉讼的，人民法院应当依法受理：……（二）认为征收征用补偿协议损害其合法权益的被征收征用土地、房屋等不动产的用益物权人、公房承租人；……"

同理，当行政机关的负责人超越权限与相对人订立行政协议，除相对人知道或应当知道其超越权限外，该代表行为有效，相关行政协议应作有效认定。因为基于表见代理或表见代表而对行政协议作有效认定，往往与机关内部管理松散、对公务人员的授权不明等行政机关存在的事先过错有关，从而导致善意相对人基于对相关人员具备代理权或代表权的信任而与其缔结行政协议。而在这一情形下准用民法中的表见代理或表见代表规则，使行政机关因怠于履行注意和管理义务而需承担其相关人员在不具备相应代理权或代表权情况下缔结的行政协议的履约责任，不仅符合行政法上的信赖保护原则，使善意相对人的合法权益得到保障，也有助于行政机关公信力与公共管理秩序的维系。[1]

其次，由于不同严重程度的越权对行政协议稳定性的影响也有所区别，对其效力的判断并不能以缔约主体越权无效一概而论。[2]在私法上对缔约主体越权的追认有效业已形成明确规定的前提下，对行政协议存在越权瑕疵的法律效力，应在越权情形的具体区分并结合追认可能性的分析下予以判断，若越权缔约的协议不具有内在公共秩序的危害性，亦可通过有权者的追认获得效力治愈。质言之，超越权限的协议缔约，除不存在追认可能性的情形外，若事后在一定期限内经由有权机关的追认[3]，在消除主体权限瑕疵的效力影响因素后，亦应对该行政协议的效力予以确认。从超越权限缔约协议的情形及行政权限的配置来看，行政协议的追认有效在事务管辖、层级管辖等情形中均可能存在。就行政机关超越法定的事项管辖权限或违反有关管辖规定缔结行政协议而言，并非必然导向对其效力的否定，[4]该类情形下行政协议的追认有效，已然在司法实践中得以确认。如在邵金顺诉连江县人民政府行政协议案中，福建省高级人民法院认为，尽管案涉行政协议系在涉案征地批准前签订，但鉴于该行政协议签订不久后国土资源部即作出了涉案征地批复，

---

〔1〕　参见施建辉：《行政契约缔结论》，法律出版社 2011 年版，第 41-43 页。

〔2〕　如根据联邦德国《行政程序法》第 44 条的规定，行政法律行为只有逾越专属管辖权限或事项管辖权限才可导致无效，其他越权情形并不影响行政法律行为发生效力。

〔3〕　根据《行政协议解释》第 12 条第 3 款的规定，对产生效力影响的违法瑕疵的消除，一般应在一审法庭辩论终结前完成。

〔4〕　参见汪中良：《行政合同无效认定的法律适用》，载《上海政法学院学报（法治论丛）》2017 年第 2 期。

影响协议效力的因素得以消除，应对案涉行政协议作有效认定。[1]司法实践中的类似观点亦在卜建萍诉郑州市金水区人民政府、郑州市金水区丰庆路街道办事处确认行政协议无效案的裁判说理中有所体现。[2]同时，根据《中华人民共和国地方各级人民代表大会和地方各级人民政府组织法》（以下简称《地方各级人民代表大会和地方各级人民政府组织法》），有关上级行政机关可将部分事项交办下级机关处理的相关规定[3]，理论上一定范围内的行政管理权限可在上下级之间发生转移，即在不违反法定专属管辖的前提下，上级机关存在对下级超越其层级权限的行为予以追认的可能性。由此，在一定范围内，行政机关若以其上级权限越权与相对人缔结行政协议，亦可在一审法庭辩论终结前经上级有权机关的权限追认而确认该协议有效。

2. 可撤销：超越权限未被追认或无法追认

在职权法定的公法原则规范下，由于各级行政机关的管辖范围及权限均依法而确定，当行政协议的适用明显超越了行政机关的缔约权限范围，相对人不可被认定为对机关权限诿为不知的善意相对人，[4]即在此情形下，越权缔结的行政协议效力并无法基于主观善意的双方合意得以确认有效，只得在有权机关的授权追认下得以治愈。鉴于此，当行政机关超越其权限缔结的行政协议未得到有权机关的追认或无法追认，依行政法与民法的相关规定，该行政协议将处于可撤销的效力状态。

从行政协议越权缔结无法追认的情形来看，首先，对于行政机关超越地域管辖权缔结的行政协议，因行政机关有着天然的地域界分，行政机关通常只能在本行政辖区内履行公务，不同地域之间的行政机关权限并不存在追认可能，相关协议应归入可撤销的效力范畴。其次，对于行政机关超越权限类型或幅度限制的行政协议适用，亦存在部分无法追认而归于可撤销状态的情形。例如，公安派出机构超越法定幅度限度作出行政处罚决定后[5]，在强制

---

〔1〕 参见福建省高级人民法院（2018）闽行终40号行政判决书。

〔2〕 参见河南省高级人民法院（2019）豫行终1104号行政判决书。

〔3〕 《地方各级人民代表大会和地方各级人民政府组织法》第73条规定："县级以上的地方各级人民政府行使下列职权：……（十一）办理上级国家行政机关交办的其他事项。"

〔4〕 参见吴庚：《行政法之理论与实用》，中国人民大学出版社2005年版，第273页。

〔5〕 根据《治安管理处罚法》第91条的规定，公安派出所仅在警告、五百元以下罚款的处罚幅度和类型上具有权限。

执行阶段与相对人签订的分阶段履行协议，因作为行政协议基础的实体义务
负担内容，并非基于相对人的自主意愿形成，且作为权利干预的行政处罚在
法理上并不具有通过事后补正证成合法的可能性，在基础法律关系无法通过
事后补正的前提下，该履行协议由此亦不具有通过事后追认有效的可行性，
应归于可撤销的协议。又如，实践中行政执法和解协议的签订，通常适用于
基础事实不明或证据不足情况下用以消除合理判断中事实或法律问题不确定
状态的情形，当法律规范对不得适用和解的行为类型作出明确规定[1]，而行
政机关违反该行为类型限制订立和解协议，该协议亦不具有追认可能性而归
于可撤销状态。最后，若行政机关对行政协议的适用超越了行政性和国家性
的权限边界，也不具有追认有效的可能性，如行政机关超越国家机关权能行
使社会或个体权利订立行政协议，或超越行政权能边界行使非行政性权能缔
结行政协议，相关协议则处于可撤销的状态。

3. 无效：不具有相应主体资格而超越权限

结合行政法与民法上关于法律行为无效认定的法理原则与规则，超越主
体权限的协议缔约，只有当缔约主体完全不具备相应主体资格，而产生"重
大且明显"违法的情形时，才能确认相应行政协议无效。从权力主体一方的
缔约主体资格来看，无效的情形表现为"不具有行政主体资格"，即组织性质
不能归为行政主体或没有来自法律法规的特别授权。如行政机关将其行政处
罚权委托给不具备法定特别资质的组织或个人实施，或受委托的组织在接受
委托后又将相关权限转委托给其他组织或个人实施，后者再与相对人订立行
政协议，而由此缔结的协议则将因权力主体一方根本不能依法获取相应主体
资格而归于无效。[2]因相对人一方不具备相应主体缔约资格而导致行政协议
无效，则主要应从两方面来考虑：其一，与行政机关缔结行政协议的私人主
体，应首先具备私法上的一般权利能力，若不符合私法上基本的权利能力要

〔1〕　如原《行政和解试点实施办法》第7条规定："案件有下列情形之一的，中国证监会不得与
行政相对人进行行政和解：（一）行政相对人违法行为的事实清楚，证据充分，法律适用明确，依法
应当给予行政处罚的；（二）行政相对人涉嫌犯罪，依法应当移送司法机关处理的；（三）中国证监会
基于审慎监管原则认定不适宜行政和解的。"

〔2〕《行政处罚法》第20条规定："行政机关依照法律、法规、规章的规定，可以在其法定权限
内书面委托符合本法第二十一条规定条件的组织实施行政处罚。行政机关不得委托其他组织或者个人
实施行政处罚。……受委托组织在委托范围内，以委托行政机关名义实施行政处罚；不得再委托其他
组织或者个人实施行政处罚。"

求，亦不具备行政协议缔约的主体资格而将致使协议无效；其二，由于行政协议的适用旨在完成特定的行政目标，而目标的达成往往需要缔约者具有特别的资质条件并由法律明确，因此，私人主体在与行政机关订立相关行政协议时，若还应满足法律特别设定的资格或条件，则其缔约的主体资格只有在满足特定要求时才产生，否则相应行政协议也将因相对人不具有主体资格而归于无效。

结　语

　　总体来看，在如何科学构筑行政协议容许适用标准的问题探讨上，现有理论研究的分析均或多或少表现出一种逻辑误区：径直在行政协议的属性范畴内展开对法律保留原则能否适用的论断。这种逻辑预设使得对行政协议法律容许性的分析，仅基于其行政性与契约性表征的笼统认识而导出，或在行政性的考量下形成法律保留严格支配下的容许适用标准，或在契约性的考量下认为应放宽法律保留原则的适用以顺应其体现的私法上合意自治的特点，然而在进一步的抉微钩沉中便可看出，法律保留原则能否适用于行政协议的考量，并非直接指向行政协议本身在行政领域所具有的某种特殊影响力，而仍需回归行政协议适用在权利影响性、事项重要性等传统干预行政、给付行政所表现出的公共性的考量。

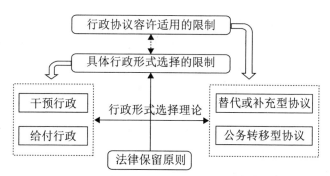

图 7.1　行政协议适用法律保留原则的逻辑推演图

　　事实上，如图 7.1 所示，作为一种仅在行为形式或组织形式上革新传统行政的功能性机制，行政协议的适用并未脱离干预行政、给付行政等具体的行政领域而存在，在法律保留原则能否适用于行政协议的逻辑推演中，法律保留原则的规范考量并非直接作用于行政协议本身，而主要由行政形式选择理论作为转介，在行政协议与行政类别的对应关系下，将法律保留原则针对干预行政、给付行政运作与形式限制的考量，同步体现在行政协议容许适用限制的考量中。即行政协议的容许适用标准并非直接生成于法律保留原则能否适用的判断，其实质体现为法律保留原则对具体行政形式选择自由的开放与限制。

据此，在具体行政的部分领域因体现了权利的干预性或事项的重要性，而受制于法律保留原则的约束，进而丧失行政形式的选择自由时，类别对应下的行政协议法定容许适用标准的形成，则在本质上体现了其容许标准构筑的应然之义。且在权利影响性与事项重要性的程度差异区分下，区别于笼统概括式的法定容许标准构造，法定容许标准的重塑则应有受制于不同位阶法规范的层级性结构分化，以针对性地回应现实中具体行政的不同规范需求。与此同时，法定容许标准除了静态上的结构设计外，在其适用中还具有动态应用的法律实效，即行政协议的适用若构成对法定容许标准的违反，则将在不同违反事实的情形分解下，导向行政协议无效、未生效、效力待定等不同的法律效果，以对实践中行政协议的适用形成规范拘束，并对相关协议容许性判断的司法认定形成明确指引。

虽然对行政协议法定容许适用标准结构形塑的展开，并未拘泥于"寻求与行政行为和民事合同在行为要素上的形式关联与区别"的传统行政协议认识路径，避免了在传统"要素识别"思路下陷入与行政私法行为等模糊行为的甄别纠缠，从而获取了理论构筑上的便利，但结论的形成仍需面临如何与现行法秩序相衔接，使相关结论具有实践可操性的现实问题。对此，则仍需借助法释义学的理论工具对结论作进一步阐明。

具言之，就行政协议的识别思路而言，功能本位视角下的行政协议类化认识，即可在法解释中实现与现行法规范的衔接，在行政协议司法解释对行政协议界定的要素划分下，其中目的要素便可为行政协议在功能上的分化提供解释空间，即通过行政协议目的要素的进一步解释，使功能视角下的行政协议判定方法得以有效嵌入现行法秩序。同理，因行政协议的适用场域限定于高权行政领域，亦可通过"行政法上权利义务"内容要素的限缩解释，将行政协议的内容标的限定于干预行政、给付行政等具有高权性的行政内容，以在理论嵌入后增加现行法规范实践指向的明确性。

　　就法定容许标准的理论澄清与解构重塑而言，尽管为实现行政协议的灵活适用与开放适用，获取协议适用下推行施政的相应便利，诸多国家或地区的行政程序立法均倾向性地采取"反向排除式"的条款规定，即"除法律有相反规定外，均可适用协议设立、变更或撤销公法上的法律关系"，相关立法形式亦在我国学界中得到推崇，但结合法解释的方法，亦可通过将"法律的相反规定"区分解释为"禁止性规定"与"特别的法定容许规定"，并在法典化背景下对法定容许适用的情形予以明确整合，实现法定容许适用标准在现实法秩序中的有效嵌入。然而，长期以来法学思维训练所形成的思维定式，使得在结合法解释的理论研究中亦有难以突破的局限性，从行政协议适用的容许标准的研究议题来看，法定容许标准构造的细化与整合、违反容许的法律效力状态之间的精准区分等诸多细节问题仍值得进一步探究。

参考文献

一、中文著作类

[1] 余凌云：《行政法讲义》，清华大学出版社 2019 年版。

[2] 范扬：《行政法总论》，中国方正出版社 2005 年版。

[3] 余凌云：《行政契约论》，中国人民大学出版社 2006 年版。

[4] 施建辉：《行政契约缔结论》，法律出版社 2011 年版。

[5] 王名扬：《法国行政法》，北京大学出版社 2007 年版。

[6] 王旭军：《行政合同司法审查》，法律出版社 2013 年版。

[7] 王利明：《法律解释学导论——以民法为视角》，法律出版社 2009 年版。

[8] 程明修：《行政法之行为与法律关系理论》，新学林出版股份有限公司 2005 年版。

[9] 杨建顺：《日本行政法通论》，中国法制出版社 1998 年版。

[10] 中共中央马克思 恩格斯 列宁 斯大林著作编译局编译：《马克思恩格斯全集》（第 19 卷），人民出版社 1963 年版。

[11] 梁慧星：《民法学说判例与立法研究（二）》，国家行政学院出版社 1999 年版。

[12] 董礼胜等：《中国公共物品供给》，中国社会出版社 2007 年版。

[13] 江利红：《行政法学》，中国政法大学出版社 2014 年版。

[14] 蔺耀昌：《行政契约效力研究》，法律出版社 2010 年版。

[15] 张焕光、胡建森：《行政法学原理》，劳动人事出版社 1989 年版。

[16] 郑秀丽：《行政合同过程研究》，法律出版社 2016 年版。

[17] 张树义：《行政合同》，中国政法大学出版社 1994 年版。

[18] 叶必丰：《行政法学》，武汉大学出版社 2003 年版。

[19] 施建辉、步兵：《政府合同研究》，人民出版社 2008 年版。

[20] 王克稳：《政府合同研究》，苏州大学出版社 2007 年版。

[21] 李霞:《行政合同研究——以公私合作为背景》,社会文献出版社 2015 年版。

[22] 章志远:《行政法学总论》,北京大学出版社 2014 年版。

[23] 于立深:《契约方法论——以公法哲学为背景的思考》,北京大学出版社 2007 年版。

[24] 关保英:《行政法的私权文化与潜能》,山东人民出版社 2011 年版。

[25] 王万华:《中国行政程序法典试拟稿及立法理由》,中国法制出版社 2010 年版。

[26] 林明锵:《行政契约法研究》,翰芦图书出版公司 2006 年版。

[27] 宋世明:《美国行政改革研究》,国家行政学院出版社 1999 年版。

[28] 杨海坤、章志远:《行政法学基本论》,中国政法大学出版社 2004 年版。

[29] 章志远:《行政任务民营化法制研究》,中国政法大学出版社 2014 年版。

[30] 章剑生:《现代行政法基本理论》,法律出版社 2014 年版。

[31] 叶必丰:《行政法与行政诉讼法》,高等教育出版社 2015 年版。

[32] 吴庚:《行政法之理论与实用》,中国人民大学出版社 2005 年版。

[33] 王学辉:《行政程序法精要》,群众出版社 2001 年版。

[34] 黄默夫:《基础行政法 25 讲》,三民书局 2006 年版。

[35] 詹镇荣:《民营化法与管制革新》,元照出版有限公司 2005 年版。

[36] 李建良等:《行政法入门》,元照出版有限公司 2004 年版。

[37] 陈志龙:《人性尊严与刑罚体系入门》,著者 1998 年自版。

[38] 张亮:《论私人干预义务——网络时代的一种行政法学理更新》,生活·读书·新知三联书店 2021 年版。

[39] 吴元曜:《Robert Alexy 重力公式之理论与应用》,元照出版有限公司 2013 年版。

[40] 周佑勇:《行政法基本原则研究》,武汉大学出版社 2005 年版。

[41] 杨解君:《中国行政法的变革之道——契约理念的确立及其展开》,清华大学出版社 2011 年版。

[42] 郭道晖:《法理学精义》,湖南人民出版社 2005 年版。

[43] 周永坤:《法理学——全球视野》,法律出版社 2016 年版。

[44] 程燎原、王人博:《权利论》,广西师范大学出版社 2014 年版。

[45] 林来梵:《从宪法规范到规范宪法——规范宪法学的一种前言》,商务印书馆 2017 年版。

[46] 章志远:《行政行为效力论》,中国人事出版社 2003 年版。

[47] 陈敏:《行政法总论》,新学林出版股份有限公司 2004、2009 年版。

[48] 蔡秀卿:《现代国家与行政法》,学林文化事业有限公司 2003 年版。

[49] 杨欣:《民营化的行政法研究》,知识产权出版社 2008 年版。

[50] 张晋芬:《台湾公营事业民营化》,台湾"社会学研究所"2001 年版。

[51] 吴庚:《行政法之理论与实用》,三民书局 2015 年版。

[52] 步兵：《行政契约履行研究》，法律出版社 2011 年版。

[53] 王名扬：《王名扬全集②：法国行政法》，北京大学出版社 2016 年版。

[54] 崔建远：《合同法》，法律出版社 2000 年版。

[55] 杨立新：《侵权法论》（上册），吉林人民出版社 2000 年版。

[56] 张根大：《法律效力论》，法律出版社 1999 年版。

[57] 林明锵：《行政法讲义》，新学林出版股份有限公司 2014 年版。

[58] 陈敏：《行政法总论》，新学林出版股份有限公司 2013 年版。

[59] 熊文钊：《现代行政法原理》，法律出版社 2000 年版。

[60] 徐以祥：《行政法学视野下的公法权利理论问题研究》，中国人民大学出版社 2014 年版。

[61] 李建良：《宪法理论与实践》，新学林文化事业出版有限公司 2003 年版。

[62] 叶必丰：《行政行为的效力研究》，中国人民大学出版社 2002 年版。

[63] 王正毅、张岩贵：《国际政治经济学——理论范式与现实经验研究》，商务印书馆 2003 年版。

[64] 陈新民：《德国公法学基础理论》，山东人民出版社 2001 年版。

[65] 詹中原：《民营化政策——公共行政理论与实务之分析》，五南图书出版公司 1993 年版。

[66] 陈敏：《行政法总论》，新学林出版股份有限公司 2007 年版。

[67] 李建良：《行政法基本十讲》，元照出版有限公司 2016 年版。

[68] 杨建顺：《行政规制与权利保障》，中国人民大学出版社 2007 年版。

[69] 汪进元：《基本权利的保护范围——构成、限制及其合宪性》，法律出版社 2013 年版。

[70] 杨解君：《法国行政合同》，复旦大学出版社 2009 年版。

[71] 王利明：《合同法研究》（第一卷），中国人民大学出版社 2015 年版。

[72] 史尚宽：《民法总论》，中国政法大学出版社 2000 年版。

二、中文译著类

[1] [美] 朱迪·弗里曼：《合作治理与新行政法》，毕洪海、陈标冲译，商务印书馆 2010 年版。

[2] [德] 平特纳：《德国普通行政法》，朱林译，中国政法大学出版社 1999 年版。

[3] [德] 汉斯·J. 沃尔夫等：《行政法》（第一卷），高家伟译，商务印书馆 2002 年版。

[4] [德] 汉斯·J. 沃尔夫等：《行政法》（第二卷），高家伟译，商务印书馆 2002 年版。

[5] [德] 哈特穆特·毛雷尔：《行政法学总论》，高家伟译，法律出版社 2000 年版。

[6] [日] 美浓部达吉：《日本行政法》（上卷），有斐阁 1940 年版。

[7] 〔日〕美浓部达吉:《公法与私法》,台湾商务印书馆 1963 年版。

[8] 〔美〕V. 奥斯特罗姆等编:《制度分析与发展的反思——问题与抉择》,王诚等译,商务印书馆 1992 年版。

[9] 〔日〕室井力主编:《日本现代行政法》,吴微译,中国政法大学出版社 1995 年版。

[10] 〔日〕盐野宏:《行政法总论》,杨建顺译,北京大学出版社 2008 年版。

[11] 〔日〕田中二郎:《行政法总论》,有斐阁 1957 年版。

[12] 〔日〕和田英夫:《现代行政法》,倪建民、潘世圣译,中国广播电视出版社 1993 年版。

[13] 〔葡〕苏乐治:《行政法》,冯文庄译,法律出版社 2014 年版。

[14] 〔德〕格奥格·耶利内克:《主观公法权利体系》,曾韬、赵天书译,中国政法大学出版社 2012 年版。

[15] 〔法〕卢梭:《社会契约论》,李平沤译,商务印书馆 2017 年版。

[16] 〔美〕汉密尔顿等:《联邦党人文集》,程逢如等译,商务印书馆 1980 年版。

[17] 〔英〕约翰·洛克:《政府论》(下册),叶启芳、翟菊农译,商务印书馆 2009 年版。

[18] 〔美〕E. S. 萨瓦斯:《民营化与公私部门的伙伴关系》,周志忍等译,中国人民大学出版社 2017 年版。

[19] 〔德〕哈贝马斯:《在事实与规范之间:关于法律和民主法治国的商谈理论》,童世骏译,生活·读书·新知三联书店 2014 年版。

[20] 〔德〕施密特·阿斯曼:《秩序理念下的行政法体系建构》,林明锵译,北京大学出版社 2012 年版。

[21] 〔美〕昂格尔:《现代社会中的法律》,吴玉章、周汉华译,中国政法大学出版社 1994 年版。

[22] 〔意〕Giampaolo Rossi:《行政法原理》,李修琼译,法律出版社 2013 年版。

[23] 〔法〕狄骥:《公法的变迁》,郑戈译,商务印书馆 2013 年版。

[24] 〔德〕齐佩利乌斯:《德国国学家》,赵宏译,法律出版社 2011 年版。

[25] 〔美〕伯纳德·施瓦茨:《行政法》,徐炳译,群众出版社 1986 年版。

[26] 〔德〕卡尔·拉伦茨:《法学方法论》,陈爱娥译,商务印书馆 2003 年版。

[27] 〔葡〕迪奥戈·弗雷塔斯·亚玛勒:《行政法教程》(第二卷),黄显辉等译,社会科学文献出版社 2020 年版。

[28] 〔日〕盐野宏:《行政组织法》,杨建顺译,北京大学出版社 2008 年版。

[29] 〔德〕卡尔·施米特:《宪法学说》,刘锋译,上海人民出版社 2005 年版。

[30] 〔德〕奥托·迈耶:《德国行政法》,刘飞译,商务印书馆 2002 年版。

[31] 〔日〕原田尚彦:《行政法要论》,学阳书房 2005 年版。(该书未查阅到中文译本,原著信息参见 https://www.gakuyo.co.jp/book/b173789.html)

[32] 〔日〕藤田宙靖:《行政法总论》(上),青林书院 2020 年版。(该书有中文译本。王

贵松译，中国政法大学出版社 2023 年版）

[33]［日］藤井俊夫：《宪法和人权》，成文堂 2008 年版。（该书未查阅到中文译本，原著信息参见 https://www.seibundoh.co.jp/pub/search/001954.html）

[34]［古希腊］柏拉图：《理想国》，张竹明译，译林出版社 2009 年版。

[35]［英］边沁：《政府片论》，沈叔平等译，商务印书馆 1995 年版。

[36]［英］约翰·密尔：《论自由》，程崇华译，商务印书馆 1959 年版。

[37]［德］哈贝马斯：《公共领域的结构转型》，学林出版社 1999 年版。

[38]［美］詹姆斯·M. 布坎南：《民主财政论——财政制度和个人选择》，穆怀朋译，商务印书馆 1993 年版。

[39]［美］斯蒂格利茨：《经济学》，高鸿业等译，中国人民大学出版社 1997 年版。

[40]［美］曼瑟尔·奥尔森：《集体行动的逻辑》，陈郁等译，格致出版社、上海人民出版社 2011 年版。

[41]［美］斯蒂文·萨维尔：《法律的经济分析》，柯华庆译，中国政法大学出版社 2009 年版。

[42]［日］松村享：《契约事务手册》，第一法规 2014 年版。

[43]［日］棚濑孝雄：《纠纷的解决与审判制度》，王亚新译，中国政法大学出版社 1994 年版。

[44]［美］劳伦斯·索伦：《法理词汇：法学院学生的工具箱》，王凌皞译，中国政法大学出版社 2010 年版。

[45]［英］约瑟夫·拉兹：《法律体系的概念》，吴玉章译，中国法制出版社 2003 年版。

[46]［日］美浓部达吉：《公法与私法》，黄冯明译，中国政法大学出版社 2003 年版。

[47]［英］卡罗尔·哈洛、理查德·罗林斯著：《法律与行政》（上卷），杨伟东等译，商务印书馆 2004 年版。

[48]［德］威廉·冯·洪堡：《论国家的作用》，林荣远、冯兴元译，中国社会科学出版社 1998 年版。

[49]［英］约翰·史密斯：《合同法》，张昕译，法律出版社 2004 年版。

[50]［英］P. S. 阿狄亚：《合同法导论》，赵旭东等译，法律出版社 2002 年版。

[51]［法］雅克·盖斯旦、吉勒·古博等：《法国民法总论》，陈鹏等译，法律出版社 2004 年版。

三、编著类

[1] 胡建淼主编：《行政法学》，复旦大学出版社 2003 年版。

[2] 应松年主编：《行政法学》，经济科学出版社 2009 年版。

［3］皮纯协、张成福主编：《行政法学》，中国人民大学出版社 2012 年版。

［4］罗豪才、湛中乐主编：《行政法学》，北京大学出版社 2012 年版。

［5］马怀德主编：《行政法学》，中国政法大学 2007 年版。

［6］应松年主编：《外国行政程序法汇编》，中国法制出版社 2004 年版。

［7］温晋锋、徐国利编著：《行政法学》，科学出版社 2010 年版。

［8］杨解君主编：《中国行政合同的理论与实践探索》，法律出版社 2009 年版。

［9］李建良主编：《行政契约之发展现况与前景》，台湾“法律学研究所”2016 年版。

［10］姜明安主编：《行政法与行政诉讼法》，法律出版社 2006 年版。

［11］余凌云主编：《全球时代下的行政契约》，清华大学出版社 2010 年版。

［12］翁岳生编：《行政法》（上册），中国法制出版社 2009 年版。

［13］刘海年等主编：《依法治国建设社会主义法治国家》，中国法制出版社 1996 年版。

［14］张树义主编：《行政法学》，北京大学出版社 2012 年版。

［15］陈振明主编：《公共管理学——一种不同于传统行政学的研究途径》，中国人民大学出版社 2003 年版。

［16］应松年主编：《当代中国行政法》（下卷），中国方正出版社 2005 年版。

［17］皮纯协主编：《行政程序法比较研究》，中国人民公安大学出版社 2000 年版。

［18］马怀德主编：《行政程序立法研究——〈行政程序法〉草案建议稿及理由说明书》，法律出版社 2005 年版。

［19］应松年主编：《行政行为法——中国行政法制建设的理论与实践》，人民出版社 1993 年版。

［20］姜明安主编：《行政法与行政诉讼法》，北京大学出版社、高等教育出版社 2015 年版。

［21］袁杰主编：《中华人民共和国行政诉讼法解读》，中国法制出版社 2014 年版。

［22］姜明安主编：《行政法与行政诉讼法》，北京大学出版社、高等教育出版社 2005 年版。

［23］姜明安主编：《行政法与行政诉讼法》，北京大学出版社、高等教育出版社 1999 年版。

［24］于安编著：《德国行政法》，清华大学出版社 1999 年版。

［25］最高人民法院行政审判庭编著：《最高人民法院关于审理行政协议案件若干问题的规定理解与适用》，人民法院出版社 2020 年版。

［26］江必新、邵长茂编著：《最高人民法院关于适用〈中华人民共和国行政诉讼法〉若干问题的解释辅导读本》，中国法制出版社 2015 年版。

［27］黄昭元等编：《综合小六法》，新学林出版股份有限公司 2006 年版。

四、中文论文类

［1］张淑芳：《私法渗入公法的必然与边界》，载《中国法学》2019 年第 4 期。

［2］韩宁：《行政协议判断标准之重构——以"行政法上权利义务"为核心》，载《华东政法大学学报》2017年第1期。

［3］陈无风：《行政协议诉讼：现状与展望》，载《清华法学》2015年第4期。

［4］姜明安：《软法在推进国家治理现代化中的作用》，载《求是学刊》2014年第5期。

［5］麻锦亮：《纠缠在行政性与协议性之间的行政协议》，载《中国法律评论》2017年第1期。

［6］宋梁凤：《关于行政合同若干问题的探讨》，载《行政法学研究》1994年第1期。

［7］刘莘：《行政合同刍议》，载《中国法学》1995年第5期。

［8］高沛沛：《敲开行政协议案件的审理大门——行政协议案件的受案范围和原告主体资格探究》，载《山东审判》2017年第1期。

［9］满先进：《论我国行政合同司法救济制度的不足及完善》，载《西华大学学报（哲学社会科学版）》2015年第6期。

［10］郭修江：《行政协议案件审理规则——对〈行政诉讼法〉及其适用解释关于行政协议案件规定的理解》，载《法律适用》2016年第12期。

［11］邢鸿飞：《行政契约与权力理性》，载《江苏社会科学》2014年第5期。

［12］高俊杰：《新〈行政诉讼法〉下的行政合同诉讼》，载《财经法学》2016年第2期。

［13］叶必丰：《行政合同的司法探索及其态度》，载《法学评论》2014年第1期。

［14］杨科雄：《试论行政协议的识别标准》，载《中国法律评论》2017年第1期。

［15］陈天昊：《行政协议的识别与边界》，载《中国法学》2019年第1期。

［16］李颖轶：《论法国行政合同优益权的成因》，载《复旦学报（社会科学版）》2015年第6期。

［17］刘猷桓：《科学逻辑中的归纳与确证》，载《吉林大学社会科学学报》1984年第3期。

［18］陈国栋：《作为公共资源配置方式的行政合同》，载《中外法学》2018年第3期。

［19］王利明：《论行政协议的范围——兼评〈关于审理行政协议案件若干问题的规定〉第1条、第2条》，载《环球法律评论》2020年第1期。

［20］于立深：《行政协议司法判断的核心标准：公权力的作用》，载《行政法学研究》2017年第2期。

［21］王旭：《论自然资源国家所有权的宪法规制功能》，载《中国法学》2013年第6期。

［22］李卫华：《行政合同的性质》，载《山东师大学报（人文社会科学版）》2001年第5期。

［23］赵安国：《刍议行政合同的性质》，载《现代妇女（下旬）》2014年第6期。

［24］邢鸿飞：《行政合同性质论》，载《南京大学法律评论》1996年第2期。

［25］崔建远：《行政合同之我见》，载《河南省政法管理干部学院学报》2004年第1期。

［26］董运弟：《论政府采购合同的性质及司法审查》，载《法学杂志》2007年第4期。

［27］杨小君：《论行政合同的特征、法律性质》，载《行政法学研究》1998 年第 2 期。

［28］余凌云：《论行政契约的救济制度》，载《法学研究》1998 年第 2 期。

［29］黄学贤、周春华：《评述行政合同的法律属性》，载《新疆警官高等专科学校学报》2008 年第 1 期。

［30］刘金根：《论中国行政合同的几个现实问题——新〈合同法〉出台后的思考》，载《山东法学》1999 年第 4 期。

［31］黄珏：《行政合同的性质》，载《行政与法》1999 年第 5 期。

［32］崔卓兰、孙红梅：《非强制行政行为初探》，载《行政与法》1998 年第 3 期。

［33］莫于川：《非权力行政方式及其法治问题研究》，载《中国人民大学学报》2000 年第 2 期。

［34］袁维勤：《论行政合同的性质》，载《行政论坛》2004 年第 1 期。

［35］吴明熠：《新解释下行政协议司法审查的研究转向》，载《法治社会》2020 年第 4 期。

［36］冯莉：《论我国行政协议的容许性范围》，载《行政法学研究》2020 年第 1 期。

［37］黄学贤：《行政协议司法审查的理论研究与实践发展》，载《上海政法学院学报（法治论丛）》2018 年第 5 期。

［38］刘晓霞：《我国行政合同的适用范围及相关问题探析》，载《甘肃政法学院学报》2002 年第 4 期。

［39］陈海萍：《行政合同适用范围论略》，载《上海大学学报（社会科学版）》2004 年第 6 期。

［40］江娟：《论行政合同的范围——从行政合同概念角度分析》，载《科教文汇（上半月）》2006 年第 21 期。

［41］韩宁：《行政协议研究之现状与转向》，载《法治研究》2019 年第 6 期。

［42］徐键：《建设用地国有制的逻辑、挑战及变革》，载《法学研究》2017 年第 5 期。

［43］杨小君：《契约对行政职权法定原则的影响及其正当规则》，载《中国法学》2007 年第 5 期。

［44］杨小君：《契约对依法行政的影响》，载《法学研究》2007 年第 2 期。

［45］张治宇：《以契约行政为路径推动中国行政法的改革》，载《江苏社会科学》2012 年第 4 期。

［46］于立深：《台湾地区行政契约理论之梳理》，载《中外法学》2018 年第 5 期。

［47］陈军：《冲击与发展：契约行政与依法行政关系之检视——透过公私合作视角考察》，载《华南理工大学学报（社会科学版）》2015 年第 2 期。

［48］孙笑侠：《契约下的行政——从行政合同本质到现代行政法功能的再解释》，载《比较法研究》1997 年第 3 期。

［49］王学辉：《行政何以协议：一个概念的检讨与澄清》，载《求索》2018 年第 2 期。

[50] 王海峰：《试论行政协议的边界》，载《行政法学研究》2020 年第 5 期。

[51] 梁凤云：《行政协议的界定标准——以行政协议司法解释第 1 条规定为参照》，载《行政法学研究》2020 年第 5 期。

[52] 江必新：《中国行政合同法律制度：体系、内容及其构建》，载《中外法学》2012 年第 6 期。

[53] 龙凤钊：《行政合同的法律属性——从行政合同行为的双重特征分析》，载《武汉科技大学学报（社会科学版）》2013 年第 5 期。

[54] 王克稳：《政府业务委托外包的行政法认识》，载《中国法学》2011 年第 4 期。

[55] 余凌云：《行政协议的判断标准——以"亚鹏公司案"为分析样本的展开》，载《比较法研究》2019 年第 3 期。

[56] 李卫刚、赵珂冉：《行政协议识别标准的模式化研究》，载《西北师大学报（社会科学版）》2020 年第 2 期。

[57] 徐键：《功能主义视域下的行政协议》，载《法学研究》2020 年第 6 期。

[58] 余凌云：《论行政协议无效》，载《政治与法律》2020 年第 11 期。

[59] 韩思阳：《无效行政协议审查规则的统一化——兼评〈行政协议解释〉》，载《法学杂志》2020 年第 10 期。

[60] 刘春：《行政协议中"权利处分"条款的合法性》，载《政治与法律》2018 年第 4 期。

[61] 张淑芳：《行政法治视阈下的民生立法》，载《中国社会科学》2016 年第 8 期。

[62] 余凌云：《论行政法领域中存在契约关系的可能性》，载《法学家》1998 年第 2 期。

[63] 张永忠、张春梅：《行政裁量权限缩论——以税收和解适用为例》，载《政治与法律》2011 年第 10 期。

[64] 章志远、庄婧：《公共行政民营化界限研究——"治安承包"引发的思考》，载《河南司法警官职业学院学报》2008 年第 3 期。

[65] 章志远：《民营化：消防管理体制改革的一种路径》，载《行政法学研究》2006 年第 4 期。

[66] 章剑生：《作为介入和扩展私法自治领域的行政法》，载《当代法学》2021 年第 3 期。

[67] 黄学贤、陈铭聪：《行政契约和行政处分的替代关系和选择标准之研究》，载《江淮论坛》2011 年第 4 期。

[68] 沈岿：《行政法变迁与政府重塑、治理转型——以四十年改革开放为背景》，载《中国法律评论》2018 年第 5 期。

[69] 王庆亮：《发挥计划生育村民自治项目 推进计划生育工作》，载《人口与计划生育》2014 年第 12 期。

[70] 沈福俊：《司法解释中行政协议定义论析——以改造"法定职责范围内"的表述为中

心》，载《法学》2017 年第 10 期。

[71] 王文英：《试论政府采购合同的性质》，载《行政法学研究》2003 年第 3 期。

[72] 肖北庚：《论政府采购合同的法律性质》，载《当代法学》2005 年第 4 期。

[73] 贺小荣：《行政协议的创设与国家治理方式的转型》，载《中国法律评论》2017 年第 1 期。

[74] 陈天昊：《在公共服务与市场竞争之间 法国行政合同制度的起源与流变》，载《中外法学》2015 年第 6 期。

[75] 喻文光：《论铁路改革的法治化路径》，载《国家行政学院学报》2013 年第 4 期。

[76] 刘飞：《行政协议诉讼的制度构建》，载《法学研究》2019 年第 3 期。

[77] 吴明熠：《从听证走向协商：公众参与行政决策的实践反思与程序嬗变》，载《甘肃行政学院学报》2020 年第 2 期。

[78] 刘飞：《试论民营化对中国行政法制之挑战——民营化浪潮下的行政法思考》，载《中国法学》2009 年第 2 期。

[79] 申艳红：《行政私法行为辨析》，载《新疆大学学报（哲学·人文社会科学版）》2010 年第 4 期。

[80] 陈军：《行政形式选择自由理论探析——基于公私合作视角》，载《北方法学》2014 年第 6 期。

[81] 严益州：《德国行政法上的双阶理论》，载《环球法律评论》2015 年第 1 期。

[82] 陈阵香、陈乃新：《PPP 特许经营协议的法律性质》，载《法学》2015 年第 11 期。

[83] 江国华：《政府和社会资本合作项目 合同性质及争端解决机制》，载《法商研究》2018 年第 2 期。

[84] 尹少成：《PPP 协议的法律性质及其救济——以德国双阶理论为视角》，载《政法论坛》2019 年第 1 期。

[85] 刘飞：《PPP 协议的法律性质及其争议解决途径的一体化》，载《国家检察官学院学报》2019 年第 4 期。

[86] 王贵松：《行政活动法律保留的结构变迁》，载《中国法学》2021 年第 1 期。

[87] 严益州：《论行政合同上的情势变更——基于控权论立场》，载《中外法学》2019 年第 6 期。

[88] 张慰：《"重要性理论"之梳理与批判——基于德国公法学理论的检视》，载《行政法学研究》2011 年第 2 期。

[89] 龚向和、袁立：《人权保障语境下的行政行为选择自由——以公共行政民营化为例》，载《学术交流》2008 年第 7 期。

[90] 范奇：《行政协议制度创制的路径依赖与矫正》，载《行政法学研究》2021 年第 6 期。

[91] 林来梵、张卓明：《论权利冲突中的权利位阶——规范法学视角下的透析》，载《浙

江大学学报（人文社会科学版）》2003 年第 6 期。

[92] 解晋伟：《以"权利位阶"为基础解决权利冲突优先保障问题试探》，载《上海政法学院学报（法治论丛）》2020 年第 5 期。

[93] 张平华：《权利位阶论——关于权利冲突化解机制的初步探讨》，载《清华法学》2008 年第 1 期。

[94] 柳经纬：《从权利救济看我国法律体系的缺陷》，载《比较法研究》2014 年第 5 期。

[95] 杨海坤：《现代行政公共性理论初探》，载《法学论坛》2001 年第 2 期。

[96] 祝灵君、聂进：《公共性与自利性：一种政府分析视角的再思考》，载《社会科学研究》2002 年第 2 期。

[97] 王春蕾：《行政协议准用民法的逻辑证成》，载《行政法学研究》2021 年第 4 期。

[98] 余凌云：《行政主体理论之变革》，载《法学杂志》2010 年第 8 期。

[99] 陈无风：《司法审查图景中行政协议主体的适格》，载《中国法学》2018 年第 2 期。

[100] 王敬波：《司法认定无效行政协议的标准》，载《中国法学》2019 年第 3 期。

[101] [美] Daniel J. Mitterhoff 等：《建构政府合同制度——以美国模式为例》，载《行政法学研究》2000 年第 4 期。

[102] 施建辉：《论行政契约的形式与缔结方式》，载《东南大学学报（哲学社会科学版）》2008 年第 1 期。

[103] 杜宏伟：《行政合同的基础理论与行政程序法的最新发展——第十五届海峡两岸行政法学学术研讨会综述》，载《行政法学研究》2014 年第 1 期。

[104] 刘赫喆：《论行政合同缔结阶段信息权的平衡保护》，载《山东大学学报（哲学社会科学版）》2021 年第 3 期。

[105] 马英娟：《论行政合同的程序控制》，载《河北大学学报（哲学社会科学版）》2001 年第 4 期。

[106] 徐键：《相对人不履行行政协议的解决路径》，载《政治与法律》2020 年第 11 期。

[107] 戚建刚、李学尧：《行政合同的特权与法律控制》，载《法商研究（中南政法学院学报）》1998 年第 2 期。

[108] 冯乐坤：《农村承包纠纷仲裁的悖理分析》，载《西部法学评论》2009 年第 6 期。

[109] 李红霞：《关于行政合同司法救济制度的思考》，载《中共四川省委党校学报》2005 年第 3 期。

[110] 毕可志：《论对行政合同纠纷的司法救济》，载《长白学刊》2004 年第 4 期。

[111] 李粟燕：《论行政契约司法救济制度的定位与整合》，载《中国行政管理》2007 年第 6 期。

[112] 周汉华：《论国家赔偿的过错责任原则》，载《法学研究》1996 年第 3 期。

[113] 汪中良：《行政合同无效认定的法律适用》，载《上海政法学院学报（法治论丛）》

2017 年第 2 期。

[114] 曹鎏:《作为化解行政争议主渠道的行政复议:功能反思及路径优化》,载《中国法学》2020 年第 2 期。

[115] 赵德关:《行政协议纳入行政复议审查问题研究》,载《行政法学研究》2021 年第 4 期。

[116] 薛刚凌、杨欣:《论我国行政诉讼构造:"主观诉讼"抑或"客观诉讼"?》,载《行政法学研究》2013 年第 4 期。

[117] 耿宝建、殷勤:《行政协议的判定与协议类行政案件的审理理念》,载《法律适用》2018 年第 17 期。

[118] 张海燕:《大调解视野下的我国行政调解制度再思考》,载《中国行政管理》2012 年第 1 期。

[119] 江国华、胡玉桃:《论行政调解——以社会纠纷解决方式的多元化为视角》,载《江汉大学学报(社会科学版)》2011 年第 3 期。

[120] 杨忠文、杨兆岩:《法的效力等级辨析》,载《求是学刊》2003 年第 6 期。

[121] 胡玉鸿:《试论法律位阶划分的标准——兼及行政法规与地方性法规之间的位阶问题》,载《中国法学》2004 年第 3 期。

[122] 王太高:《论地方性法规行政处罚补充设定权》,载《苏州大学学报(哲学社会科学版)》2021 年第 6 期。

[123] 王利明:《论无效合同的判断标准》,载《法律适用》2012 年第 7 期。

[124] 张淑芳:《论行政立法的价值选择》,载《中国法学》2003 年第 4 期。

[125] 王留一:《禁止不当联结原则:内涵界定与司法适用》,载《福建行政学院学报》2017 年第 4 期。

[126] 蔡小雪:《审理涉行政协议行为案件与审理民事合同纠纷案件的区别》,载《山东法官培训学院学报》2019 年第 4 期。

[127] 余凌云:《论对行政契约的司法审查》,载《浙江学刊》2006 年第 1 期。

[128] 徐肖东:《行政协议相对人不履行义务的裁判规则——兼评(2015)苏行终字第 00282 号行政判决书》,载《上海政法学院学报(法治论丛)》2016 年第 6 期。

[129] 江必新:《行政协议的司法审查》,载《人民司法(应用)》2016 年第 34 期。

[130] 张志华:《南漳县政府授权政府法制机构严肃查处村级行政组织单方面撕毁经济承包合同案件》,载《行政法制》1996 年第 3 期。

[131] 王寨华:《论我国现行行政合同司法救济制度》,载《南京财经大学学报》2006 年第 6 期。

[132] 刘振华、蒋荣清:《社会管理创新背景下我国人民调解制度的发展与完善》,载《湖南警察学院学报》2014 年第 6 期。

[133] 吴明熠：《行政调解纠纷范围的类型嬗变》，载《邵阳学院学报（社会科学版）》2020 年第 1 期。

[134] 吴明熠：《行政调解主体架构的重塑》，载《行政科学论坛》2019 年第 8 期。

[135] 潘乾：《试论我国行政调解制度的完善》载《行政与法》2008 年第 4 期。

[136] 闫海：《税收事实认定的困境及出路》，载《税务研究》2010 年第 3 期。

[137] 王贵松：《行政法上不确定法律概念的具体化》，载《政治与法律》2016 年第 1 期。

[138] 杨建顺：《行政裁量的运作及其监督》，载《法学研究》2004 年第 1 期。

[139] 于淼：《税务和解适用的正当性及制度建构》，载《常州大学学报（社会科学版）》2018 年第 3 期。

[140] 顾德瑞：《税务和解适用的三个着力点：范围、条件和阶段》，载《云南大学学报（法学版）》2014 年第 5 期。

[141] 关博豪：《论民营化中行政权的保留》，载《法律科学（西北政法大学学报）》2019 年第 3 期。

[142] 张莉：《PPP 协议及其纠纷解决——法国做法及启示》，载《中国司法》2017 年第 1 期。

[143] 毕洪海：《本质上政府的职能》，载《行政法学研究》2015 年第 1 期。

[144] 王天华：《行政委托与公权力行使——我国行政委托理论与实践的反思》，载《行政法学研究》2008 年第 4 期。

[145] 周志忍：《社会服务承诺制需要理论思考》，载《中国行政管理》1997 年第 1 期。

[146] 詹镇荣：《德国法中"社会自我管制"机制初探》，载《政大法学评论》2004 年总第 78 期。

[147] 毕洪海：《国家与社会的限度：基于辅助原则的视角》，载《中国法律评论》2014 年第 1 期。

[148] 张文郁：《行政辅助人》，载《月旦法学教室》2002 年总第 2 期。

[149] 王鹏翔：《基本权作为最佳化命令与框架秩序——从原则理论初探立法余地（gesetzgeberische Spielräume）问题》，载《东吴法律学报》2007 年第 3 期。

[150] 张志伟：《比例原则与立法形成余地——由法律原则理论出发，探讨审查密度的结构》，载《中正大学法学集刊》2008 年总第 24 期。

[151] 马良骥：《行政机关依合同拆除房屋的性质》，载《人民司法》2013 年第 24 期。

[152] 程明修：《基本权抛弃》，载《月旦法学教室》2005 年总第 35 期。

[153] 张青波：《可撤销行政协议的价值与认定》，载《法商研究》2022 年第 1 期。

[154] 于立深：《行政契约履行争议适用〈行政诉讼法〉第 97 条之探讨》，载《中国法学》2019 年第 4 期。

[155] 王玉飞、谢颖：《涉外股权转让居间合同效力认定》，载《人民司法》2009 年第

24 期。

[156] 蔡立东：《行政审批与权利转让合同的效力》，载《中国法学》2013 年第 1 期。

[157] 王轶：《合同效力认定的若干问题》，载《国家检察官学院学报》2010 年第 5 期。

[158] 马新彦：《论民法对合同行政审批的立法态度》，载《中国法学》2016 年第 6 期。

[159] 崔建远：《不得盲目扩张〈合同法〉第 44 条第 2 款的适用范围》，载《中外法学》2013 年第 6 期。

[160] 马怀德：《行政程序法的价值及立法意义》，载《政法论坛》2004 年第 5 期。

[161] 吴明熠：《依法行政决策协商程序构建中的价值冲突与选择》，载《行政与法》2019 年第 9 期。

[162] 易旺、郑谧：《论无效行政协议的司法审查路径》，载《中国物价》2018 年第 1 期。

[163]《〈葡萄牙行政程序法典〉》，载《行政法学研究》1997 年第 1 期。

[164] 王学辉、邓稀文：《也谈行政协议族的边界及其判断标准》，载《学习论坛》2019 年第 1 期。

五、论文集类

[1] 杨欣：《论政府职能民营化的边界》，载中国法学会行政法学研究会编：《行政管理体制改革的法律问题——中国法学会行政法学研究会 2006 年年会论文集》，中国政法大学出版社 2007 年版。

[2] 吴明熠：《行政主体非基于优益权单方变更或解除行政协议的法定理由重述》，载沈岿主编：《行政法论丛》（第 27 卷），法律出版社 2021 年版。

[3] 陈淳文：《公法契约与私法契约之划分——法国法制概述》，载台湾"行政法学会"主编：《行政契约与新行政法》，元照出版有限公司 2004 年版。

[4] 许宗力：《论行政任务的民营化》，载翁岳生教授祝寿论文编辑委员会编：《当代公法新论（中）——翁岳生教授七秩诞辰祝寿论文集》，元照出版有限公司 2002 年版。

[5] 林明锵：《行政契约》，载翁岳生主编：《行政法》，中国法制出版社 2009 年版。

[6] 梁慧星：《中国统一合同法的起草》，载梁慧星主编：《民商法论丛》（第 9 卷），法律出版社 1998 年版。

[7] 张莉等：《地方政府合同审查制度实证研究——基于 54 个地级市的样本分析》，载中国政法大学法治政府研究院主编：《法治政府蓝皮书：中国法治政府发展报告（2018）》，社会科学文献出版社 2019 年版。

[8] 江嘉琪：《德国（含欧盟）行政契约理论发展之趋势》，载台湾"行政法学会"主编：《行政契约之基础理论、法理变革及实务趋势》，元照出版有限公司 2013 年版。

[9] 黄锦堂：《行政契约法主要适用问题之研究》，载台湾"行政法学会"主编：《行政契

约与新行政法》，元照出版有限公司 2002 年版。

[10] 吴明熠：《替代的公共性规制：矿业权出让协议定性的逻辑本位》，载刘云生主编：《中国不动产法研究》2021 年第 2 辑，社会科学文献出版社 2021 年版。

[11] ［德］Hartmut Bauer：《民营化时代的行政法新趋势》，李建良译，载李建良主编：《2011 行政管制与行政争讼——民营化时代的行政法新趋势》，台湾"法律学研究所"2012 年版。

[12] 朱敏艳：《息诉协议的"诉讼权放弃条款"研究——基于宪法基本权利视角的分析》，载章剑生主编：《公法研究》（第 20 卷），浙江大学出版社 2020 年版。

[13] 程明修：《从行政法之观点论行政之公共性》，载城仲模主编：《行政法之一般法律原则（一）》，三民书局 1994 年版。

[14] 江利红：《论日本行政法解释学的形成与发展》，载陈金钊、谢晖主编：《法律方法》（第 17 卷），山东人民出版社 2015 年版。

[15] 叶必丰：《行政行为的模式》，载罗豪才主编：《行政法论丛》（第 2 卷），法律出版社 1999 年版。

[16] 林明锵：《论型式化之行政行为与未型式化之行政行为》，载翁岳生教授祝寿论文集编辑委员会编：《当代公法理论——翁岳生教授六秩诞辰祝寿论文集》，月旦出版社 1993 年版。

[17] 陈爱娥：《行政上所运用契约之法律归属——实务对理论的挑战》，载台湾"行政法学会"主编：《行政契约与新行政法》，元照出版有限公司 2004 年版。

[18] ［美］乔迪·弗里曼：《私人团体、公共职能与新行政法》，晏坤译，载《北大法律评论》编委会编：《北大法律评论》（第 5 卷·第 2 辑），法律出版社 2004 年版。

[19] 苏永钦：《以公法规范控制私法契约——两岸转介条款的比较与操作建议》，载《人大法律评论》编委会编：《人大法律评论》2010 年第 1 辑，法律出版社 2010 年版。

六、学位论文类

[1] 田林：《日本行政契约的立法统制》，中国人民大学 2016 年博士学位论文。

[2] 徐肖东：《行政合同程序论》，华东政法大学 2017 年博士学位论文。

[3] 张楠：《免费师范生、政府、高校之间的法律关系研究》，陕西师范大学 2011 年硕士学位论文。

[4] 黎福亮：《论息访协议及其效力》，吉林大学 2011 年硕士学位论文。

七、网络文献及报刊类

[1] 韩炜：《司法视野下行政协议的识别》，载 http://www.sohu.com/a/166112827_

655070，最后访问日期：2020 年 9 月 3 日。

〔2〕财政部政府与社会资本合作中心：《全国 PPP 综合信息平台项目管理库》，载 https：//www. cpppc. org：8082/inforpublic/homepage. html#/projectPublic，最后访问日期：2021 年 4 月 21 日。

〔3〕江汉：《"治安承包"应缓行》，载 https：//www. chinacourt. org/article/detail/2003/11/id/90232. shtml，最后访问日期：2021 年 4 月 22 日。

〔4〕《第一财经日报》：《深圳城管外包僵局》，载 https：//www. yicai. com/news/1988783. html，最后访问日期：2021 年 4 月 22 日。

〔5〕周立权：《吉林一民房突起大火，未交防火费民营消防队拒救》，载 http：//news. so-hu. com/20050908/n226899569. shtml，最后访问日期：2021 年 4 月 22 日。

〔6〕南宁新闻网：《深圳宣布将取消城管外包业务》，载 http：//www. nnnews. net/p/427327. html，最后访问日期：2024 年 8 月 12 日。

〔7〕最高人民法院：《最高人民法院关于审理行政协议案件若干问题的规定》，载 http：//www. court. gov. cn/fabu/xiangqing/207581. html，最后访问日期：2021 年 7 月 19 日。

〔8〕湖南省人民政府：《长沙市政府法制办创新政府合同审查管理工作》，载 http：//www. hunan. gov. cn/zhuanti/fzzf/rdjj/zxdt/201510/t20151013_ 1894390. html，最后访问日期：2021 年 12 月 28 日。

〔9〕Government Accountability Office，"Privatization：Lessons Learned by State and Local Governments"，at http：//www. gao. gov/products/ggd-97-48，最后访问日期：2022 年 1 月 12 日。

〔10〕王跃春、孔献之：《深圳市开庭审理中国政府采购第一案》，载 http：//www. chinanews. com. cn/2001-01-12/26/66127. html，最后访问日期：2022 年 1 月 7 日。

〔11〕应松年：《行政合同不容忽视》，载《法制日报》1997 年 6 月 9 日，第 1 版。

〔12〕孙思娅：《"政府采购第一案"再开庭投标公司不满财政部处理意见：财政部认定采购程序违法》，载《京华时报》2013 年 12 月 13 日，第 23 版。

〔13〕《最高院公报工伤案例裁判规则汇总（2004-2020）》，载《最高人民法院公报》2005 年第 8 期。

〔14〕陈东升、王春：《新行政诉讼法实施 3 个月浙江首起行政合同纠纷案开庭》，载《法制日报》2015 年 8 月 6 日，第 8 版。

〔15〕秦伟：《行政诉讼中行政协议案件的受案范围及审判规则》，载 http：//cqfy. chinacourt. gov. cn/，最后访问日期：2022 年 1 月 1 日。

〔16〕李晨：《PPP 模式中行政合同的司法审查》，载 http：//www. 360doc. com/content/19/1106/22/41730235_ 871553705. shtml，最后访问日期：2020 年 7 月 4 日。

〔17〕王力：《行政协议争议司法审查的实证与反思》，载 https：//www. 360doc. com/content/

16/0724/11/16286_57798097，最后访问日期：2021 年 2 月 22 日。

［18］司法部行政复议与应诉局：《中华人民共和国行政复议法（修订）（征求意见稿）》，载 https：//zqyj. chinalaw. gov. cn/readmore？ id=4060&listType=1，最后访问日期：2022 年 1 月 4 日。

［19］冯海宁：《奥运获奖，应有明晰的奖励标准》，载 http：//views. ce. cn/view/ent/201207/16/t20120716_23493424. shtml？ utm_source=UfqiNews，最后访问日期：2022 年 1 月 23 日。

［20］财政部政府与社会资本合作中心：《项目集萃》，载 https：//www. cpppc. org/xmjc. jhtml，最后访问日期：2022 年 1 月 26 日。

［21］岳阳市人民政府：《市食品药品监督管理局行政管理委托书》，载 http：//www. yueyang. gov. cn/mobile/23184/23189/content_501671. html，最后访问日期：2022 年 1 月 28 日。

［22］最高人民法院：《徐某某诉安丘市人民政府房屋补偿安置协议案——行政协议存在重大且明显违法情形或者适用民事法律规范亦属无效的，人民法院应当确认该协议无效》，载 https：//www. chinacourt. org/article/detail/2019/12/id/4719338. shtml，最后访问日期：2022 年 3 月 6 日。

八、裁判文书类

［1］最高人民法院（2017）最高法行申 195 号行政裁定书。

［2］最高人民法院（2016）最高法民终 822 号民事调解书。

［3］最高人民法院（2019）最高法行申 11819 号行政裁定书。

［4］最高人民法院（2016）最高法行申 2513 号行政裁定书。

［5］最高人民法院（2016）最高法行申字第 2863 号行政裁定书。

［6］最高人民法院（2016）最高法行申 1991 号行政裁定书。

［7］最高人民法院（2019）最高法行申 13735 号行政裁定书。

［8］最高人民法院（2017）最高法行申 7679 号行政裁定书。

［9］最高人民法院（2017）最高法民终 350 号民事裁定书。

［10］最高人民法院（2018）最高法民终 938 号民事判决书。

［11］最高人民法院（2019）最高法行申 857 号行政裁定书。

［12］最高人民法院（2016）最高法行申 4750 号行政裁定书。

［13］最高人民法院（2015）民一终字第 244 号管辖裁定书。

［14］最高人民法院（2017）最高法行再 99 号行政裁定书。

［15］最高人民法院（2004）民一终字第 106 号民事判决书。

［16］最高人民法院（2016）最高法行再 80 号行政判决书。

［17］最高人民法院（2016）最高法行申 45 号行政裁定书。

［18］最高人民法院（2020）最高法行申 5229 号行政裁定书。

［19］最高人民法院（2019）最高法行申 8145 号行政裁定书。

［20］最高人民法院（2018）最高法行申 11242 号行政裁定书。

［21］最高人民法院（2019）最高法行申 13735 号行政裁定书。

［22］最高人民法院（2020）最高法行申 1431 号行政裁定书。

［23］陕西省高级人民法院（2019）陕行终 354 号行政判决书。

［24］河北省保定市中级人民法院（2015）保行终字第 203 号行政判决书。

［25］河南省高级人民法院（2019）豫行终 1104 号行政判决书。

［26］湖南省怀化市鹤城区人民法院（2016）湘 1202 行初字第 57 号行政判决书。

［27］重庆市大渡口区人民法院（2017）渝 0104 行初 135 号行政判决书。

［28］山东省昌邑市人民法院（2013）昌行初字第 3 号行政判决书。

［29］内蒙古自治区高级人民法院（2016）内行终 102 号行政判决书。

［30］广东省韶关市中级人民法院（2020）粤 02 行终 24 号行政判决书。

［31］广东省韶关市中级人民法院（2019）粤 02 行终 81 号行政裁定书。

［32］广东省韶关市中级人民法院（2015）韶中法行终字第 91 号行政裁定书。

［33］江苏省高级人民法院（2015）苏行终字第 00282 号行政判决书。

［34］北京市高级人民法院（2016）京行终 1167 号行政判决书。

［35］北京市第四中级人民法院（2015）四中行初字第 779 号行政判决书。

［36］河南省平舆县人民法院（2015）平民初字第 01149 号民事裁定书。

［37］湖北省襄阳市中级人民法院（2015）鄂襄阳中行终字第 00074 号行政判决书。

［38］湖北省高级人民法院（2016）鄂行申 554 号行政裁定书。

［39］福建省龙岩市中级人民法院（2016）闽 08 行终 103 号行政裁定书。

［40］重庆市高级人民法院（2014）渝高法民申字第 00029 号民事裁定书。

［41］贵州省高级人民法院（2013）黔高民商初字第 6 号民事判决书。

［42］广西壮族自治区高级人民法院（2013）桂民提字第 130 号民事判决书。

［43］山东省高级人民法院（2019）鲁行终 1928 号行政判决书。

［44］江西省萍乡市中级人民法院（2014）萍行终字第 10 号行政判决书。

［45］福建省宁德市中级人民法院（2017）闽 09 行初 103 号行政判决书。

［46］山东省无棣县人民法院（2020）鲁 1623 行初 50 号行政判决书。

［47］湖北省随县人民法院（2016）鄂 1321 行初 3 号行政判决书。

［48］湖北省武汉东湖新技术开发区人民法院（2015）鄂武东开行初字第 00022 号行政判决书。

［49］广西壮族自治区高级人民法院（2015）桂行终字第 21 号行政判决书。

［50］广西壮族自治区南宁市中级人民法院（2014）南市行一初字第 25 号行政判决书。

［51］广东省海丰县人民法院（2014）汕海法行初字第 3 号行政判决书。

［52］福建省高级人民法院（2018）闽行终 40 号行政判决书。

［53］山东省莱芜市中级人民法院（2015）莱中行终字第 21 号行政判决书。

［54］上海市高级人民法院（2009）沪高民二（商）终字第 22 号民事判决书。

［55］上海市高级人民法院（2009）沪高民四（商）终字第 34 号民事判决书。

九、政策法规类

［1］《中华人民共和国宪法》（2018 年修正）

［2］《中华人民共和国行政诉讼法》（2017 年修正）

［3］《中华人民共和国行政复议法》（2023 年修订）

［4］《中华人民共和国人民调解法》（自 2011 年 1 月 1 日起施行）

［5］《中华人民共和国行政强制法》（自 2012 年 1 月 1 日起施行）

［6］《中华人民共和国行政处罚法》（2021 年修订）

［7］《中华人民共和国立法法》（2023 年修正）

［8］《中华人民共和国国家赔偿法》（2012 年修正）

［9］《中华人民共和国民法典》（自 2021 年 1 月 1 日起施行）

［10］《中华人民共和国民事诉讼法》（2023 年修正）

［11］《中华人民共和国档案法》（2020 年修订）

［12］《中华人民共和国森林法》（2019 年修订）

［13］《中华人民共和国土地管理法》（2019 年修正）

［14］《中华人民共和国城市房地产管理法》（2019 年修正）

［15］《中华人民共和国公务员法》（2018 年修订）

［16］《中华人民共和国节约能源法》（2018 年修正）

［17］《中华人民共和国防沙治沙法》（2018 年修正）

［18］《中华人民共和国公路法》（2017 年修正）

［19］《中华人民共和国国防交通法》（自 2017 年 1 月 1 日起施行）

［20］《中华人民共和国医师法》（自 2022 年 3 月 1 日施行）

［21］《中华人民共和国保守国家秘密法》（2024 年修订）

［22］《中华人民共和国水法》（2016 年修正）

［23］《中华人民共和国电力法》（2018 年修正）

［24］《中华人民共和国政府采购法》（2014 年修正）

［25］《中华人民共和国治安管理处罚法》（2012 年修正）

［26］《中华人民共和国清洁生产促进法》（2012 年修正）

［27］《中华人民共和国禁毒法》（自 2008 年 6 月 1 日起施行）

［28］《中华人民共和国突发事件应对法》（自 2007 年 11 月 1 日起施行）

［29］《中华人民共和国数据安全法》（自 2021 年 9 月 1 日起施行）

［30］《中华人民共和国草原法》（2021 年修正）

［31］《中华人民共和国疫苗管理法》（自 2019 年 12 月 1 日起施行）

［32］《中华人民共和国城乡规划法》（2019 年修正）

［33］《中华人民共和国农村土地承包法》（2018 年修正）

［34］《中华人民共和国高等教育法》（2018 年修正）

［35］《中华人民共和国水土保持法》（2010 年修订）

［36］《中华人民共和国教育法》（2021 年修正）

［37］《中华人民共和国职业教育法》（2022 年修订）

［38］《中华人民共和国社会保险法》（2018 年修正）

［39］《中华人民共和国国防动员法》（自 2010 年 7 月 1 日起施行）

［40］《中华人民共和国税收征收管理法》（2016 年修正）

［41］《中华人民共和国矿产资源法》（2009 年修正）

［42］《中华人民共和国人口与计划生育法》（2021 年修正）

［43］《中华人民共和国水污染防治法》（2017 年修正）

［44］《中华人民共和国网络安全法》（自 2017 年 6 月 1 日起施行）

［45］《中华人民共和国电子商务法》（自 2019 年 1 月 1 日起施行）

［46］《中华人民共和国消防法》（2021 年修正）

［47］《中华人民共和国民用航空法》（2018 年修正）

［48］《中华人民共和国招标投标法》（2017 年修正）

［49］《中华人民共和国村民委员会组织法》（2018 年修正）

［50］《中华人民共和国地方各级人民代表大会和地方各级人民政府组织法》（2022 年修正）

［51］《最高人民法院关于适用〈中华人民共和国行政诉讼法〉的解释》（法释〔2018〕1号）

［52］《最高人民法院关于审理行政协议案件若干问题的规定》（法释〔2019〕17 号）

［53］《中华人民共和国城镇国有土地使用权出让和转让暂行条例》（2020 年修订）

［54］《中华人民共和国行政复议法实施条例》（自 2007 年 8 月 1 日起施行）

［55］《矿业权出让管理办法（征求意见稿）》（自然资源部 2019 年公布）

［56］《国有土地上房屋征收与补偿条例》（自 2011 年 1 月 21 日起施行）

［57］《合同争议行政调解办法》（自 1997 年 11 月 3 日起施行，已于 2017 年 10 月 27 日废

止，依据为《国家工商行政管理总局关于废止和修改部分规章的决定》（中华人民共和国国家工商行政管理总局令第 92 号））

［58］《税务行政复议规则》（2018 年修正）

［59］《关于违反信访工作纪律处分暂行规定》（自 2008 年 6 月 30 日起施行）

［60］《教育部直属师范大学师范生公费教育实施办法》（自 2018 年 7 月 30 日起施行）

［61］《中共中央关于构建社会主义和谐社会若干重大问题的决定》（自 2006 年 10 月 11 日起施行）

［62］《中共中央关于全面深化改革若干重大问题的决定》（自 2013 年 11 月 12 日起施行）

［63］《中共中央关于坚持和完善中国特色社会主义制度 推进国家治理体系和治理能力现代化若干重大问题的决定》（自 2019 年 10 月 31 日起施行）

［64］《国务院关于印发全面推进依法行政实施纲要的通知》（自 2004 年 3 月 22 日起施行）

［65］《国务院关于促进市场公平竞争维护市场正常秩序的若干意见》（自 2014 年 6 月 4 日起施行）

［66］《市政公用事业特许经营管理办法》（2015 年修正）

［67］《基础设施和公用事业特许经营管理办法》（自 2015 年 6 月 1 日起施行）

［68］《杭州市市政公用事业特许经营条例》（自 2007 年 7 月 1 日起施行）

［69］《青海省市政公用事业特许经营管理条例》（2020 年修正）

［70］《广州市政府合同管理规定》（2023 年修订）

［71］《合肥市政府合同管理暂行办法》（自 2016 年 5 月 1 日起施行）

［72］《珠海市政府合同管理办法》（自 2013 年 9 月 6 日起施行）

［73］《汕头市行政机关合同管理规定》（自 2014 年 5 月 1 日起施行）

［74］《宿州市行政机关合同管理办法》（自 2019 年 9 月 24 日起施行）

［75］《兰州市政府合同管理规定》（自 2019 年 3 月 10 日起施行）

［76］《周口市行政机关合同签订管理办法》（自 2011 年 7 月 28 日起施行）

［77］《肇庆市人民政府合同管理办法》（自 2023 年 12 月 31 日施行）

［78］《益阳市政府合同管理规定》（自 2015 年 12 月 1 日起施行）

［79］《汕头市行政程序规定》（2021 年修正）

［80］《兰州市行政程序规定》（自 2015 年 3 月 1 日起施行）

［81］《中卫市政府合同审查管理办法》（自 2020 年 10 月 1 日起施行）

［82］《湘西自治州政府合同管理办法》（自 2022 年 11 月 23 日起施行）

［83］《衢州市政府合同履约监管办法（施行）》（自 2022 年 4 月 29 日起施行）

［84］《呼和浩特市政府合同管理规定》（自 2020 年 5 月 9 日起施行）

［85］《嵊泗县行政机关合同管理办法》（自 2021 年 8 月 1 日起施行）

［86］《舟山市普陀区行政机关合同管理办法》（自 2021 年 3 月 2 日起施行）

[87]《乐清市行政机关合同管理办法》（自 2020 年 10 月 20 日起施行）

[88]《泰顺县行政机关合同管理办法》（自 2020 年 9 月 18 日起施行）

[89]《安阳市政府合同管理办法》（自 2020 年 9 月 30 日起施行）

[90]《乌海市政府合同管理办法（试行）》（自 2023 年 7 月 20 日起施行）

[91]《上海市普陀区政府合同管理规定》（自 2020 年 12 月 24 日起施行）

[92]《防城港市政府合同管理办法》（自 2020 年 10 月 25 日起施行）

[93]《海口市政府合同管理规定》（自 2022 年 9 月 6 日起施行）

[94]《湖南省行政程序规定》（2022 年修改）

[95]《山东省行政程序规定》（自 2012 年 1 月 1 日起施行）

[96]《海口市行政程序规定》（2019 年修正）

[97]《西安市行政程序规定》（自 2013 年 5 月 1 日起施行）

[98]《浙江省行政程序办法》（自 2017 年 1 月 1 日起施行）

[99]《江苏省行政程序条例》（自 2022 年 11 月 1 日起施行）

[100]《宁夏回族自治区行政程序规定》（自 2015 年 3 月 1 日起施行）

[101]《白山市行政程序规则》（2012 年 2 月 29 日施行）

[102]《酒泉市行政程序规定（试行）》（自 2013 年 1 月 1 日起施行）

[103]《兴安盟行政程序规定（试行）》（自 2015 年 3 月 9 日起施行）

[104]《嘉峪关市行政程序规定》（自 2014 年 12 月 1 日起施行）

[105]《蚌埠市行政程序规定》（自 2018 年 1 月 1 日起施行）

[106]《凉山州行政程序规定》（自 2013 年 10 月 28 日起施行）

[107]《邢台市行政程序规定》（自 2013 年 12 月 1 日起施行）

[108]《浙江省人民政府办公厅关于规范行政机关行为合同管理工作的意见》（自 2013 年 6 月 1 日起施行）

[109]《惠州市政府合同管理规定》（自 2020 年 3 月 10 日起施行）

[110]《洛阳市政府合同监督管理办法》（自 2018 年 12 月 22 日起施行）

[111]《合肥市政府合同管理暂行办法》（自 2016 年 5 月 1 日起施行）

[112]《永平县行政程序暂行办法》（自 2011 年 1 月 1 日起施行）

十、外文文献类

[1] Carol Harlow, Richard Rawlings, *Law and Administration*, Cambridge University Press, 2009.

[2] Peter Tettinger, "Die rechtliche Ausgestaltung von Public Private Partnership", *Die Öffentliche Verwaltung*, Vol. 49, Num 18, 1996, p. 769.

[3] Carol M. Rose, "Privatization-The Road to Democracy?", *Saint Louis University Law Journal*,

Vol. 50, No. 3. , 2006, p. 692.

[4] Andreas Abegg, "Banishing Administrative Contracts from Law–Cooperation between the State and Private Persons in the German Law of the 18th Century", translated by Annemarie Thatcher, *Ancilla Iuris*, Vol. 39, 2012.

[5] Eugenio Bruti Liberati, Accordi pubblici, voce, in Enc. dir. , agg. , vol. V, Giuffrè, Milano, 2001.

[6] F. G. Scoca, *Diritto Amministrativo*, Giappichelli, 2014.

[7] Stern, Marie Louise, "Some Lessons from French Administrative Law Experience", *New York Law School Student Law Review*, Vol. 1, 1951.

[8] Hector A. Mairal, "Government Contracts under Argentine Law: A Comparative Law Overview", *Fordham International Law Journal*, Vol. 26, No. 6. , 2002.

[9] M. Long, P. Weil, G. Braibant, P. Delvolvé, B. Genevois, *Les grands arrêts de la jurisprudence administrative*, 19e éédition, Dalloz, 2013.

[10] Harald Eberhard, *Der verwaltungsrechtliche Vertrag Ein Beitrag zur Handlungsformenlehre*, Springer Wien New York, 2005.

[11] Mahendra · P. Singh, *German Administrative Law: in Common Law Perspective*, Springer–Verlag Berlin Heidelberg GmbH, 1985.

[12] Paul A. Samuelson, "The Pure Theory of Public Expenditure", *The Review of Economics and Statistics*, Vol. 36, No. 4. , 1954.

[13] John G. Head, "Public Goods and Public Policy", *Public Finance*, Vol . 17, No. 3. , 1962.

[14] Richard Musgrave, *The Theory of Public Finance: a Study in Public economy*, McGraw–Hill, 1959.

[15] Julius Margolis, "A Comment on the Pure Theory of Public Expenditure", *The Review of Economics and Statistics*, Vol. 37, No. 4. , 1955.

[16] Gerhard Colm, "Theory of Public Expenditures", *The Annals of the American Academy of Political and Social Science*, Vol. 183, No. 1. , 1936.

[17] Jean–Bernard Auby, "Comparative Approaches to the Rise of Contract in the Public Sphere", *Public Law*, 2007.

[18] Steven C. Deller, "Local Government Structure, Devolution, and Privatization", *Review of Agricultural Economics*, Vol. 20, No. 1. , 1998.

[19] F. Trowbridge vom Baur, "Differences Between Commercial Contracts and Government Contracts", *American Bar Association Journal*, Vol. 53, No. 3. , 1967.

[20] David J. Kennedy, "Due Process in a Privatized Welfare System", *Brooklyn Law Review*, Vol. 64, No. 1. , 1998.

[21] Oliver Hart, Andrei Shleifer, Robert W. Vishny, "The Proper Scope of Government: Theory and an Application to Prisons", *Quarterly Journal of Economics*, Vol. 112, No. 4. , 1997.

[22] Ira P. Robbins, "The Impact of the Delegation Doctrine on Prison Privatization", *UCLA Law Review*, Vol. 35, No. 5. , 1988.

[23] John D. Donahue, *The Privatization Decision: Public Ends, Private Means*, Basic Books, 1989.

[24] Oliver E. Williamson, "Public and Private Bureaucracies: A Transaction Cost Economics Perspective", *Journal of Law, Economics and Organization*, Vol. 15, No. 1. , 1999.

[25] John Dilulio, "The Responsibility of Domination: A Critical Perspective on Privately Managed Prisons", in Douglas C. McDonald, *Private Prisons and Public Interest*, Rutgers University Press, 1990.

[26] John Dilulio, JR, "What's Wrong With Private Prisons", *Public Interest*, Vol. 92, 1988.

[27] David A. Sklansky, "The Private Police", *UCLA Law Review*, Vol. 46, No. 4. , 1999.

[28] David Isenberg, "To Be, or Not to Be, Inherent: That Is the Question", *Huffington Post*, 2010.

[29] Jody Freeman, "The Contracting State", *Florida State University Law Review*, Vol. 28, No. 1. , 2000.

[30] D. Guttmann, "Inherently Governmental Functions and the New Millennium, The Legacy of Twentieth-Century Reform", in T. H. Stanton & B. Ginsberg eds. , *Making Government Manageable: Executive Organization and Management in the Twenty-First Century*, Johns Hopkins University Press, 2004.